本書出版得到國家古籍整理出版專項經費資助

唐宋史料筆記叢刊

北户録校箋

〔唐〕段公路 撰
〔唐〕崔龜圖 注
許逸民 校箋

中華書局

圖書在版編目(CIP)數據

北户録校箋/(唐)段公路撰;(唐)崔龜圖注;許逸民校箋. —北京:中華書局,2023.5(2023.10 重印)
(唐宋史料筆記叢刊)
ISBN 978-7-101-16114-4

Ⅰ.北… Ⅱ.①段…②崔…③許… Ⅲ.廣東-地方志-唐代 Ⅳ.K296.5

中國國家版本館 CIP 數據核字(2023)第 029064 號

責任編輯:汪 煜 馬 婧
責任印製:管 斌

唐宋史料筆記叢刊

北户録校箋

〔唐〕段公路 撰
〔唐〕崔龜圖 注
許逸民 校箋

*

中華書局出版發行
(北京市豐臺區太平橋西里 38 號 100073)
http://www.zhbc.com.cn
E-mail:zhbc@zhbc.com.cn
三河市鑫金馬印裝有限公司印刷

*

850×1168 毫米 1/32 · 11⅝印張 · 2 插頁 · 300 千字
2023 年 5 月第 1 版 2023 年 10 月第 2 次印刷
印數:1501-3000 册 定價:46.00 元

ISBN 978-7-101-16114-4

前言

北户録三卷，唐段公路撰，唐崔龜圖注。段公路於史無傳，今只能從北户録卷端結銜及陸希聲序中獲得片段資料。結銜稱「萬年縣尉」，知其官終縣佐之職。復檢北户録一書，其中一則言「公路咸通十年（八六九）往高涼」（卷一緋猨），一則言「公路乾符初（元年，八七四），經過夏口」（卷二斑皮竹笋），可知唐懿宗咸通至僖宗乾符之間，公路在廣州，但不知身居何職，按陸希聲序所説，是「以事南遊五嶺間」，想來止是遊幕作賓客而已，做萬年縣尉當是此後晚年之事。陸希聲序，措辭懇切，有類平輩口吻，説明二人相識日久，頗有交誼。而陸氏曾爲唐昭宗宰相，卒年雖不可具考，但足以證明段公路之一生至少歷經懿、僖、昭三帝。又陸希聲序云：「東牟段君公路，鄒平公之孫也」，「君狀貌一似鄒平公」。新唐書藝文志二亦云：「段公路北户雜録三卷。文昌孫。」則段公路爲段文昌嫡孫無疑。段文昌（七七三—八三五），字墨卿，唐穆宗朝以中書侍郎同平章事，文宗朝拜御史大夫，進封鄒平郡公。由此可知，段公路出身相門世家，亦非凡夫可比。既知其祖如是顯赫，隨之必然要問：其父爲誰？一説其父即酉陽雜俎作者段成式（八〇三？—八六三）。

考舊唐書卷一六七段文昌傳附有其子成式傳，而新唐書卷八九段志玄傳則附有三世孫（許按：岑仲勉以爲當作五世孫。）段文昌傳，文昌傳後又附子成式傳，成式傳後再附子安節傳。兩唐書各傳，不載成式有兄弟，新唐書成式傳亦不載安節有兄弟。據此而論，公路既爲文昌之孫，則與安節屬兄弟行，但是否成式之子，迄今只能説於史無徵。

不過公路與成式之間，亦非全無聯繫。首先，陸希聲序稱公路爲東牟人，四庫提要曾就此表示疑問，以爲「新唐書藝文志稱爲宰相文昌之孫，則當爲臨淄人。學海類編作東牟人，亦未詳所本」。其實陸氏所説、學海類編所題，查有實據，既非訛誤，更非杜撰。段成式酉陽雜俎續集卷五寺塔記上有小序，序末明署「東牟人段成式柯古」。寺塔記成書後曾單獨行世，流傳廣遠，於晚唐人而言，成式稱祖籍不用「臨淄」而用「東牟」，恐怕人所共知。因此，晚唐人陸希聲承用段成式説（甚或是公路自説）、清初學海類編襲用舊説，何足怪哉！由此反倒泄露出一個重要信息，也許公路與成式之關係，果真不同於一般族親，而具有其特定性質。

其次，本書卷二「斑皮竹笋」條説：「公路襄州宜城縣木香村有莊，咸通初，忽生異竹。」「襄州」原誤作「裴州」，按唐時「宜城縣」屬襄州，「襄州宜城縣」即今湖北宜城。元和郡縣圖志卷二一山南道二云：「襄州，今爲襄陽節度使理所」，「宜城縣，（北至州九十五里。）本漢邔音忌縣地也。城東臨漢江，古諺曰『邔無東』，言其東逼漢江，其地短促也。宋孝武帝大明元年，以胡人流寓者，立華山郡理之。後魏改爲宜城。周改宜城爲率道縣，屬武泉郡。隋開皇三年罷郡，屬襄陽。皇朝因之，天寶元年改爲宜城縣。」又太平寰宇記卷一四五宜城縣云：「木香村。段成式别業於此村，村生異竹，成式圖送徐商，商爲稱謝。」寰宇記稱木香村即「段成式别業」，而段公路則以木香村爲己莊，合而證之，顯然此屬同一段家。據此推衍，公路即使不是成式之子，亦當是其至親侄輩。再據前引史傳考證，文昌唯有成式一子，成式亦無兄無弟，如此説來，公路庶幾就是成式之子。清陸心源重刻北户録叙斷言：「公路爲成式之子，安節之弟，宜乎文采之可觀耳。」諒非囈語也。

北户録有唐人注，舊題「登仕郎前參軍龜圖注」，不題其姓，故天禄琳琅書目謂「龜圖無考」，四庫提要則有「似爲公路之族」。然唐書宰相世系表不載其名，莫知其審」之歎。及至清末，藏書家、版本學家丁丙撰北户録跋，始道出個中原委。丁跋云：「是録南宋臨安府太廟前尹家書籍鋪刊行。明時胡文焕併刻爲兩卷，且不題注人姓名。黄蕘圃借得宋板，校歸原卷次第，始著注者爲崔龜圖，非若别本脱去『崔』字，疑爲公路之族也。」（善本書室藏書志卷一二）今人所纂各種古籍書目，悉署名崔龜圖注，其源頭實出自宋本，止是崔龜圖其人除其自署「登仕郎前京兆府參軍」外，别無新知。

「北户」猶言北窗，本來是説門户朝向北方，稍加引申，遂成爲一種地理方位概念。按地理方位釋義，最早見於漢書。漢書地理志下云：「日南郡，故秦象郡，武帝元鼎六年開，更名。有小水十六，并行三千一百八十里。屬交州。」顔師古注：「言其在日之南，所謂開北户以向日者。」以此律之本書，則「北户」概指嶺南。「北户録」者，不亦「嶺南録」乎？天禄琳琅書目對此亦有詳解：「其書皆採嶺南民風、土俗、飲食、衣製、歌謡、哀樂有異於中夏者，録而誌之。至於草木果蔬、蟲魚羽毛之類，有瑰形詭狀者，亦莫不畢載。謂之北户録者，蓋取淮南子云：『南方之極，自北户之界，至炎風之野，赤帝、祝融之所司也。』」（卷六）四庫提要論之尤爲深入：「是書當在廣州時作，載嶺南風土頗爲賅備，而於物産爲尤詳。其徵引亦極博洽，如淮南萬畢術、廣志、南越志、南裔異物、會要、靈枝圖記、陳藏器本草、唐韻、郭緣生述征記、臨海異物志、陶朱公養魚經、［兼］名苑、毛詩義、船神記、字林、廣州記、扶南傳諸書，今皆散佚，藉此得以略見一二。即所引張華博物志，多今本所無，亦藉此以考證真僞。」以記載嶺南風物之廣、徵引典籍之博兩方面評價北户録一書，可謂探驪得珠，盡得其要。

自宋歐陽修新唐書藝文志（底本據毋煚古今書録），迄於清修四庫全書總目，北户録始終位居史部地理類，四庫總目編入地理類雜記之屬，與南方草木狀、荆楚歲時記、嶺表録異、桂海虞衡志、益部談資、蜀中廣記、嶺南風物記等方物書爲伍。四庫總目以爲此類書可以「備考核」、「廣見聞」（史部地理類小序）。明毛氏汲古閣珍藏秘本書目則一改舊例，將此書移入子部小説家類，我以爲此舉亦自有其道理。因爲四庫總目子部小説家類收録西京雜記、世説新語、朝野僉載、明皇雜録、教坊記等書，並提出小説家定義，謂小説家分爲三派：「其一叙述雜事，其一記録異聞，其一綴輯瑣語也。唐宋而後，作者彌繁，中間誣謾失真、妖妄熒聽者，固爲不少，然寓勸戒、廣見聞、資考證者，亦錯出其中。班固稱小説家流蓋出於稗官，如淳注謂王者欲知閭巷風俗，故立稗官，使稱説之。然則博採旁蒐，是亦古制，固不必以冗雜廢矣。」此中可見，史部地理類雜記之屬和子部小説家類雜事之屬，不僅其屬類名稱相近，而且其學術性質及其社會效用，實際上也是互通互補的，甚至是純然一氣的。

有關古代小説家路數，胡應麟少室山房筆叢另有其説，認爲有志怪、傳奇、雜録、叢談、辯訂、箴規之别，其實彼此之界域甚難辨析。譬如四庫總目將張華博物志、段成式酉陽雜俎等納入「志怪」之作，然而今日考察其創作意向，分明是追求博聞多識，而非專注於神怪，冠名曰「博物」，豈不愈加允當。晉王嘉拾遺記（王子年拾遺記）云：「張華字茂先，挺生聰慧之德，好觀秘異圖緯之部，捃採天下遺逸，自書契之始，考驗神怪，及世間閭里所説，造博物志四百卷。」（卷九）又唐尉遲樞南楚新聞云：「段成式詞學博聞，精通三教，復强記，每批閲文字，雖千萬言，一覽略無遺漏。嘗於私第鑿一池，工人於土下獲鐵一片，怪其異質，遂持來獻。成式命尺，周而量之，笑而不言。乃静一室，懸鐵其室中之北壁，已而泥户，但開一牖，方纔數寸，亦緘鐍之。時與近親闢牖窺之，則有金書兩字，以報十二時也。其博識如此。」（太平廣記卷一九七引）此可見二人撰述旨趣所在。嗚呼！有斯人然後有斯書，書如其人，信矣哉！此類博物之作，在小説家中獨樹一幟，蔚然成風，北户録當即其中之一也。

中國古來有「博物君子」之美譽，晉侯贊子産爲博物君子（左傳昭公元年），司馬遷贊延陵季子爲博物君子（史記吴太伯世家贊），此皆彪炳史册、流芳千古之事。又班固漢書劉向傳贊云：「仲尼稱：『材難，不其然與！』自孔子後，綴文之士衆矣，唯孟軻、孫況、董仲舒、司馬遷、劉向、揚雄。此數公者，皆博物洽聞，通達古今，其言有補於世。」又劉知幾史通卷一七雜説中云：「蓋語曰：『知古而不知今，謂之陸沉。』又曰：『一物不知，君子所恥。』是則時無遠近，事無巨細，必藉多聞以成博識」，「足以開後進之蒙蔽，廣來者之耳目。」似此之例甚多，無煩多引，古人重視博物多識，十足讓人印象深刻。我以爲此點，恰恰是博物之作歷代不窮之根本動因。驗之北户録一書，初看似乎立意卑微，筆法細碎，小題大做，無關宏旨。然而一旦置之博物序列之中，則可感受到其精神意趣，儼然與「通達古今」、「有補於世」相關聯，所謂觀風俗，施教化，小中見大，見微知著，一切皆入其彀中矣。

北户録傳本無自序，已無法探知其撰述緣起，但作者欲做「博物君子」，應該是其心中固有的激情和衝動。在此之外，還有兩個細節能引發我們作出某些合理揣斷。一個細節上文已經討論，段公路極有可能是段成式次子。段成式精通三教，該悉内典，長於文詞，酷好小説，著酉陽雜俎三十卷，在晚唐時期蜚聲宇内。長子安節則精通樂律，耽於撰述，著有樂府雜録一卷。若公路果真生於如此家庭，有如此之父兄，恐怕他想遠離筆硯都難。再看北户録之内容，其中所涉動物、植物、飲食、習俗，乃至歷史典故、民間傳説，幾乎半數可以在酉陽雜俎中覓得蹤影和來歷。北户録於酉陽雜俎，或是直接承襲，或是續有開拓，此種緊密關係，諒非偶然。即令視北户録爲酉陽雜俎動植部分之續篇，何所不可！而此種認識，也正是我在校箋酉陽雜俎之後，接續校箋北户録之重要緣由。

一如前述，北户録在宋有坊刻本，即「臨安府太廟前尹家書籍鋪刊行」本。天禄琳琅所藏非尹家原刊本，或許就是明胡文焕刊本，故其書目云：「書中目録後别行刊『臨安府太廟前尹家書籍鋪刊行』，則知是書先有宋槧，此本規仿爲之，意欲僞充宋刊，故猶存尹家之名耳。元王元伯藏本。」又據汲古閣珍藏秘本書目，明末毛氏曾據宋刻過録一本，號稱「影宋寫本」，此本後歸陸心源皕宋樓所有。陸心源以此影宋寫本與「群書旁參互校」，連同所撰校勘記一卷，於清光緒六年（一八八〇）編入己所輯刻十萬卷樓叢書二編。陸心源重刻北户録叙云：「余所藏爲汲古毛氏影宋寫本，目録後有『臨安府太廟前尹家書鋪刊行』一行。首尾雖完，文字亦爛，思以曾慥類説所録正之，而今本待校之文，正類説節去之句，豈魯魚亥豕，宋刊已然乎？因以群書旁參互校，改正數千字而付之梓。」陸氏所撰校勘記幾近二百條，無愧爲北户録功臣。上世紀三十年代，商務印書館又將陸校北户録三卷收入叢書集成初編，以廣流傳。

此次校箋即以叢書集成本爲底本，以其原本附有陸心源校勘記，且其正文已作校改。既有陸校在前，今若再作版本校勘，重蹈覆轍，一切恐屬徒勞，故版本校則從簡。凡陸校可取者，本書直接引用，概稱「原校」。陸校雖有可取，無奈太過於簡略，今即另行詳注依據。在陸校而外，則主要依靠箋注所得校正原文訛誤，有時也參取説郛（涵芬樓本卷二一、四庫本卷六三上）以爲佐證。至於箋注，其重點在考證本事與用典，引據書證唯求準確與詳備，但亦切忌繁冗。對於原書中所引諸種書目，均注其首見，同一卷者，後出但云「見本卷某某條注」。若同一種書分見於三卷之中，則注明「見某卷某某條注」，以便讀者把握北户録一書的内在關係。同一書之注釋，容有詳略之異，蓋以情況各異，不擬籠統畫一。注釋所引諸本古籍，其原書標點偶有未善，今在注釋中酌情改正。本書卷末附有書目著録與版本序跋及本書主要徵引書目，前者擬爲後續研究提供史料，底本卷首陸心源重刻北户録叙亦就便移入其中，後者則擬爲箋注明示版本依據，以便覆案。

本書出版得到中華書局文學編輯室同仁諸多幫助，謹此敬致謝忱。

許逸民　二〇一七年八月二十五日

目録

北户録校箋卷三

附　録

北户録序[一]

右拾遺内供奉陸希聲撰[二]

詩人之作，本於風俗，大抵以物類比興，達乎情性之源。自非觀化察時，周知民俗之事，博聞多見，曲盡萬物之理者，又安足以藴爲六藝之奥[三]，流爲絃歌之美哉[四]！由是言之，則古之學者固不厭博，博而且信，君子難之。

東牟段君公路[五]，鄒平公之孫也[六]。自未能把筆，愛以指畫地，如文字。及六七歲受學，果能强力不罷[七]。其學尤長仄僻[八]，人所不能知者，蒣乎群籍之中[九]，仡仡然有餘力[一〇]。間者，以事南遊五嶺間。嘗采其民風土俗、飲食衣製、歌謡哀樂有異於中夏者，録而志之。至於草木果蔬、蟲魚羽毛之類，有瑰形詭狀者，亦莫不畢載。非徒止於所聞見而已，又能連類引證，與奇書異説相參驗，真所謂博而且信者矣。

噫！近日著小説者多矣[一一]，大率皆鬼神變怪，荒唐誕委之事。不然，則滑稽詼諧，以爲笑樂之資。離此二者，或强言故事，則皆詆訾前賢，使悠悠者以爲口實，此近世之通病也。如君所言，皆無有是。其著於録者，悉可考驗。此蓋博物之一助[一二]，豈徒爲譚端而已乎〔一三〕？

君以予往年從事嶺南，備覈其實，請予序以爲證。予嘗觀圖於書府，君狀貌一似鄒平公，而又能以文學世其家。於乎！鄒平公爲有後矣，因爲之序而不辭。

【校箋】

〔一〕北户録：漢書地理志下：「日南郡，故秦象郡，武帝元鼎六年開，更名。有小水十六，并行三千一百八十里。屬交州。」顏師古注：「言其在日之南，所謂開北户以向日者。」又天禄琳琅書目卷六：「北户録，一函二册。唐段公路纂，龜圖註，三卷，前唐陸希聲序。」「謂之北户録者，蓋取淮南子云：『南方之極，自北户之界，至炎風之野，赤帝、祝融之所司也。』」

〔二〕陸希聲：希聲，蘇州吴（今屬江蘇）人，陸元方五世孫。通經史，善屬文。召爲右拾遺，累遷歙州刺史。昭宗聞其名，召爲給事中，拜户部侍郎、同中書門下平章事。在位無所輕重，以太子少師罷。卒，贈尚書左僕射。新唐書卷一一六陸元方傳附見。

〔三〕藝，原作「義」，今正。六藝：漢以後指儒家六經：詩、書、禮、樂、易、春秋。漢書景十三王河間獻王傳：「其學舉六藝。」顏師古注：「此六藝謂六經。」

〔四〕絃歌：本指孔子絃歌誦詩，引申爲禮樂教化。孟子注疏題辭解：「孔子自衛反魯，然後樂正，雅頌各得其所，乃删詩，定書，繫周易，作春秋。」孫奭疏：「云『乃删詩，定書，繫周易，作春秋』者，案世家云，魯定公五年，季氏僭公室，陪臣執國命。是以魯大夫以下皆僭離於正道，故孔子不仕，退而修詩、書、禮、樂，弟子彌衆，至自遠方，莫不受業焉。至哀十一年，自衛反魯，乃上采契、后稷，中述商、周之盛，至幽、厲之缺，凡三百五篇，孔子皆絃歌之，以求合韶武雅頌之音。禮樂自此可得而述，以備王道，成六藝。」

〔五〕東牟段君公路：「東牟」，唐登州（東牟郡），即今山東東牟。舊唐書地理志一：「登州，漢東萊郡之黄縣。如意元年，分置登州，領文登、牟平、黄三縣。神龍三年，改黄縣爲蓬萊縣，移州治於蓬萊。天寶元年，以登州爲東牟郡。乾元元年，復爲登州。」又新唐書地理志二：「登州東牟郡，中都督府。如意元年，以萊州之牟平、黄、文登置。神龍三年，徙置萊州。」按，陸序稱「東牟段君公路」，當是依據段成式酉陽雜俎之説。酉陽雜俎續集卷五寺塔記上前有小序，序末題「東牟人段成式柯古」，四庫全書總目卷七〇北户録提要謂「新唐書藝文志稱爲宰相文昌之孫，則當爲臨淄人。學海類編作東牟人，亦未詳所本」，成式乃文昌子，於公路爲父執，陸序以成式自署籍里以稱公路，並無不可，四庫館臣似未留意及此。

〔六〕鄒平公：即段文昌（七七三—八三五）。新唐書段志玄傳附文昌傳：「文宗立，拜御史大夫，進封鄒平郡公。」

〔七〕强力不罷：「罷」，同「疲」。廣韻支韻：「罷，倦也。」

〔八〕仄僻：猶言偏僻，鮮有人問津。柳宗元集卷一四愚溪對：「今汝之託也，遠王都三千餘里，仄僻迴隱，蒸鬱之與曹，螺蚌之與居。」

〔九〕薅乎群籍之中：説文艸部：「薅，披田艸也。」段玉裁注：「大徐作拔去田艸，衆經音義作除田艸，經典釋文、玉篇、五經文字作拔田艸，惟繫傳舊本作披，不誤。披者，迫地削去之也。」

〔一〇〕佖佖然：勇壯貌。尚書秦誓：「佖佖勇夫，射御不違，我尚不欲。」僞孔傳：「佖佖壯勇之夫，雖射御不違，我庶幾不欲用，自悔之至。」

〔一一〕小説：漢書藝文志：「小説家者流，蓋出於稗官。街談巷語，道聽塗説者之所造也。孔子曰：『雖小道，必有可觀者焉，致遠恐泥，是以君子弗爲也。』然亦弗滅也。閭里小知者之所及，亦使綴而不忘。如或一言可采，此亦芻蕘狂夫之議也。」按，魯迅中國小説史略第一篇史家對於小説之著録及論述：「惟據班固注，則諸書大抵或託古人，或記古事，託人者似子而淺薄，記事者近史而悠謬者也。」

〔一二〕博物：博聞多識。漢書楚元王傳（劉向傳）：「（贊曰）仲尼稱：『材難，不其然與！』自孔子後，綴文之士衆矣，唯孟軻、孫況、董仲舒、司馬遷、劉向、揚雄。此數公者，皆博物洽聞，通達古今，其言有補於世。」

〔一三〕譚端：猶話題。藝文類聚卷一四引梁沈約武帝集序：「善發談端，精於持論，置壘難踰，推鋒莫擬。」

北户録校箋卷一

通犀

通犀①〔一〕，置大霧重露下，終不沾濡〔二〕。又堪爲釵爨②〔三〕。撓藥湯〔四〕，湯生沫。若貯米飼雞，雞見輒驚散，一呼爲駭雞犀③〔五〕。或中毒箭刺〔六〕，置於創中立愈。蓋犀食百毒棘刺故也〔七〕。愚重譯於蕃人〔八〕，事皆不虚④。今廣州有善理犀者〔九〕，能補白犀⑤。補時以鐵夾夾定，藥水煮而拍之，膠爲一體。製梳掌多作禽魚，隨意匠物，論其妙，至於鑄玉者方之蔑如也〔一〇〕。又有裁黿甲或觜蠵⑥〔一一〕，陷黑玳瑁爲斑點者〔一二〕，亦以鐵夾，煮而用之，爲腰帶䙰、楪子之類。其焙浄，真者不及也。玳瑁，切韻字從「玉」〔一三〕，文選字從「虫」〔一四〕，歐陽詢飛白從「甲」〔一五〕，愚以「甲」爲是⑦。凡玳瑁甲生取者，治毒第一〔一六〕，其力不下婆薩石〔一七〕。愚曾取解毒，立驗。南人神之亦甚，辟惡與符拔甲相類⑧〔一八〕。

【原注】

①山海經云〔一九〕：「犀似水牛而猪頭，脚似象，有三蹄。大腹，黑色。三角，一在頂上，一在額上，一在

鼻上，鼻上小而不橢。」又云：「鼻上者良。」韓詩外傳曰〔二〇〕：「太公使南宫括至義渠〔二一〕，得駭雞犀，獻紂。」犀角二，一在頂上，一在鼻上。鼻上者，食角也。今人呼爲胡帽犀是也。抱朴子云〔二二〕：「犀解於山中〔二三〕，人以木如其角代之，犀不覺，後年輒復解。」又南州異物志曰〔二四〕：「獸曰玄犀，處自林麓，食唯棘刺，體兼五肉。」又：「含精吐烈〔二五〕，望如華燭。置之荒野，禽獸莫觸。」

②事見吴均續齊諧記〔二六〕：「蔣潛得通犀㯻〔二七〕，後被豫章王江夫人斷以爲釵。」兼名苑又云〔二八〕：「宋岑獲通犀㯻，賣與廬陵王義真。」又：「元康末〔二九〕，婦人以犀角、瑇瑁爲斧鉞戈戟，戴用之也。」

③駭雞犀出大秦〔三〇〕。又有離水犀〔三一〕，行則水爲之開。

④廣志云〔三二〕：「犀角之好者，稱雞脈白。」郭子横又云〔三三〕：「犀角表有光，因名明犀〔三四〕。置闇中，有影色。」

⑤東觀漢記曰〔三五〕：「章帝元和元年〔三六〕，日南獻白雉、白犀。」

⑥無日脚者。

⑦字詁亦從「甲」也〔三七〕。

⑧廣志云：「符拔如麟，其皮有鱗甲，可以辟惡也。」

【校箋】

〔一〕通犀：亦稱通天犀。漢書西域傳下：「（贊曰）自是之後，明珠、文甲、通犀、翠羽之珍盈於後宮。」顔師古注：「如淳曰：『文甲，即瑇瑁也。通犀，中央色白，通兩頭。』」又演繁露卷一花犀帶：「唐會要章服：『大和六年，敕一品、二品服色，許服犀玉及斑犀。』按斑犀者，犀文之黑黄相間者也。此時止云斑犀，至近世，其辨益詳。黑質中或黄或白，則爲正透。外暈皆黄，而中涵黑文，則名倒透。透即通也，唐世概名通天犀，若正透、倒透之别，出於近世也。今世士夫便服而繫犀帶，惟兩府始服正透，從班已下，即服倒透，本無定制，直以正透爲重耳。」

〔二〕終不沾濡：抱朴子内篇登涉：「以此犀角著穀積上，百鳥不敢集。大霧重露之夜，以置中庭，終不沾濡也。」

〔三〕釵蠹：「蠹」，「導」之借字，引也。釋名釋首飾：「導，所以導擽鬢髮，使入巾幘之裏也。」又名義考（明周祈撰）卷一一導：「段公路云通天犀『堪爲釵蠹』，『蠹』與『導』同音，一物也。按隋書禮儀云：『簪，所以建髮於冠。導，所以擽髮於巾幘之裏。』説文：『笓，導也。』簪即笄。釵，歧笄。導即揥整髮釵。笓亦以整髮，即今掠子。導即今引子，以角爲之，擽髮入幘，故名引。古名導，今名引，其義一也。蠹羽葆幢，所以引行，故又借爲蠹。俗呼轉爲『敏』音，俗書作『剧』字，於是引之義晦，而導、蠹不復知何物也。」

〔四〕撓藥湯：「湯」，原作「酒」，今據抱朴子改。下「湯生沫」句同。按，抱朴子内篇登涉：「以其角爲叉導，毒藥爲湯，以此叉導攪之，皆生白沫湧起，則了無復毒勢也。以攪無毒物，則無沫起也。故以是知之者也。若行異域有蠱毒之鄉，每於他家飲食，則常先以犀攪之也。」

〔五〕駭雞犀：抱朴子内篇登涉：「通天犀，角有一赤理如綖，有自本徹末。以角盛米，置群雞中，雞欲啄之，未至數寸，即驚却退。故南人或名通天犀爲駭雞犀。」

〔六〕或中毒箭刺：「毒」，原作「苬」，説郛（涵芬樓本）卷二引北户録作「藥」，説郛（四庫本）卷六三上、古今説海卷一三引北户録作「毒」，按抱朴子内篇登涉：「人有爲毒箭所中欲死，以此犀叉刺瘡中，其瘡即沫出而愈也。」則「藥」字雖亦可通，而「毒」與「苬」形尤近似，今據説郛（四庫本）、古今説海改。

〔七〕犀食百毒棘刺：抱朴子内篇登涉：「通天犀所以能煞毒者，其爲獸，專食百草之有毒者，及衆木有刺棘者，不妄食柔滑之草木也。」

〔八〕重譯：史記太史公自序：「海外殊俗，重譯款塞，請來獻見者，不可勝道。」正義：「重譯，更譯其言也。」又漢書平帝紀：「元始元年春正月，越裳氏重譯獻白雉一，黑雉二，詔使三公以薦宗廟。」顔師古注：「越裳，南方遠國也。譯爲傳言也。道路絶遠，風俗殊隔，故累譯而後乃通。」

〔九〕廣州：今屬廣東。元和郡縣圖志卷三四嶺南道一：「廣州，（南海。）今爲嶺南節度使理所。」

〔一〇〕蔑如：謂不足稱，不可比。漢書東方朔傳：「（贊曰）而揚雄亦以爲朔言不純師，行不純德，其流風遺書蔑如也。」顔師古注：「言辭義淺薄，不足稱也。」

〔一一〕裁鼊甲或蟕蠵：後漢書杜篤傳：「（論都賦）甲瑇瑁，戕蟕蠵。」李賢注：「郭義恭廣志曰：『瑇瑁，形似鼊，出南海。』甲謂取其甲也。戕，殘也。蟕蠵，大鼊，亦瑇瑁之屬。蟕音子期反，蠵音以規反。」又文選左太沖吴都賦：「摸瑇瑁，捫觜蠵。」張銑注：「摸、捫，以手暗取。瑇瑁似龜類，有文。觜蠵，大龜，可爲器。」

〔一二〕陷黑玳瑁爲斑點者：太平廣記卷四六四引嶺表録異：「蟕蠵，俗謂之兹夷，乃山龜之巨者。人立其背，可負而行。産潮、循山中。鄉人採之，取殼以貨。要全其殼，須以木楔出肉，龜吼如牛，聲響山谷。廣州有巧匠，取其甲黄明無日脚者，（甲上有散黑帶爲日脚矣。）煮而拍之，陷黑玳瑁花，以爲梳篦盃器之屬。」

〔一三〕切韻：舊唐書經籍志上：「切韻五卷。（陸慈撰。）」按，觀堂集林（王國維著）卷八書巴黎圖書館所藏唐寫本切韻後：「陸法言切韻五卷，隋書及舊唐書經籍志均未著録，惟新、舊志並有陸慈切韻五卷。日本源順倭名類聚引陸詞切韻五十四條，又日本僧瑞信浄土三部經音義引陸詞切韻十六條，頗見於此三種中，而未見者亦半。蓋源順、瑞信所據，或後人增注之本，此三種亦或有删節，不得謂非一書」，「日本狩谷望之倭名鈔箋，謂陸詞即法言。案，『詞』與『法言』名字相應。又以唐寫殘韻與彼土所引陸詞切韻校之，半相符合，則狩谷之言殆信，兩唐志之陸慈亦即陸詞。隋唐間人多以字行，故字著而名隱耳。法言之書，自宋以後，公私書目均未著録。蓋自廣韻盛行，而隋唐諸韻書皆廢，此書之佚，已千有餘歲矣」。

〔一四〕文選：隋書經籍志四：「文選三十卷。（梁昭明太子撰。）」又舊唐書經籍志下：「文選六十卷。（李善注。）」

〔一五〕歐陽詢飛白：歐陽詢（五五七—六四一）字信本，潭州臨湘（今湖南長沙）人。仕隋爲太常博士。入唐，累遷率更令。工書，字體勁險刻厲，自成一家，世稱「歐體」。舊唐書卷一八九上、新唐書卷一九八有傳。「飛白」，亦稱草篆。書斷卷上飛白：「案飛白者，後漢左中郎將蔡邕所作也」，「梁武帝謂蕭子雲言：『頃見王羲之書白而不飛，卿書飛而不白，可斟酌爲之，令得其衷。』子雲乃以篆文爲之，雅合帝意。既栝鏃而羽，則遠而益深。雖創法於八分，實窮微於小篆。其後歐陽詢得之。蔡伯喈即飛白之祖也」。

〔一六〕治毒第一：證類本草卷二〇「瑇瑁」條本經：「瑇瑁，寒，無毒，主解嶺南百藥毒。俚人刺其血飲，以解諸藥毒。大如帽，似龜，甲中有文。生嶺南海畔山水間。」

〔一七〕婆薩石：亦稱婆娑石。太平廣記卷四六五「玳瑁」條引嶺表録異：「玳瑁，形似龜，唯背甲有烘點。本草云玳瑁解毒，其大者皆婆薩石。兼云辟邪，廣南盧亭（海島夷人也。）獲活玳瑁龜一枚，以獻連帥嗣薛王。王令生取背甲小者二片，帶於左臂上，以辟毒。龜被生揭其甲，甚極苦楚。後養於使宅後北池，伺其揭處漸生，復遣盧亭送於海畔。或云玳瑁若生，帶之有驗。是飲饌中有蠱毒，玳瑁甲即自摇動。若死，無此驗。」又物類相感志（宋釋贊寧撰）卷一四：「婆娑石，一名婆薩石。靈臺記云：『質名者，味甜，無毒，性温，療一切蟲毒及諸丹石毒、腫毒，跡折。』此石出蕃山，石澗中有盤，形狀礧磈，大小不常。色如瓜皮，青緑班黑有星者爲上；似高石、礬石，班不至焕爛者爲中；色如滑石，微黄輕者爲下。但以人血拭之，羊雞血磨一如乳，似覺羶氣爲妙。西蕃以爲惜身之寶，辟諸毒矣。」

〔一八〕符拔：亦名桃拔、扶拔。漢書西域傳上：「烏弋地暑熱莽平，其草木、畜産、五穀、果菜、食飲、宫室、市列、錢貨、兵器、金珠之屬皆與罽賓同，而有桃拔、師子、犀牛。」顔師古注：「孟康曰：『桃拔一名符拔，似鹿，長尾，一角者或爲天鹿，兩角者或爲辟邪。』」又後漢書章帝紀：「（章和元年）月氏國遣使獻扶拔、師子。」李賢注：「扶拔，似麟無角。拔音步末反。」又同上書西域傳：「（安息國）章帝章和元年，遣使獻師子、符拔。符拔形似麟而無角。」

〔一九〕山海經：漢書藝文志：「山海經十三篇。」又隋書經籍志二：「山海經二十三卷。（郭璞注。）」又四庫全書總目卷一四二：「山海經十八卷，晉郭璞註。卷首有劉秀校上奏，稱爲伯益所作。案山海經之名始見史記大宛傳，司馬遷但云『禹本紀、山海經所有怪物，余不敢言』，而未言爲何人所作。列子稱『大禹行而見之，伯益知而名之，夷堅聞而志之』，似乎即指此書，而不言其名山海經。王充論衡别通篇曰：『禹主行水，益主記異物，海外山表，無所不至，以所見聞作山海經。』趙煜吴越春秋所説亦同。惟隋書經籍志云：『蕭何得秦圖書，後又得山海經，相傳夏禹所記。』其文稍異。然似皆因列子之説推而衍之。觀書中載夏后啓、周文王及秦漢長沙、象郡、餘暨、下嶲諸地名，斷不作於三代以上，殆周秦閒人所述，而後來好異者又附益之歟？」按，本文此下所引乃山海經南次三經（禱過之山）「其下多犀」句郭璞注，郭注又見爾雅釋獸「犀，似豕」句下，此徑稱「山海經云」，非是。

〔二〇〕韓詩外傳：四庫全書總目卷一七：「韓詩外傳十卷，漢韓嬰撰。嬰，燕人。文帝時爲博士，景帝時至常山太傅。漢書藝文志有韓故三十六卷、韓内傳四卷、韓外傳六卷、韓説四十一卷，歲久散佚」，「惟此外傳，至今尚存。然自隋志以後，即較漢志多四卷，蓋後人所分也。其書雜引古事古語，證以詩詞，與經義不相比附，故曰外傳」。

〔二一〕太公使南宫括至義渠：藝文類聚卷九五引韓詩外傳：「太公使南宫适至義渠，得駭雞犀，以獻紂。」

〔二二〕抱朴子：隋書經籍志三：「抱朴子内篇二十一卷，音一卷。（葛洪撰。）」又：「抱朴子外篇三十卷。（葛洪撰。梁有五十一卷。）」又郡齋讀書志（衢本）卷一六：「抱朴子内篇二十卷，右晉葛洪撰。洪字稚川，丹陽句容人。元帝時，累召不就，止羅浮山，鍊丹著書，推明飛昇之道，導養之理，黄白之事。二十卷名曰内篇，十卷名曰外篇。自號抱朴子，因以命書。」又同上書卷一二：「抱朴子外篇十卷，右晉葛洪稚川撰。自號抱朴子，博聞深洽，江左絶倫，著書甚富。言黄白之事者，名曰内篇，其餘外篇。晉書内、外通有一百一十六篇，今世所傳者，四十篇而已。外篇頗言君臣、理國、用刑之道，故附於雜家云。」

〔二三〕犀解於山中：「解」下疑脱「角」字。按，抱朴子内篇登涉：「歲一解角於山中石間，人或得之，則須刻木色理形狀令如其角，以代之。犀不能覺，後年輒更解角著其處也。」

〔二四〕南州異物志：隋書經籍志二：「南州異物志一卷。（吴丹陽太守萬震撰。）」按，藝文類聚卷九五引南州異物志：「玄犀處自林麓，食惟棘刺，體兼五肉，或有神異。表靈以角，含精吐烈，望若華燭。置之荒野，禽獸莫觸。」

〔二五〕含精吐烈：「吐烈」，原本改爲「吐英」，卷末原校：「吐英，原作『吐烈』，據御覽八百九十引傅咸犀鉤銘改。」此校實誤。按，太平御覽卷八九〇引傅咸犀鉤銘：「世稱駭雞之犀，有以此鉤見遺者，爲之銘。」其中並無「吐英」之文。甚至藝文類聚卷九五引晉傅咸犀鉤序也是如此，原校所據顯屬無中生有。今覆案藝文類聚卷九五、太平御覽卷八九〇引傅咸犀鉤銘則發現，二書在傳説後同時並引萬震南州異物志，（類聚引文見上注。）「含精吐烈」句乃出自萬震爲玄犀所作銘文，兩處皆作「烈」，不作「英」，今即據此回改。

〔二六〕續齊諧記：隋書經籍志二：「續齊諧記一卷。（吴均撰。）」按，直齋書録解題卷一一：「續齊諧記一卷，梁奉朝請吴均撰。齊諧志怪，本莊子語也。唐志又有東陽無疑齊諧記，今不傳。此書殆續之者歟？」

〔二七〕通犀蠹：續齊諧記作「通天犀導」。按，太平廣記卷四〇三「犀導」條引續齊諧記：「晉東海蔣潛嘗至不其縣，見林下踣一屍，已臭爛。烏食之，輒見一小兒，三尺許，來驅烏，烏乃起。如此非一。潛異之，乃就看之。見死人頭上著通天犀導，價數萬錢，乃拔取之。既去，衆烏争集，無復驅者。潛後以此導上晉武陵王。王薨，以襯衆僧，王武剛以九萬錢買之。後落褚太宰處，褚以餉齊故丞相豫章王。王死後，内人江夫人遂斷以爲釵。每夜，輒見一兒繞牀頭，啼叫云：『何爲見屠割，必當相報，終不獨受枉酷！』江夫人惡之，月餘，遂薨。」

〔二八〕兼名苑：舊唐書經籍志下：「兼名苑十卷。（釋遠年撰。）」又新唐書藝文志三：「僧遠年兼名苑二十卷。」按，兼名苑之作者與成書年代，迄今仍存疑問。一説「遠年」或有字誤，其人應即本書屢稱之「梁翔法師（翔法師）」。見本卷「乳穴魚」條翔法師注。

〔二九〕元康：西晉惠帝司馬衷年號（二九一——二九九）。

〔三〇〕大秦：今小亞細亞半島一帶。晉書四夷大秦國傳：「大秦國，一名犂鞬，在西海之西，其地東西南北各數千里」，「其人長大，貌類中國人而胡服。其土多出金玉寶物、明珠、大貝，有夜光璧、駭雞犀及火浣布，又能刺金縷繡及織錦縷罽」。又舊唐書西戎傳：「拂菻國，一名大秦，在西海之上，東南與波斯接，地方萬餘里」，「土多金銀奇寶，有夜光璧、明月珠、駭雞犀、大貝、車渠、瑪瑙、孔翠、珊瑚、琥珀，凡西域諸珍異，多出其國」。按，張星烺中西交通史料彙編第一編第三章舊唐書記拂菻國注：「唐書拂菻之名，乃沿用隋書裴矩傳及鐵勒傳中之名也。抄録古書之外，其新有記載，皆與東羅馬帝國情形相合。隋末唐初之東羅馬，疆宇包含埃及、猶太、叙利亞、亞美尼亞、小亞細亞、君士旦丁堡及多瑙河南巴爾幹半島諸地。」

〔三一〕離水犀：抱朴子内篇登涉：「得真通天犀角三寸以上，刻以爲魚，而銜之以入水，水常爲人開，方三尺，可得炁息水中。」又太平御覽卷八九〇引南越志：「高州平（之）〔定〕縣巨海有大犀，其出入有光，水爲之開。」

〔三二〕廣志：隋書經籍志三：「廣志二卷。（郭義恭撰。）」又新唐書藝文志三：「郭義恭廣志二卷。」按，新唐書著録廣志，在陸士衡（機）要覽與崔豹古今注之間，則郭義恭亦當是西晉人。

〔三三〕郭子横：即東漢郭憲，字子横，著洞冥記，亦稱漢武洞冥記、别國洞冥記。隋書經籍志二：「漢武洞冥記一卷。（郭氏撰。）」又舊唐書經籍志上：「漢别國洞冥記四卷。（郭憲撰。）」又四庫全書總目卷一四二：「漢武洞冥記四卷，舊本題後漢郭憲撰。憲字子横，汝南宋人。官至光禄勳。事蹟具後漢書方術傳。是書隋志止一卷，唐志始作四卷，文獻通考有拾遺一卷。」

〔三四〕明犀：洞冥記卷二：「吠勒國貢文犀四頭，狀如水兕。角表有光，因名明犀。置暗中，有光影，亦曰影犀。織以爲簟，如錦綺之文。此國去長安九千里，在日南。」

〔三五〕東觀漢記：隋書經籍志二：「東觀漢記一百四十三卷。（起光武記注至靈帝，長水校尉劉珍等撰。）」又直齋書録解題卷七：「東觀漢紀十卷，漢謁者僕射劉珍、校書郎劉騊駼等撰。初，班固在顯宗朝嘗撰世祖本紀、功臣列傳、載記二十八篇。至永初中，珍、騊駼等著作東觀，撰集漢紀。其後，盧植、蔡邕、馬日磾等皆嘗補續。」

〔三六〕章帝元和元年：即漢章帝劉炟元和元年（八四）。

〔三七〕字詁：即古今字詁。隋書經籍志一：「古今字詁三卷。（張揖撰。）」按，魏書江式傳：「（延昌三年三月上表曰）魏初博士清河張揖著埤倉、廣雅、古今字詁。」

孔雀媒

雷、羅數州〔一〕，收孔雀雛養之〔二〕，使極馴擾〔三〕，致於山野間，以物絆足，傍施網羅，伺野孔雀至，即倒網掩之〔四〕，舉無遺者。 或生折翠羽，以珠毛編爲簾子、拂子之屬〔五〕，粲然可觀，真神禽也①。 一説孔雀不必疋偶〔六〕，但音影相接便有孕，如白鶂雄雌相視則孕〔七〕，或曰雄鳴上風、雌鳴下風亦孕。 見博物志②〔八〕。 又周書曰〔九〕：「成王時，方人獻孔鳥。」方亦戎別名。 山海經：「南方孔鳥〔一〇〕。」郭璞注：「孔雀也。」宋書曰〔一一〕：「孝武大明五年〔一二〕，有郡獻白孔雀爲瑞者。」噫！ 象以齒而焚〔一三〕，麝因香而死〔一四〕，今孔雀亦以羽毛爲累，得不悲夫！ 愚按説文曰：「率鳥者繫生鳥以來之，名曰䍡〔一五〕。」字林音由〔一六〕。 今獵師有䍡也。

淮南萬畢術曰〔一七〕：「鵁鶄致鳥〔一八〕。」注云：「取鵁鶄，折其大羽，絆其兩足，以爲媒，張羅其旁，衆鳥聚矣。」博物志又云：「鵂鶹③鳥〔一九〕，一名鵁鶄。 晝日無所見，夜則目至明。人截手爪，棄露地，此鳥夜至人家拾取，視之則知有吉凶，凶者輒更鳴，其家有殃也。」莊子云：「鵂鶹夜撮蚤〔二〇〕，察毫末，晝出瞑目，而不見丘山，言性殊也。」陳藏器引五行書〔二一〕：「除手爪，埋之户內，恐爲此鳥所得。」其鵂鶹，即姑獲、鬼車、鴞鵩類也〔二二〕。

姑獲〔二三〕，玄中記云〔二四〕：「夜飛晝藏，一名天帝少女，一名夜行遊女，一名隱飛，好取人小兒養之〔二五〕。今時小兒之衣不欲夜露者，爲此物愛以血點其衣爲誌，即取小兒也。」又云：「衣毛爲鳥，脱毛爲女人。昔豫章男子，見田中有六七女人。不知是鳥，扶匐往，先得其所解毛取藏之。即往就，諸鳥各走取毛衣飛去。一鳥獨不去。男子取爲婦，生三女。其母後使女問父，知衣在積稻下，得之，衣而飛去。後以衣迎，三女兒得衣，亦飛去。」

鬼車〔二六〕，一名鬼鳥，今猶九首。能入人屋收魂氣，爲犬所噬，一首常下血，滴人家則凶。荆楚歲時記〔二七〕：「夜聞之，捩狗耳。」言其畏狗也。白澤圖云〔二八〕：「昔孔子、子夏所見〔二九〕，故歌之。其圖九首。」今呼爲九頭鳥也。

毛詩義疏曰〔三〇〕：「鴞〔三一〕，大如鳩，惡聲鳥。入人家，凶。其肉甚美，可爲炙。漢供御物，各隨其時，唯鴞冬夏施之，以美也。」禮内則曰：「鴞胖〔三二〕。」莊子云：「見彈求鴞炙〔三三〕。」陳藏器又云：「古人重其炙〔三四〕，尚肥美也。」又按説文曰：「梟，不孝鳥〔三五〕，至日捕梟磔之。」如淳曰：「漢使東郡送梟〔三六〕，五月五日作梟羹，賜百官。以其惡鳥，故食之。」愚謂古人尚鴞炙，是意欲滅其族，非爲其美也。又淮南萬畢術：「甑瓦止梟鳴〔三七〕，取破甑，向梟抵之，輒自止也。」

【原注】

①又後魏書[三八]：「龜兹國[三九]，孔雀群飛山谷間，人取養而食之，字乳如雞鶩。其王家恒千餘隻。」

②又淮南八公相鶴經曰[四〇]：「復百六十年變止[四一]。雌雄相視，目精不轉而孕。千六百年形定也。」又稽聖賦[四二]：「豪豕自爲雌雄[四三]，決鼻生無牝牡[四四]。」即雌兔舐雄而孕是矣。

③（鵂鶹）休留。

【校箋】

〔一〕雷羅數州：「雷州」，今屬廣東。舊唐書地理志四：「雷州下，隋合浦郡之海康縣。武德四年，平蕭銑，置南合州，領海康、隋康、鐵杷、椹川四縣。貞觀元年，改爲東合州。二年，改隋康爲徐聞縣。八年，改東合州爲雷州。天寶元年，改爲海康郡。乾元元年，復爲雷州。」「羅州」，今廣東廉江東北。舊唐書地理志四：「隋高涼郡之石龍縣地。武德五年，於縣置羅州，領石龍、吴川、陵羅、龍化、羅辯、南河、石城、招義、零緑、慈廉、羅肥十一縣。六年，移羅州於石城縣，於舊所置南石州，割石龍、陵羅、龍化、羅辯、慈廉、羅肥屬南石州。天寶元年，改羅州爲招義郡。乾元元年，復爲羅州。」按，太平廣記卷四六一「羅州」條引紀聞：「羅州山中多孔雀，群飛者數十爲偶。雌者尾短，無金翠。雄者生三年有小尾，五年成大尾。」

〔二〕收孔雀鶵養之：太平御覽卷九二四引嶺表録異：「交趾郡人多養孔雀，或遺人以充口腹，或殺之以爲脯腊。人又養其鷄爲媒，傍施網罟，捕野孔雀。伺其飛下，則牽網横掩之。採其金翠毛，裝爲扇拂。或全株生截其尾，以爲方物，云生取則金翠之色不減耳。」

〔三〕馴擾：猶馴服。文選禰正平鸚鵡賦：「矧禽鳥之微物，能馴擾以安處。」李善注：「説文曰：『馴，順也。』漢書音義：『應劭曰：擾，馴也。』」

〔四〕即倒網掩之：「即」，説郛（涵芬樓本）卷二、説郛（四庫本）卷六三上、古今説海卷一三引北户録並作「則」。

〔五〕珠毛：孔雀尾端之金翠。按，酉陽雜俎前集卷一六廣動植之一：「孔雀尾端一寸名珠毛。」又埤雅釋鳥：「（孔雀）尾有金翠，五年而後成」，「人採其尾，以飾扇拂。生取則金翠之色不減，南人取其尾者，握刀蔽於叢竹潛隱之處，伺過，急斬其尾。若不即斷，回首一顧，金翠無復光彩」。

〔六〕孔雀不必疋偶：「疋偶」謂配對。説郛（涵芬樓本）卷二、説郛（四庫本）卷六三上及古今説海卷一三引北户録並無「必」字。按，太平御覽卷九二四引南越志：「義寧縣杜山多孔雀，爲鳥不必疋合，止以音影相接，便有孕。」

〔七〕如白鶂雄雌相視則孕：「白鶂」，亦作「白鷁」，一種水鳥。按，莊子天運：「夫白鶂之相視，眸子不運而風化，蟲雄鳴於上風，雌應於下風而風化。」郭象注：「鶂以眸子相視，蟲以鳴聲相應，俱不待合而生子，故曰風化。」又列子天瑞篇：「河澤之鳥，視而生曰鶂。」

〔八〕博物志：隋書經籍志三：「博物志十卷。（張華撰。）」又直齋書録解題卷一〇：「博物志十卷，物志卷四物性：「白鷁雄雌相視則孕。或曰雄鳴上風，則雌孕。」按，博物志卷四晉司空范陽張華茂先撰。多奇聞異事。華能辨龍鮓，識劍氣，其學固然也。

〔九〕周書：亦稱逸周書。漢書藝文志：「周書七十一篇。（周史記。）」按，藝文類聚卷九一引周書：「成王時，西方人獻孔雀。」又逸周書王會解：「方人以孔鳥。」黄懷信等集注：「孔晁云：『亦戎別名。孔與鸞相配也。』王應麟云：『東夷傳九夷有方夷。竹書紀年：少康即位，方夷來賓。孔雀生南海，蓋鸞鳳之亞。』」

〔一〇〕南方孔鳥：山海經海内經：「南方有贛巨人，人面長臂，黑身有毛，反踵，見人笑亦笑，脣蔽其面，因即逃也」，「又有青獸如菟，名曰菌狗。有翠鳥，有孔鳥」。郭璞注：「孔雀也。」按，爾雅翼卷一三釋鳥一：「孔雀，生南海，蓋鸞鳳之亞。尾凡五年而後成，長六七尺，展開如車輪，金翠煜然。」

〔一一〕宋書：隋書經籍志二：「宋書一百卷。（梁尚書僕射沈約撰。）」又郡齋讀書志（衢本）卷五：「宋書一百卷，右梁沈約撰。十本紀，三十六志，六十列傳。齊永明中，約奉詔爲是書，以何承天書爲本，旁采徐爰之説，頗爲精詳。」

〔一二〕孝武大明五年：即宋孝武帝劉駿大明五年（四六一）。按，宋書符瑞志下：「孝武帝大明五年正月丙子，交州刺史垣閎獻白孔雀。」

〔一三〕象以齒而焚：左傳襄公二十四年：「象有齒以焚其身，賄也。」杜預注：「焚，斃也。」孔穎達疏：

「焚是燒也，象不燒死，故訓爲斃。服虔云：『焚讀曰僨。僨，僵也。爲生齒牙，僵仆其身。』」楊伯峻春秋左傳注：「以象牙值錢。」

〔一四〕麝：說文鹿部：「麝，如小麇，臍有香。」

〔一五〕𡆿：同「囮」，謂鳥媒，即捕鳥時以活鳥引誘他鳥。按，說文口部：「囮，譯也。从口，化聲。率鳥者繫生鳥以來之，名曰囮。讀若譌」，「𡆿，或从繇」。段玉裁注：「譯，疑當作誘」，「率，捕鳥畢也。將欲畢之，必先誘之。潘安仁曰：『暇而習媒翳之事。』徐爰曰：『媒者，少養雉子，至長狎人，能招引野雉，因名曰媒』」，「（囮、𡆿）本二字，一化聲，一繇聲，其義則同。廣韻釋言曰：『囮，𡆿也。』是可證爲二字轉注矣」。

〔一六〕字林：隋書經籍志一：「字林七卷。（晉弦令呂忱撰。）」又直齋書録解題卷三：「字林五卷。晉弦令呂忱撰。太乙山僧雲勝注。案隋、唐志皆七卷，三朝國史志惟一卷，董氏藏書志三卷。其書集說文之漏略者凡五篇，然雜揉錯亂，未必完書也。」

〔一七〕淮南萬畢術：隋書經籍志三「竈經」條下注：「（梁）又有太玄禁經、白獸七變經、墨子枕中五行要記、淮南萬畢經、淮南變化術各一卷。」又舊唐書經籍志下：「淮南王萬畢術一卷。（劉安撰。）」按，劉安（前一七九—前一二二），漢高祖孫，襲封淮南王，撰有淮南子。史記卷一一八、漢書卷四四並有傳。

〔一八〕鵄鵂：即角鴟，猫頭鷹屬。廣雅釋鳥：「鵂，怪鴟也。」王念孫疏證：「爾雅『怪鴟』，郭璞注云：

『即鵋鵂也。見廣雅。今江東通呼此屬爲怪鳥。』」衆經音義卷十七引舍人注云：『謂鵂鶹也。南陽名鉤鵅。其鳥晝伏夜行，名爲怪也。』又『鵅，鵋鵙』，郭注云：『今江東呼鵂鶹爲鵋鵙，亦謂之鴝鵅。』」按，説郛（涵芬樓本）卷二引北户録作「鵋鵂」。玉篇鳥部：「鵋，鳶屬。鵁，同鵋。」

〔一九〕鵂鶹鳥：即鵋，猫頭鷹。按，太平御覽卷九二七引博物志：「鵂鶹，一名鵁鵂。晝日無所見，夜則目至明。人截爪甲棄露地，此鳥夜至人家，拾取爪，分别視之，則知有吉凶。凶者輒便鳴，其家有殃。」又嶺表録異卷中：「鵂鶹即鵋也。爲鬭，可以聚諸鳥。晝日目無所見，夜則飛撮蝨蝱，乃鬼車之屬也，皆夜飛晝藏。或好食人爪甲，則知吉凶，凶者輒鳴于屋上，其將有咎耳。故人除指甲，埋之户内，蓋忌此也。亦名夜行遊女，好與嬰兒作祟，故嬰孩之衣，不可置星露下，畏其祟耳。」

〔二〇〕鵁鵂夜撮蚤：「撮」，以爪抓取。按，莊子秋水：「鵋鵂夜撮蚤，察毫末，晝出瞋目而不見丘山。」成玄英疏：「鵋鵂，鶹也，亦名隻狐，是土梟之類也。晝則眼暗，夜則目明，故夜能撮捉蚤蝨，察視秋毫之末，晝出瞋張其目，不見丘山之形。」

〔二一〕陳藏器引五行書：新唐書藝文志三：「陳藏器本草拾遺十卷。（開元中人。）」按，證類本草卷一九二十六種陳藏器餘「鉤鵅」條引五行書：「除手爪，埋之户内，恐此鳥得之也。」

〔二二〕鵩鵂：「鵂」，「鵩」之俗字，亦作「服」，鴞屬。按，史記屈原賈生列傳：「賈生爲長沙王太傅，三年，有鴞飛入賈生舍，止於坐隅。楚人命鴞曰『服』。」集解：「晉灼曰：『異物志有山鴞，體有文色，土俗因形名之曰服。不能遠飛，行不出域。』」

〔二三〕姑獲：傳説中之惡鳥。證類本草卷一九二十六種陳藏器餘「姑獲」條：「姑獲，能收人魂魄。今人一云乳母鳥，言産婦死，變化作之，能取人之子，以爲己子，胸前有兩乳。」按，歲時廣記卷一「禳鬼鳥」條引荆楚歲時記：「正月夜多鬼鳥度，家家槌牀打户，捩狗耳，滅燈火，以禳之。玄中記云：『此鳥名姑獲，一名天帝女，一名隱飛鳥，一名夜遊女。好取人女子養之。有小兒之家，即以血點其衣以爲誌。世號鬼鳥。荆湖彌多。』斯言信矣。」

〔二四〕玄中記：疑指郭氏玄中記，一説晉郭璞撰。按，太平御覽卷九二七引玄中記：「姑獲鳥，夜飛晝藏，蓋鬼神類，衣毛爲鳥，脱毛爲女人。名爲天帝少女，一名夜行遊女，一名釣星，一名隱飛鳥。無子，喜取人子養之以爲子。人養小兒，不可露其衣，此鳥度即取兒也。荆州爲多。昔豫章男子，見田中有六七女人。不知是鳥，扶匐往，先得其所解毛衣，取藏之。即往就，諸鳥各走取毛衣，衣此飛去。一鳥獨不得去。男子取以爲婦，生三女。其母後使女問父取衣，在積稻下得之，衣之而飛去。後以衣迎三女，三女得衣飛去。（今謂之鬼車。）」

〔二五〕好取人小兒養之：「養」，原作「食」，今據類説卷一三引北户録改。參見上注。

〔二六〕鬼車：即傳説中之九頭鳥。按，證類本草卷一九引二十六種陳藏器餘：「鬼車，晦暝則飛鳴。能入人室，收人魂氣。一名鬼鳥。此鳥昔有十首，一首爲犬所噬，今猶餘九首。其一常下血，滴人家則凶。夜聞其飛鳴，則捩狗耳，猶言其畏狗也。亦名九頭鳥。荆楚歲時記云：『姑獲夜鳴，聞則捩耳。』乃非姑獲也，鬼車鳥耳。二鳥相似，故有此同。白澤圖云蒼鶊，昔孔子與子夏所見，故歌之。其圖九首。」

〔二七〕荆楚歲時記：舊唐書經籍志下：「荆楚歲時記十卷。（宗懔撰。）又二卷。（杜公瞻撰。）」又直齋書録解題卷六：「荆楚歲時記六卷，梁吏部尚書宗懔撰。記荆楚風物故事。」按，太平御覽卷九二七引荆楚歲時記：「正月七日，多鬼車鳥度，家家槌門打户，捩狗耳，滅燭燈禳之。」

〔二八〕白澤圖：古五行書。隋書經籍志三：「白澤圖一卷。」又舊唐書經籍志下：「白澤圖一卷。」按，西陽雜俎前集卷一六廣動植之一：「鬼車鳥，相傳此鳥昔有十首，能取人魂，一首爲犬所噬。秦中天陰，有時有聲，聲如力車鳴，或言是水雞過也。白澤圖謂之蒼鸆，帝鵠書謂之逆鶬，夫子、子夏所見。寶曆中，國子四門助教史迴語成式，常見裴瑜所注爾雅，言『鶬，麋鴰』是九頭鳥也。」

〔二九〕昔孔子子夏所見：繹史卷八六引衝波傳：「有鳥九尾，孔子與子夏見之。人以問，孔子曰：『鶬也。』子夏曰：『何以知之？』孔子曰：『河上之歌云：「鶬兮鶬兮，逆毛衰兮，一身九尾長兮。」』」

〔三〇〕毛詩義疏：隋書經籍志一：「毛詩義疏二十八卷。（蕭歸散騎常侍沈重撰。）」按，經義考（清朱彝尊撰）卷一〇二：「按隋經籍志載毛詩義疏凡七部，其著撰人姓氏者二家，舒援、沈重是也。七録又有張氏」，「考貞觀中作正義，又陸氏釋文，每采沈氏之説，疑徐氏（許按：指唐徐堅初學記。）所引亦沈氏書也」。

〔三一〕鴞：通「梟」，猫頭鷹。太平御覽卷九二七引詩義疏：「鴞，大如鳩，緑色，惡聲鳥也。入人家，凶。賈誼所賦是也。其肉甚美，可爲羹臛，又可炙。漢供御物，各隨其時，唯鴞冬夏施，以美故也。」

〔三二〕鴞胖：禮記内則：「鵠鴞胖。」鄭玄注：「鵠鴞胖，謂脅側薄肉也」，「胖音判」。

〔三三〕見彈求鴞炙：莊子齊物論：「且汝亦大早計，見卵而求時夜，見彈而求鴞炙。」成玄英疏：「鴞即鵩鳥，賈誼之所賦者也。大小如雌雞而似斑鳩，青緑色，其肉甚美，堪作羹炙，出江南。」

〔三四〕古人重其炙：證類本草卷一九引二十六種陳藏器餘：「鴞目，無毒，吞之令人夜中見物。又食其肉，主鼠瘻。古人重其炙，固當肥美。」

〔三五〕不孝鳥：説文木部：「梟，不孝鳥也。故日至捕梟磔之。」段玉裁注：「漢儀：『夏至，賜百官梟羹。』」

〔三六〕漢使東郡送梟：漢書郊祀志上：「祠黄帝用一梟、破鏡。」顔師古注：「張晏曰：『黄帝，五帝之首也，歲之始也。梟，惡逆之鳥。方士虚誕，云以歲始祓除凶災，令神仙之帝食惡逆之物，使天下爲逆者破滅迄竟，無有遺育也。』孟康曰：『梟，鳥名，食母。破鏡，獸名，食父。黄帝欲絶其類，使百吏祠皆用之。破鏡如貙而虎眼。』如淳曰：『漢使東郡送梟，五月五日作梟羹以賜百官。以其惡鳥，故食之也。』」

〔三七〕甑瓦止梟鳴：太平御覽卷九二七引淮南萬畢術：「甑瓦止梟鳴。（取破甑瓦，向抵之，輒自止。

物相勝，其性耳。）」

〔三八〕後魏書：此指魏收所撰魏書。舊唐書經籍志上：「後魏書一百三十卷。（魏收撰。）」

〔三九〕龜茲國：今新疆庫車、新和、沙雅、輪臺一帶。按，魏書西域傳：「龜茲國，在尉犂西北，白山之南一百七十里，都延城，漢時舊國也。去代一萬二百八十里」，「土多孔雀，群飛山谷間，人取養而食之，孳乳如雞鶩，其王家恒有千餘隻云」。

〔四〇〕淮南八公相鶴經：舊唐書經籍志下：「相鶴經一卷。（浮丘公撰。）」按，繹史（四庫本）卷一五九中引相鶴經，文末注：「其經本浮丘公授王子晉，崔文子學道於子晉，得其經，藏高山石室，淮南八公采藥得之，遂傳於世。」

〔四一〕復百六十年變止：初學記卷三〇引相鶴經：「鶴者，陽鳥也，而遊於陰，因金氣依火精以自養。金數九，火數七，故七年小變，十六年大變，百六十年變止，千六百年形定。體尚潔，故其色白。聲聞天，故頭赤。食於水，故其喙長。軒於前，故後指短。棲於陸，故足高而尾凋。翔於雲，故毛豐而肉疏。大喉以吐故，修頸以納新。故生大壽，不可量。所以體無青黄二色者，木土之氣内養，故不表於外。是以行必依洲嶼，止不集林木。蓋羽族之宗長，仙人之騏驥也」，「鶴二年落子毛，易黑點，三年産伏，復七年羽翮具，復七年飛薄雲漢，復七年舞應節，復七年晝夜十二時鳴中律，復百六十年不食生物，復大毛落，茸毛生，雪白或純黑，泥水不汙，復百六十年雄雌相視，目睛不轉而孕，千六百年飲而不食，鸞鳳同爲群。聖人在位，則與鳳凰翔於甸」。

〔四二〕稽聖賦：新唐書藝文志四：「李淳風注顔之推稽聖賦一卷。」又直齋書録解題卷一六：「稽聖賦三卷，北齊黄門侍郎琅邪顔之推撰。其孫師古注。蓋擬天問而作。中興書目稱李淳風注。」

〔四三〕豪豕：亦稱類，即豪豨（豪猪）。列子天瑞：「亶爰之獸，自孕而生曰類。」晉張湛注：「亶音蟬。山海經云：『亶爰之山有獸，其狀如狸而有髮，其名曰類，自爲牝牡相生也。』」又爾雅翼釋獸四：「列子稱亶爰之獸，有自孕而生者，惟豪亦然。郭璞贊曰：『剛鬣之族，號曰豪豨。毛如攢錐，中有激矢。厥體兼資，自爲牝牡。』長楊賦云：『拕豪猪。』」

〔四四〕決鼻：兔之别稱。法苑珠林卷四日月篇：「詩推度災曰：『月日三日成魄，八日成光。蟾蠩體就，決鼻始萌。』宋均注曰：『決鼻，兔也。』」又管城碩記（清徐文靖撰）卷二九：「通雅曰：『漢呼兔爲決鼻。』乾鑿度注：『決鼻，兔也。』郝氏曰：『決鼻，「決」與「闕」通，豈以闕唇而遂曰闕鼻乎？』」

鷓鴣

衡州南多鷓鴣〔一〕，解嶺南野葛諸菌毒〔二〕，及辟温瘴〔三〕。前臆文爲白圓點，又一名鵃①〔四〕。多對啼，每啼連轉數音，其韻甚高。廣志言遮姑鳴云「但南不北」②〔五〕，古今注云「其鳴自呼」③〔六〕，南越志云〔七〕：「鷓鴣〔八〕，陽鳥也。雖復東西迴翔，然而命翮之始，必先南翥。其鳴自號『杜薄州』。食之亡癘。」此三説啼處，豈同於牛屋辯哉？唯本草説鳴云

「鈎輈格磔」④〔九〕，小類〔一〇〕。

【原注】

①（鴶）音述。

②如逃問聲云「懸壺盧繫頸」〔一一〕。

③常向日飛〔一二〕，畏霜，早晚稀出。飛即以樹葉覆其身上。

④（磔）竹客反。

【校箋】

〔一〕衡州南多鷓鴣：「衡州」，今湖南衡陽。舊唐書地理志三：「衡州，隋衡山郡。武德四年，平蕭銑，置衡州。」「多」，説郛（四庫本）卷六三上引北户録作「靈」。按，嶺表録異卷中：「鷓鴣，吴、楚之野悉有，嶺南偏多。此鳥肉白而脆，遠勝雞雉，能解冶葛并菌毒。臆前有白圓點，背上間紫赤毛。其大如小野雞。」

〔二〕野葛：亦稱冶葛、鉤吻。太平御覽卷九九〇引南州異物志：「廣州俚賊，若鄉里負其家債，不時還者，子弟便取冶葛，一名鉤吻，數寸許，到債家門食鉤吻而死。其家稱怨，誣債家殺之。債家慙懼，以財物辭謝，多數十倍。死家便取屍去，不以爲恨。」又同上書同卷引嶺表録異：「野葛，毒草也，俗呼胡蔓草。誤食之，則用羊血漿解之。或説此草蔓生，葉如蘭香，光而厚，寘毒多着於生葉中，不得藥解，半日輒死。山羊食其苗，則肥而大。」

〔三〕温瘴：謂諸種熱帶病。按，證類本草卷一九：「鷓鴣，味甘温，無毒，主嶺南野葛、菌毒、生金毒及温瘴。久欲死不可差者，合毛熬酒漬之，生擣取汁服最良。」

〔四〕鴝：字書無此字，疑即「鵡」字，同「鷸」。按，莊子天地：「皮弁鷸冠。」郭慶藩集釋：「釋文（陸德明經典釋文）：鷸，尹必反，徐音述。本又作鵡，音同，鳥名也。一名翠，似燕，紺色，出鬱林，取其羽毛以飾冠。慶藩案說文：『鷸，知天將雨鳥也。』案鷸即翠鳥也。禮記：『知天文冠鷸。』玉篇、爾雅、釋文、漢書五行志，鷸並聿、述二音。匡謬正俗曰：『案鷸，水鳥，天將雨即鳴。古人以其知天時，乃爲象此鳥之形，使掌天文者冠之。』」「案：漢書輿服志引記曰『知天者冠述』，説苑修文篇作冠鉥，蓋因鷸有述音，故或作鵡，或作述，或作鉥耳。」又集韻術韻：「鷸，翠羽鳥也。或作鵡。」

〔五〕廣志言遮姑鳴云但南不北：「廣志」，見本卷「通犀」條注。「但南不北」，酉陽雜俎前集卷一六廣動植之一：「鷓鴣鳴曰『向南不北』。」又同上書續集卷八支動：「鷓鴣，似雌雉，飛但南不向北。楊孚交州異物志云：『鳥像雌雉，名鷓鴣。其志懷南，不向北徂。』」按，太平御覽卷九二四引異物志：「鷓鴣，其形似雌雞。其志懷南，不思北。其名〔自〕呼。飛但南不北。其肉肥美宜炙，可以飲酒爲諸膳也。」

〔六〕古今注：隋書經籍志三：「古今注三卷。（崔豹撰。）」又郡齋讀書志（衢本）附志上卷：「古今注三卷，右晉太傅丞崔豹正熊所注也。一輿服，二都邑，三音樂，四鳥獸，五蟲魚，六草木，七雜注，八問答釋義。」

〔七〕南越志：隋書經籍志二：「南越志八卷。（沈氏撰。）」又舊唐書經籍志上：「南越志五卷。（沈懷遠撰。）」按，沈懷遠，吴興武康（今浙江德清西）人。宋書卷八二、南史卷三四並有傳。按，宋書沈懷文傳附懷遠傳：「弟懷遠，爲始興王濬征北長流參軍，深見親待。坐納王鸚鵡爲妾，世祖徙之廣州，使廣州刺史宗慤於南殺之。會南郡王義宣反，懷遠頗閑文筆，慤起義，使造檄書，并銜命至始興，與始興相沈法系論起義事。事平，慤具爲陳請，由此見原，終世祖世不得還。懷文雖親要，屢請終不許。前廢帝世，流徙者並聽歸本，官至武康令。撰南越志及懷文文集，並傳於世。」

〔八〕鷓鴣：太平御覽卷九二四引南越志：「鷓鴣，雖東西迴翔，然開翅之始，必先南翥。（亦胡馬嘶北之義也。）其鳴自呼『社薄州』，本草云自呼『鉤輈格磔』。李群玉山行聞鷓鴣詩云：『方穿詰曲崎嶇路，又聽鉤輈格磔聲。』」

〔九〕鉤輈格磔：按，證類本草卷一九「鷓鴣」條：「生江南。形似母雞，鳴云『鉤輈格磔』者是。」

〔一〇〕小類：説郛（涵芬樓本）卷二引北户録作「小類斑鳩」四字，疑是。然説郛（四庫本）卷六三上、古今説海卷一三引北户録並無此二字。

〔一一〕懸壺盧繫頸：「頸」，原作「頓」，今據四庫本北户録改。按，酉陽雜俎前集卷一六廣動植之一：

「逃閶鳴『懸壺盧繫頸』。」

〔一三〕常向日飛：古今注卷中：「南山有鳥名鷓鴣，自呼其名，常向日而飛，畏霜露，早曉稀出，有時夜飛，飛則以樹葉覆背。」

鸚䳇瘴

廣之南，新、勤、春十州〔一〕，呼爲南道。多鸚䳇①，翠衿丹觜〔二〕，巧解人言，有鳴曲子如喉轉者〔三〕，但小不及於隴右〔四〕。每飛則數千百頭②〔五〕。食木葉榕實。凡養之，俗忌以手頻觸其背，犯者即多病顫而卒，土人謂爲鸚䳇瘴〔六〕，愚親驗之。咸通十年夏初〔七〕，有三大舶將五色鸚䳇至者③〔八〕，雖繡羽錦衣，而病其胡語。昔天監年〔九〕，交州有獻能歌鸚䳇者〔一〇〕，詔亦不納④。

【原注】

①字林「鸚䳇」書此「鴡」字〔一一〕。又江表傳曰〔一二〕：「孫權曾大會，有白頭鳥集殿前。權曰：『此何鳥？』諸葛恪對曰：『白頭公〔一三〕。』張昭自以坐中最老，疑恪戲之，因曰：『未聞鳥名白頭公，請使恪復索白頭姥。』恪曰：『鳥名鸚母，未必有對，請使輔吴復求鸚父也。』」又説文：「鸚，從鳥，嬰聲。

鵑，從鳥，母聲。」又曲禮：「鸚鵡能言〔一四〕，不離飛鳥。」又山海經云：「數歷之山〔一五〕，其鳥鸚鵡。」又云：「黄山有之〔一六〕。舌似小兒舌，脚指前後各兩指。扶南徼外，有五色、純白、純赤者。」

②南史云〔一七〕：「天竺迦毗利國〔一八〕，元嘉五年〔一九〕，獻赤、白鸚鵡各一頭。」又漢獻帝傳曰〔二〇〕：「獻帝興平元年〔二一〕，益州蠻夷獻鸚鵡三枚〔二二〕，各食三升麻子。云此鳥有損無益，後詔歸本土。」

③南方異物志〔二三〕：「鸚鵡有三種，青者大如烏臼，白者大如鴟，五色者大於青者。五色者出杜薄州也。」

④又張華有白鸚鵡〔二四〕，華每行還，輒説僮使善惡。後寂然無言，華問其故，鳥云：「見藏瓮中，何由得知。」華後在外，令呼鸚鵡。鸚鵡曰：「昨夜夢惡，不宜出户。」華猶强之，至庭，爲鸇所獲。人教其啄鸇脚，僅而獲免。又幽明録〔二五〕：「晉司空桓豁在荆州，有參軍翦五月五日鴝鵒舌〔二六〕，教令學語，遂善能效人語笑聲。司空大會吏佐，令悉效四座語，無不絶似。有一佐齆鼻，語難學，學之未似，因内頭於瓮中以效焉，遂不異也。後主典人盜牛肉，鴝鵒白參軍。參軍曰：『汝云盜，盜肉當應有驗。』鴝鵒曰：『以新荷裹，著屏風後。』檢之，果獲。而盜者患之，以熱湯灌殺之。參軍爲之悲傷累日，遂請殺此人。司空曰：『不可以禽鳥故，而極之於法令，止五歲刑也。』」又淮南萬畢術云：「寒皐斷舌〔二七〕，可使語。」寒皐，一曰鴝鵒。

【校箋】

〔一〕廣之南新勤春十州：「廣」即廣州，唐時爲嶺南節度史理所。元和郡縣圖志卷三四嶺南道一：

「廣州，（南海。）今爲嶺南節度使理所。管州二十二：廣州，循州，潮州，端州，康州，封州，韶州，春州，新州，雷州，羅州，高州，恩州，潘州，辯州，瀧州，勤州，崖州，瓊州，振州，儋州，萬安州。」「新」即新州，今廣東新興。舊唐書地理志四：「新州，隋信安郡之新興縣。武德四年，平蕭銑，置新州。天寶元年，改爲新興郡。乾元元年，復爲新州。」「勤」即勤州，今廣東雲浮西南。舊唐書地理志四：「勤州，隋信安郡之高梁縣地。武德四年，平蕭銑，置勤州，隸南康州總管。九年，改隸廣州，其年廢，縣屬春州。後置勤州，以銅陵來屬。」「春」即春州，今廣東陽春。舊唐書地理志四：「春州，隋高涼郡之陽春縣。武德四年，平蕭銑，置春州。天寶元年，改爲南陵郡。乾元元年，復爲春州。」

〔二〕觜：鳥嘴。説文角部：「觜，鴟舊頭上角觜也。」段玉裁注：「角觜，萑下云毛角是也。毛角，頭上毛有似角者也。觜猶柴，鋭詞也。毛角鋭，凡羽族之咮鋭，故鳥咮曰觜。俗語因之，凡口皆曰觜，其實本鳥毛角之稱也。」

〔三〕喉轉：喉嚨發聲，猶言歌唱。文選繁休伯與魏文帝牋：「時都尉薛訪車子，年始十四，能喉囀引聲，與笳同音。白上呈見，果如其言。即日故共觀試，乃知天壤之所生，誠有自然之妙物也。」

〔四〕隴右：今甘肅隴山、六盤山以西及黄河以東一帶。按，爾雅翼卷一四釋鳥：「鸚鵡，能言之鳥。其狀似鴞，青羽，赤喙足。隴右及南中皆有之，然南鸚鵡小於隴右。」

〔五〕每飛則數千百頭：類説卷一三引北户録無「百」字。

〔六〕鸜鵒瘴：爾雅翼卷一四釋鳥「鸜鵒」條云：「俗忌以手觸其背，犯者多病顫而卒，名鸜鵒瘴。」按，嶺外代答（宋周去非撰）卷四瘴：「南方凡病，皆謂之瘴，其實似中州傷寒。蓋天氣郁蒸，陽多宣泄，冬不閉藏，草木水泉，皆禀惡氣。人生其間，日受其毒，元氣不固，發爲瘴疾。輕者寒熱往來，正類痁瘧，謂之冷瘴。重者純熱無寒，更重者藴熱沉沉，無晝無夜，如卧灰火，謂之熱瘴。」「冷瘴未必死，熱瘴久必死。」

〔七〕咸通十年：即唐懿宗李漼咸通十年（八六九）。

〔八〕大舶：即海舶，外國船。梁書王僧孺傳：「（天監初）尋出爲南海太守。郡常有高涼生口及海舶，每歲數至，外國賈人以通貨易。」又唐國史補卷下：「南海舶，外國船也。每歲至安南、廣州。師子國舶最大，梯而上下數丈，皆積寶貨。至則本道奏報，郡邑爲之喧闐。」

〔九〕天監：南朝梁武帝蕭衍年號（五〇二—五一九）。按，南史梁本紀上：「（天監元年八月）交州獻能歌鸜鵒，詔不納。」

〔一〇〕交州：南朝時，交州治所在龍編（今越南北寧仙遊東），唐移治交趾（今越南河内西北）。按，舊唐書地理志四：「（安南都督府）龍編，漢交趾郡守治贏𨻻。後漢周敞爲交趾太守，乃移治龍編。言立城之始，有蛟龍盤編津之間，因爲城名。武德四年，於縣置龍州，領龍編、武寧、平樂三縣。貞觀初，廢龍州，以武寧、平樂入龍編，割屬仙州。十年，廢仙州，以龍編屬交州也。」

〔一一〕書此鴝字：謂將「鸜鵒」寫作「鸜鴝」。按，説文鳥部：「鴝，鸜鴝也。从鳥，句聲。」段玉裁注：

「曲禮釋文：『嬰，本或作鸚。母，本或作鵡。同音武。諸葛恪茂后反。』按裴松之引江表傳曰：『恪呼殿前鳥爲白頭翁，張昭欲使恪復求白頭母。恪亦以鳥名鸚母，未有鸚父相難。』此陸氏所謂『茂后反』也。據此，知彼時作母，作鵡，不作鵡。至唐武后時，狄仁傑對云：『鵡者，陛下之姓，起二子則兩翼振矣。』其字其音，皆與三國時不同，此古今語言文字變易之證也。釋文當云『母，本或作鵡，古茂后反，今作鵡，音武』乃合。李善注文選云：『鵡，一作鵡，莫口反。』較明析。」

〔一二〕江表傳：舊唐書經籍志上：「江表傳五卷。（虞溥撰。）」按，虞溥（二四九？—三一〇？）字允源，高平昌邑（今山東巨野南）人。官至鄱陽内史。晉書卷八二有傳。

〔一三〕白頭公：類説卷一三引北户録作「白頭翁」。按，三國志吴書諸葛恪傳裴松之注引江表傳：「曾有白頭鳥集殿前，權曰：『此何鳥也？』恪曰：『白頭翁也。』張昭自以坐中最老，疑恪以鳥戲之，因曰：『恪欺陛下，未嘗聞鳥名白頭翁者，試使恪復求白頭母。』恪曰：『鳥名鸚母，未必有對，試使輔吴復求鸚父。』昭不能答，坐中皆歡笑。」

〔一四〕鸚鵡能言：禮記曲禮：「鸚鵡能言，不離飛鳥；猩猩能言，不離禽獸。今人而無禮，雖能言，不亦禽獸之心乎！」

〔一五〕數歷之山：山海經西山經：「又西一百七十里，曰數歷之山。其上多黄金，其下多銀，其木多杻橿，其鳥多鸚䳇。」

〔一六〕黄山：山海經西山經：「又西百八十里，曰黄山」，「有鳥焉，其狀如鴞，青羽赤喙人舌，能言，名曰鸚鵡」。郭璞注：「鸚鵡，舌似小兒舌，脚指前後各兩。扶南徼外出五色者，亦有純赤、白者，大如鴈也。」

〔一七〕南史：舊唐書經籍志上：「南史八十卷。（李延壽撰。）」又直齋書録解題卷四：「南史八十卷，北史八十卷，唐崇賢館學士鄴李延壽撰。初，延壽父大師多識舊事，常以宋、齊、梁、陳、魏、齊、周、隋天下分隔，南謂北爲『索虜』，北謂南爲『島夷』，詳略訾美失傳，思所以改正刊究，未成而没。延壽追終先志，凡八代合二書，爲百八十篇。其書頗有條理，删落釀辭，過本書遠甚。」

〔一八〕天竺迦毗利國：「迦毗利」，亦作「迦毗黎」，今印度哥格拉河一帶。南史夷貊上海南諸國：「天竺迦毗黎國，元嘉五年，國王月愛遣使奉表，獻金剛指環、摩勒金環諸寳物，赤、白鸚鵡各一頭。」按，此記載亦見宋書夷蠻天竺迦毗黎國傳。

〔一九〕元嘉五年：即宋文帝劉義隆元嘉五年（四二八）。

〔二〇〕漢獻帝傳曰：原作「漢書曰」，卷末原校：「原作『漢獻帝傳曰』，據御覽九百二十四引漢書改。」按文中既稱「獻帝興平」年號，顯爲東漢事，本不當見載於漢書，又檢初學記卷三〇引此作「劉艾漢帝傳」，而新唐書藝文志二亦著録「劉艾漢靈獻二帝紀六卷」，據此可證「原作『漢獻帝傳曰』」近是，而陸心源校改爲「漢書」則大謬，今據初學記、新唐志予以回改。劉艾，東漢人，事見後漢書獻帝紀。

〔二〕獻帝興平元年：即漢獻帝劉協興平元年（一九四）。按，初學記卷三〇引劉艾漢帝傳：「興平元年，益州蠻夷獻鸑鷟三。詔曰：『往者益州獻鸑鷟三枚，夜食三升麻子。今穀價騰貴，此鳥無益有損。可付安西將軍楊定因，令歸本土。』」

〔三〕益州：今四川成都。按，元和郡縣圖志卷三一劍南道上：「成都府，（益州。大都督府。）今爲西川節度使理所。」又：「開元二十一年，又於邊郡置節度使，以式遏四夷，成都爲劍南節度理，西抗吐蕃，南撫蠻獠。（許按：中華書局本校勘記據舊唐書地理志，以爲「蠻撩」當作「蠻獠」。）」

〔三〕南方異物志：新唐書藝文志二：「房千里南方異物志一卷。」按，初學記卷三〇南方異物志：「鸑鷟有三種：一種（許按：二字原闕，今據太平御覽卷九二四引南方異物志補。）青，大如鳥曰；一種白，大如鴟鴞；一種五色，大於青者。交州、巴南盡有之。白（許按：此字原闕，今據同上書補。）及五色出杜薄州。凡鳥四指，三向前，一向後。此鳥兩指向後。」

〔四〕張華有白鸜鵒：此注不言出處，實則引自劉敬叔異苑。按，藝文類聚卷九一引異苑：「張華有白鸜鵒，華每出行還，輒説僮僕善惡。後寂無言，華問其故，鳥云：『見藏瓮中，何由得知。』公復在外，令喚鸜鵒。鸜鵒曰：『昨夜夢惡，不宜出户。』公猶强之，至庭，爲鸇所搏。教其啄鸇脚，僅而獲免。」

〔五〕幽明録：隋書經籍志二：「幽明録二十卷。（劉義慶撰。）」又舊唐書經籍志上：「幽明録三十卷。（劉義慶撰。）」按，史通卷一〇雜述：「陰陽爲炭，造化爲工，流形賦象，一何不育。求其怪物，有廣異聞，若祖台志怪、干寶搜神、劉義慶幽明、劉敬叔異苑，此之謂雜記者也。」

〔二六〕鴝鵒：亦作「鸜鵒」，即八哥。按，太平御覽卷九二三引幽明録：「晉司空桓豁在荆，有參軍翦五月五日鸜鵒舌，教令學語，遂無所不名。顧參軍善彈琵琶，鸜鵒每立聽移時。又善能效人語聲，司空大會吏佐，令悉效四坐語，無不絶似。有生齆鼻，語難學，學之不似，因内頭於瓮中以效焉，遂與齆鼻語聲不異。主典人於鸜鵒前盜物，參軍如厠，鸜鵒伺無人，密白主典人盜如干種，一一條列，銜之而未發。後盜牛肉，鸜鵒復白，參軍曰：『汝云盜肉，應有驗。』鸜鵒曰：『以新荷裹，著屏風後。』檢之，果獲，痛加治。而盜者患之，以熱湯灌殺。參軍爲之悲傷累日，遂請殺此人，以報其怨。司空言曰：『原殺鸜鵒之痛，誠合治殺。不可以禽鳥故，極之於法令，止五歲刑也。』」

〔二七〕寒皐斷舌：太平御覽卷九二三引淮南萬畢術：「寒皐斷舌，可使語。（取寒皐，斷其舌，即語。寒皐，一名鸜鵒。）」

赤白吉了

某年，普寧有廉州民〔一〕，獲赤、白吉了各一頭〔二〕，獻於刺史者。其赤者尋卒，白者久而能言，凡笑語悉皆斅人，斯珍禽也①。愚按雲物上瑞〔三〕，鳥獸中瑞，草木下瑞，夫聖人至德所臨，則嘉祥必見。故前有引赤雀、白雀、赤烏、白烏、赤鷰、白鷰之流衆矣。瑞應圖曰〔四〕：「赤雀〔五〕，瑞鳥也。」又孫氏瑞應圖曰〔六〕：「王者奉己儉約〔七〕，尊事耆老，則見。」尚書中候曰〔八〕：「秦繆公出狩〔九〕，至于咸陽，日稷庚午〔一〇〕，天震大雷。有火下，化爲白雀，銜籙丹書〔一一〕，集公車。公俯取其書，言繆公之霸，訖胡亥〔一二〕，秦家世事。」又禮稽命徵曰〔一三〕：「得禮之制，澤谷之中，有赤烏焉〔一四〕。」孝經援神契曰：「德至鳥獸，則白烏下〔一五〕。」又熊氏瑞應圖曰〔一六〕：「皇者八要有序〔一七〕，經緯不差，應時之性命，則赤鸖銜丹書而至〔一八〕。」白鸖事略同也〔一九〕。愚又見顧野王以遠方所貢赤、白鸜鵒編爲瑞者〔二〇〕，今因録赤、白吉了，亦請附焉②。

【原注】

①吉了身黑觜赤，首戴黄冠，善斆人笑言聲，明切於鸜鵒，好食雞子飯也。

②宋紀曰〔二一〕：「文帝元嘉中，湘州獻赤鸜鵒〔二二〕。」臧榮緒晉書曰〔二三〕：「義熙中〔二四〕，林邑獻白鸜鵒也〔二五〕。」

【校箋】

〔一〕普寧有廉州民：「普寧」，今廣西容縣。元和郡縣圖志逸文卷三嶺南道：「（容州）普寧縣，本漢合浦縣地，晉分置宕昌縣，隋開皇十七年改爲奉化縣，十九年又改爲普寧縣，屬藤州永平郡。開元中，移郭下北流縣於西南六十里，又自州移普寧縣於郭下。」「廉州」，今廣西合浦西北。元和郡縣圖志逸文卷三嶺南道：「廉州，古越地也。今州即合浦縣理也。黄武七年更名珠官郡，少帝改珠官郡爲合浦郡。大業三年，又廢州爲合浦郡。取大廉洞以爲名。」

〔二〕吉了：亦稱秦吉了，即鷯哥。按，太平御覽卷九二四引嶺表録異：「容、管、廉、白州産秦吉了，大約似鸚鵡，觜脚皆紅，兩眼後夾腦有黄肉冠。善效人言，語音雄大，分明於鸚鵡。以熟雞子和飰如棗飼之。或云容州有純白色者，俱未之見也。」又桂海虞衡志志禽：「秦吉了，如鴝鵒，紺黑色，丹咮黄距，目下連項有深黄文。頂毛有縫，如人分髮。能人言，比鸚鵡尤慧。大抵鸚鵡聲如兒女，吉了聲則如丈夫。出邕州溪洞中。唐書：『林邑出結遼鳥。』林邑，今占城，去邕、欽州但隔交趾，疑即吉了也。」按，能改齋漫録卷一五吉了禽：「唐萬年縣尉段公路撰北户録，記廉州民獲赤、白吉了者。赤者尋卒，白者久而能言，笑語效人，禽之珍者也。予考鄭熊所作番禺記云：『秦吉了，出藤州。身紺觜丹，兩眼旁有眉，如臙脂抹，彎環垂下，秀媚可愛，深類鴝鵒。（南中亦呼鴝鵒爲牛吉了。）頭上微有冠，如雞然。舌辨而語清，所食惟魚肉。凡賓客奴僕，一過而皆知其名位。苟飼之或不如所欲，家有弊事，亦以告人。』熊以爲秦吉了，段以爲吉了，而更分以赤、白兩種，何耶？白樂天亦有秦吉了詩。了音料。」

〔三〕雲物上瑞：舊唐書職官志二：「（禮部）凡祥瑞，皆辨其名物，有大瑞、上瑞、中瑞，皆有等差。」又新唐書百官志一：「(禮部)凡景雲、慶雲爲大瑞，其名物六十有四；白狼、赤兔爲上瑞，其名物三十有八；蒼烏、朱雁爲中瑞，其名物三十有二；嘉禾、芝草、木連理爲下瑞，其名物十四。大瑞，則百官詣闕朝賀。餘瑞，歲終員外郎以聞，有司告廟。」

〔四〕瑞應圖：隋書經籍志三：「瑞應圖三卷。」

〔五〕赤雀：宋書符瑞志中：「赤雀，周文王時，銜丹書來至。」

〔六〕孫氏瑞應圖：隋書經籍志三：「瑞圖讚二卷。(梁有孫柔之瑞應圖記、孫氏瑞應圖贊各三卷，亡。)」又舊唐書經籍志下：「瑞應圖記二卷。(孫柔之撰。)」

〔七〕王者奉己儉約：藝文類聚卷九九引孝經援神契：「王者奉己儉約，臺榭不侈，尊事耆老，則白雀見。」

〔八〕尚書中候曰：此五字原闕，致使下文「秦繆公出狩」至「秦家世事」失出處，今據藝文類聚、説郛引文補。按，藝文類聚卷九九引尚書中候：「維天降紀，秦伯(許按：「秦伯」原作「泰伯」，今據太平御覽卷九二二引尚書中候改。)出狩。至于咸陽，天震大雷。有火下，化爲白雀，銜籙，集于公車。」又説郛(四庫本)卷五上引尚書中候：「秦繆公出狩，至于咸陽，日稷庚午，天震大雷。有火下，化爲白雀，銜籙丹書，集于公車。公俯取其書，言繆公之霸也，訖胡亥，秦家世事。」

〔九〕秦繆公：即秦穆公(？——前六二一)嬴任好，春秋時秦國國君，公元前六五九——前六二一在位，勵精圖治，開地千里，稱霸西戎，爲西方諸侯伯。其事見左傳、史記秦本紀。

〔一〇〕日稷庚午：謂午後時分。「稷」，通「昃」，指太陽偏西。春秋穀梁傳定公十五年：「戊午，日下稷，乃克葬。」范甯集解：「稷，昃也。下昃，謂晡時。」

〔一一〕銜籙丹書：「籙」，原作「緑」，今據尚書中候改。見前注。

〔一二〕胡亥：即秦二世（前二三〇—前二〇七），秦始皇少子。公元前二一〇—前二〇七在位，秦末代君主。事見史記秦始皇本紀。

〔一三〕禮稽命徵：禮緯之一，已散佚。明孫瑴輯古微書卷一八禮稽命徵解題曰：「運有興衰，教有因革，皆稽之乎禮。禮也者，命之元也，故惟禮文質可以徵命。」

〔一四〕赤烏：原作「赤鳥」，今據禮稽命徵改。按，太平御覽卷五二二引禮稽命徵：「得禮之制，澤谷之中，有赤烏、白玉、赤蛇、赤龍、赤木、白泉生出，飲酌之，使壽長。」

〔一五〕白烏下：藝文類聚卷九九引孝經援神契：「德至鳥獸，則白烏下。」

〔一六〕熊氏瑞應圖：舊唐書經籍志下：「瑞應圖讚三卷。（熊理撰。）」

〔一七〕皇者八要有序：「八要」，原作「八妾」，今據四庫本北户録改。「八要」疑即八政。按，後漢書章帝紀：「（元和元年二月甲戌詔）王者八政，以食爲本。」李賢注：「尚書洪範八政，一曰食，是爲政本。」

〔一八〕赤鷰銜丹書而至：藝文類聚卷九九引田俅子：「少昊之時，赤鷰一羽而飛，集少昊氏之户，遺其丹書。」

〔一九〕白鷰：宋書符瑞志下：「白燕者，師曠時，銜丹書來至。」

〔二〇〕顧野王：野王（五一九—五八一）字希馮，吴郡吴（今江蘇蘇州）人。仕梁爲諸王記室參軍，入陳，爲撰史學士，累遷黄門侍郎。陳書卷三〇、南史卷六九並有傳。

〔二一〕宋紀：舊唐書經籍志上：「宋紀三十卷。（王智深撰。）」

〔二二〕湘州獻赤鸚鵡：「湘州」，原作「相州」，今據宋書改。按，宋書符瑞志下：「宋文帝元嘉二十二年，湘州刺史南平王鑠獻赤、白鸚鵡各一。」

〔二三〕臧榮緒晉書：隋書經籍志二：「晉書一百一十卷。（齊徐州主簿臧榮緒撰。）」又舊唐書經籍志上：「晉書一百一十卷。（臧榮緒撰。）」按，臧書今不傳，唐房玄齡晉書有所採用。舊唐書房玄齡傳：「尋與中書侍郎褚遂良受詔重撰晉書，於是奏取太子左庶子許敬宗，中書舍人來濟，著作郎陸元仕、劉子翼，前雍州刺史令狐德棻，太子舍人李義府、薛元超，起居郎上官儀等八人，分功撰録，以臧榮緒晉書爲主，參考諸家，甚爲詳洽。」

〔二四〕義熙：晉安帝司馬德宗年號（四〇五—四一八）。

〔二五〕林邑：今越南中部。按，晉書四夷傳：「林邑國，本漢時象林縣，則馬援鑄柱之處也，去南海三千里。」

緋猨①

公路咸通十年往高涼〔一〕，程次青山鎮②。其山多猨〔二〕，有黄緋者〔三〕，絶大，毛彩殷鮮〔一四〕，真謂奇獸。夫猨則狙〔一五〕、玃③〔一六〕、猱④、狖⑤之類〔一七〕，其色多傳青、白、玄、黄而已⑥。按樓炭經云〔一八〕：「鳥有四千五百種〔一九〕，獸有二千四百種。」白虎通云〔一〇〕：「羽蟲三百六十〔一一〕，鳳爲之長。毛蟲三百六十，麟爲之長。」今則豈可窮其族類歟？其猿能伏鼠⑦，多群行。玄者善啼⑧，啼數聲，則衆猨叫嘯騰擲，如相去呼焉。其音淒入肝脾，韻含宮徵〔一二〕，方知當去呼一部鼓吹〔一三〕，豈獨於鼉聲者哉〔一四〕！愚因召獵者捕而養之，目爲巴兒。極馴，不貪食。於樹杪間，呼之則至。但臂長，身不便於行，而未見通膞者也〔一五〕。後一歲，自潘州迴〔一六〕，路歷仙虚⑨，聞舊山猿啼，不食而卒。噫，其爲獸之性，一何仁耶！是知鄧芝感事投弓〔一七〕，故無虚語。且梁朝猿卒，責食吏違四日，方送鹿心柹四貫〔一八〕，及責玄圃養猿吏云〔一九〕：「殘林猶獲其子，堪杖四十。」復引雞冢〔二〇〕、鵝魂〔二一〕、狗蓋、馬帷之事瘞之〔二二〕。又陸機快犬黄耳〔二三〕，能解人言，常傳書，自洛至吴，纔半月而返。及死，機爲製棺櫬殯之，村人號爲黄耳冢〔二四〕。愚遂斆其事，籍之以薪〔二五〕，藏之以坎〔二六〕。

【原注】

①一作蝯〔二七〕。

②鎮，府設，以備他盜也。

③猨五百歲爲玃。抱朴子曰：「猴壽八百歲〔二八〕。」繁露曰〔二九〕：「猨似猴，大而黑，長前臂。猨所以壽者，好引其氣也。」

④猴也。

⑤似猿。

⑥小説云〔三〇〕：「吾彦爲交州時〔三一〕，林邑王范能獻青、白猿各一口〔三二〕。」山海經云：「堂庭山〔三三〕，多白猿。」今三峽有白額猿。

⑦論衡曰〔三四〕：「鹿之角足以觸犬，猴之手足以搏鼠。然而鹿制於犬，猴伏於鼠。」亦如淮南子云〔三五〕：「蝟使虎申，蛇令豹止，物各有所制也。」

⑧雌黄而雄黑也。

⑨潘茂真人燒丹之處〔三六〕。南人呼市爲虚，今三里一虚。按「神農氏日中爲市〔三七〕，致天下之民，聚天下之貨，交易而退，各得其所，蓋取諸噬嗑」〔三八〕。易下繫注〔三九〕：「噬嗑，合也。市，人之所聚，異方之合耳。」

【校箋】

〔一〕咸通十年往高涼：「咸通十年」，即唐懿宗李漼咸通十年（八六九）。「高涼」，今廣東高州東北。舊唐書地理志四：「高州，隋高涼郡。舊治高涼縣，後改爲西平縣。貞觀二十三年，分西平、杜陵置恩州，高州移治良德縣。天寶元年，改爲高涼郡。乾元元年，復爲高州。」

〔二〕猨：同「猿」，此當指長臂猿。玉篇犬部：「猨，似獮猴而大，能嘯也。猿，同猨。」又埤雅釋獸：「猨，猴屬，長臂善嘯，便攀緣，故其字从援省，而爾雅云『猱蝯善援，玃父善顧』也。」「或曰猴性躁急，猨性静緩，故猨从爰。爰，緩也。」

〔三〕有黄緋者：疑即母猨。嶺外代答卷九猨：「猨有三種：金綫者黄，玉面者黑，純黑者面亦黑。金綫、玉面皆難得。或云純黑者雄，金綫者雌。又云雄能嘯，雌不能也。」

〔四〕殷鮮：赤黑而光亮。「殷」讀如煙。左傳成公二年：「左輪朱殷。」杜預注：「朱，血色，血色久則殷。殷音近煙，今人謂赤黑爲殷色，言血多，汙車輪。」

〔五〕狙：廣雅釋獸：「猱、狙，獮猴也。」

〔六〕玃：大猴。按，吕氏春秋察傳：「數傳而白爲黑，黑爲白。故狗似玃，玃似母猴，母猴似人。」又説文犬部：「玃，母猴也。」

〔七〕狖：廣雅釋獸：「狖，蜼也。」王念孫疏證：「爾雅：『蜼，卬鼻而長尾。』郭璞注云：『蜼，似獮猴而大，黄黑色，尾長數尺似獺，尾末有歧，鼻露向上，雨即自縣於樹，以尾塞鼻，或以兩指。江東亦取養之，爲物捷健。』」又淮南子覽冥訓：「猨狖顛蹶而失木枝。」高誘注：「狖，猨屬，長尾而卬鼻。」

〔八〕樓炭經：即長阿含經第四分世記經，叙世界成壞情形。凡六卷，有三譯，晉法立譯本稱大樓炭經，隋闍那崛多譯本稱起世經，隋梵摩笄多譯本稱起世因本經。

〔九〕鳥有四千五百種：法苑珠林卷六六道篇：「依樓炭經説：『畜生不同，大約有其三種：一魚，二鳥，三獸。於此三中，一一無量。魚有六千四百種，鳥有四千五百種，獸有二千四百種。』」

〔一〇〕白虎通：亦稱白虎通德論。後漢書班彪傳附班固傳：「天子會諸儒講論五經，作白虎通德論，令固撰集其事。」李賢注：「章帝建初四年，詔諸王諸儒會白虎觀，講議五經同異。」又直齋書録解題卷三：「白虎通十卷，漢尚書郎班固撰。章帝建初四年，詔諸儒會白虎觀，講議五經同異。五官中郎將魏應承制問，侍中淳于恭奏，帝親稱制臨決，作白虎議奏，蓋用宣帝石渠故事也。石渠議奏今不傳矣。班固傳稱作白虎通德論，令固撰集其事云，凡四十四門。」

〔一一〕羽蟲三百六十：「三百六十」，原作「三百六十有六」，今據大戴禮記、孔子家語改。下句「毛蟲三百六十」同。按此下四句，本書引作白虎通亦誤，白虎通實無此文，當出自大戴禮記與孔子家語。大戴禮記卷一三易本命：「故曰有羽之蟲三百六十，而鳳皇爲之長；有毛之蟲三百六十，而麒麟爲之長。」又孔子家語卷二五執轡：「（子夏曰）食水者善游而耐寒，食土者無心而不息，食木者多力而不治，食草者善走而愚，食桑者有緒而蛾，食肉者勇毅而悍，食氣者神明而壽，食穀者智慧而巧，不食者不死而神。故曰羽蟲三百有六十，而鳳爲之長；毛蟲三百有六十，而麟爲之長；甲蟲三百有六十，而龜爲之長；鱗蟲三百有六十，而龍爲之長；倮蟲三百有六十，而人爲之長。此乾坤之美也，殊形異類之數。」

〔一二〕韻含宫徵：猶言合乎樂律。古樂五音，即宫、商、角、徵、羽。按，文選陸士衡豪士賦序：「孟嘗遭雍門而泣，而琴之感以末。」李善注引桓子新論：「雍門周以琴見孟嘗君，孟嘗君曰：『先生鼓琴，亦能令文悲乎？』對曰：『臣竊爲足下有所悲，千秋萬歲後，墳墓生荆棘，游童牧豎，躑躅其足而歌其上，曰孟嘗君之尊貴，亦猶若是乎！』於是孟嘗君喟然太息，涕承睫而未下。雍門周引琴而鼓之，徐動宫徵，揮角羽，初終而成曲。孟嘗君遂歔欷而就之。是琴以感以末也。」

〔一三〕鼓吹：謂吹奏樂。古今注卷中：「短簫鐃歌，軍樂也。黄帝使岐伯所作，以建武揚盛德，風勸戰士也。周禮所謂『王大捷則令凱樂，軍大捷則令凱歌』者也。漢樂有黄門鼓吹，天子所以宴樂群臣也。短簫鐃歌，鼓吹之一章，亦以賜有功諸侯。」

〔一四〕豈獨於鼃聲者哉：「於」，疑當作「與」，言猨之鳴有别於獨和鼃。「獨」，埤雅卷四釋獸二（猨）：「類從曰：『獨一叫而猨散，鼉一鳴而鼉伏。』或曰：『鼉鳴夜，獨鳴曉。』獨，猨類也。似猨而大，食猨，今俗謂之『獨猨』。蓋猨性群，獨性特，猨鳴三，獨鳴一，是以謂之獨也。」又本草綱目卷五一獸之四狨：「獨，似猨而大，其性獨，一鳴即止，能食猨猴。故諺曰：『獨一鳴而猨散。』」「鼃」，同「蛙」。説文黽部：「鼃，蝦蟆屬。」段玉裁注：「蝦蟆與詹諸小别，鼃則與蝦蟆大别，而其形相似，故言屬而别見。」漢書武帝紀：『元鼎五年，鼃、蝦蟆鬭。』是可知其别矣。鼃者，周禮所謂『蟈』，今南人所謂水雞，亦曰田雞，鼃蛤皆其鳴聲也。」

〔一五〕通膞者：謂通臂猿。按，池北偶談（清王士禛撰）卷一八：「予嘗見明宣宗畫黑猿一軸，有御筆題云：『鎮守廣西都督山雲所進。』圖中一橫木，猿臂掛其上，不解何謂。一日，予門生常熟錢玉友（良擇）從粵東來，云嶺外有黑猿，大不盈尺，二臂相通，寐則臂掛於橫木上，一臂漸縮，一臂漸長，所謂通臂猿也。」

〔一六〕潘州：今廣東高州。舊唐書地理志四：「潘州，隋合浦郡之定川縣。武德四年，置南宕州，領南昌、定川、陸川、思城、温水、宕川六縣，治南昌縣。貞觀六年，移治定川。八年，改爲潘州，仍廢思城縣。天寶元年，改爲南潘郡。乾元元年，復爲潘州也。」

〔一七〕鄧芝感事投弓：三國志鄧芝傳裴松之注引華陽國志：「芝征涪陵，見玄猿緣山。芝性好弩，手自射猿，中之。猿拔其箭，卷木葉塞其創。芝曰：『嘻，吾違物之性，其將死矣！』一曰：『芝見猿抱子在樹上，引弩射之，中猿母，其子爲拔箭，以木葉塞創。芝乃歎息，投弩水中，自知當死。』」按，鄧芝（？——二五一）字伯苗，義陽新野（今屬河南）人。仕蜀爲大將軍。三國志卷四五有傳。

〔一八〕鹿心柹：編珠卷四引廣志：「柹有數種，有如牛心者，有如雞鴨卵者，又有名鹿心者。」

〔一九〕玄圃：指梁東宫玄圃園。按，資治通鑑卷一六一梁紀一七武帝太清二年：「太子於玄圃自講老、莊。」胡三省注：「自蕭齊以來，東宫有玄圃。崑崙之山三級，下曰樊桐，二曰玄圃，三曰層城，太帝之所居。東宫次於帝居，故立玄圃。」

〔二〇〕雞冢：疑爲唐釋法欽事。按，宋高僧傳卷九唐杭州徑山法欽傳：「初，欽在山，猛獸鷙鳥馴狎。

有白兔二，跪於杖屨之間。又嘗養一雞，不食生類，隨之若影，不遊他所。及其入長安，長鳴三日而絶。今雞冢在山之椒。」

〔二一〕鵝魂：疑爲吴景帝事。按，三國志卷六三裴松之注引抱朴子：「吴景帝有疾，求覡視者，得一人。景帝欲試之，乃殺鵝而埋於苑中，架小屋，施牀几，以婦人屐履服物著其上，乃使覡視之。告曰：『若能説此冢中鬼婦人形狀者，當加賞而即信矣。』竟日盡夕無言。帝推問之急，乃曰：『實不見有鬼，但見一頭白鵝立墓上，所以不即白之，疑是鬼神變化作此相，當候其真形而定。無復移易，不知何故，不敢不以實上聞。』景帝乃厚賜之。然則鵝死亦有鬼也。」

〔二二〕狗蓋馬帷：禮記檀弓下：「仲尼之畜狗死，使子貢埋之，曰：『吾聞之也，敝帷不棄，爲埋馬也；敝蓋不棄，爲埋狗也。丘也貧，無蓋。於其封也，亦予之席，毋使其首陷焉。路馬死，埋之以帷。』」鄭玄注：「路馬，君所乘者，其他狗馬，不能以帷蓋。」

〔二三〕陸機快犬黄耳：陸機（二六一—三〇三）字士衡，吴郡華亭（今上海松江）人。吴滅入洛，授平原内史。晉書卷五四有傳。按，晉書陸機傳：「初，機有駿犬，名曰黄耳，甚愛之。既而羈寓京師，久無家問，笑語犬曰：『我家絶無書信，汝能齎書取消息不？』犬摇尾作聲。機乃爲書，以竹筩盛之而繫其頸，犬尋路南走，遂至其家，得報還洛。其後因以爲常。」

〔二四〕黄耳冢：藝文類聚卷九六引述異記：「陸機少時頗好獵，在吴，豪客獻快犬，名曰黄耳。機後仕洛，常將自隨。此犬黠慧，能解人語，又嘗借人三百里外，犬識路自還，一日至家。機羈旅京師，久無家問，因戲語犬曰：『我家絕無書信，汝能齎書馳取消息不？』犬喜，搖尾作聲應之。機試爲書，盛以竹筒，繫之犬頸。犬出驛路，走向吴。饑則入草，噬肉取飽。每經大水，輒依渡者，弭毛掉尾向之，其人憐愛，因呼上船，裁近岸，犬即騰上速去。先到機家，口銜筒作聲示之。機家開筒取書，看畢，犬又伺人作聲，如有所求。其家作答書，内筒，復繫犬頸。犬既得答，仍馳還洛。計人行程五旬，犬往還裁半月。後犬死，殯之，遣送還葬機村，去機家二百步，聚土爲墳，呼爲黄耳冢。」

〔二五〕籍之以薪：周易繫辭下：「古之葬者，厚衣之以薪，葬之中野，不封不樹，喪期無數。後世聖人易之以棺槨，蓋取諸大過。」

〔二六〕坎：坑，此指墓穴。按，禮記檀弓下：「孔子曰：『延陵季子，吴之習於禮者也。往而觀其葬焉，其坎深不至於泉。』」

〔二七〕一作蝯：爾雅翼作「蝯」。按，爾雅翼卷二〇釋獸三：「蝯，與沐猴相類，静躁不同耳。柳子憎王孫文云：『惡者王孫兮，善者蝯峽。』性仁不貪，食多群行。雄者黑，雌者黄。雄者善啼，啼數聲，則衆蝯叫嘯騰擲，如相和焉。其音淒入肝脾，韻含宫商。故巴峽諺曰：『巴東三峽巫峽長，哀蝯三聲斷人腸。』」

〔二八〕猴壽八百歲：抱朴子内篇對俗：「獮猴壽八百歲變爲猨，猨壽五百歲變爲玃，玃壽千歲。」

〔二九〕繁露：即春秋繁露。隋書經籍志一：「春秋繁露十七卷。（漢膠西相董仲舒撰。）」按，春秋繁露卷一六循天之道：「蝯之所以壽者，好引其末，是故氣四越。」

〔三〇〕小説：疑即殷芸小説。隋書經籍志三：「小説十卷。（梁武帝勑安右長史殷芸撰。梁目，三十卷。）」又舊唐書經籍志下：「小説十卷。（殷芸撰。）」

〔三一〕吾彦：原作「伍彦」，今據晉書本傳改。按，晉書吾彦傳：「吾彦字士則，吴郡吴人」，「吴亡，彦始歸降，武帝以爲金城太守」，「轉在敦煌，威恩甚著，遷雁門太守」，「會交州刺史陶璜卒，以彦爲南中都督、交州刺史」。

〔三二〕林邑王范能：「范能」，當即「范熊」。按，晉書四夷傳林邑國：「後漢末，縣功曹姓區，有子曰連，殺令自立爲王，子孫相承。其後王無嗣，外孫范熊代立。熊死，子逸立。」

〔三三〕堂庭山：山海經南山經：「又東三百里，曰堂庭之山，多棪木，多白猿。」

〔三四〕論衡：隋書經籍志三：「論衡二十九卷。（後漢徵士王充撰。）」按，論衡物勢篇：「鹿之角足以觸犬，獼猴之手足以搏鼠，然而鹿制於犬，獼猴服於鼠，角爪不利也。」

〔三五〕淮南子：隋書經籍志三：「淮南子二十一卷。（漢淮南王劉安撰，許慎注。）淮南子二十一卷。（高誘注。）」按，太平御覽卷八九二引淮南子：「蝟使虎申，蛇令豹止，物有所制也。」

〔三六〕潘茂真人燒丹之處：太平寰宇記卷一六一嶺南道五：「（高州茂名縣）乾元元年，復爲潘州。按嶺表記：『潘州，因道士潘茂昇仙，遂以姓名爲郡縣之稱』」，「潘山，在縣東三十里。其山昔有潘茂於此煉丹昇仙，乃以爲山名」，「仙山，在縣西南二百步隔水。亦潘茂煉丹之所，今有昇真觀」。

〔三七〕神農氏日中爲市：此下數句失出處，當取自周易繫辭下。按，周易繫辭下：「（包犧氏没，神農氏作）日中爲市，致天下之民，聚天下之貨，交易而退，各得其所，蓋取諸噬嗑。」韓康伯注：「噬嗑，合也。市，人之所聚，異方之所合。設法以合物，噬嗑之義也。」

〔三八〕噬嗑：猶咬合。周易噬嗑卦：「彖曰：『頤中有物，曰噬嗑。』」韓康伯注：「頤中有物，齧而合之，噬嗑之義也。」

〔三九〕易下繫注：「易下繫」當即「易繫辭下」。又「注」字原闕，按「噬嗑，合也」數句乃易繫辭下「蓋取諸噬嗑」句下注語，非繫辭正文，今據唐孔穎達周易正義卷八補正。參見前注。

蚺虵牙

蚺虵〔一〕，大者長十餘丈，圍可七八尺。多在樹上，候麞鹿過者，吸而吞之。至鹿消，即纏束大樹，出其頭角，乃不復動。夷人伺之〔二〕，便以竹籖籖煞之，取其膽也〔三〕。亦如巴虵食象〔四〕，三歲而出其骨①。故南裔異物志曰〔五〕：「蚺惟大虵，既洪且長。采色駁犖，其文錦章。食豕吞鹿，腴成養創。賓享嘉食〔六〕，是豆是觴。」言其養創之時，肪腴甚肥美，搏之，以婦人衣投之〔七〕，則蟠而不起②。元和御覽引括地志云〔八〕：「蚺虵牙〔九〕，長六七寸，土人尤重之，云辟不祥，利遠行。賣一枚，直牛數頭。」愚按古方，刮虎牙〔一〇〕，治犬咬瘡，神效無比，未聞虵牙有利於人者。抱朴子云：「蔡誕入山〔一一〕，還家云：『被謫到崑崙，崑崙下白虎，螓虵長百餘里〔一二〕。口中牙皆三百斛船大。』」一何壯哉！比廣州南海縣〔一三〕，每年端午日，常取其膽供進。虵則諸郡採送，録事參親看出之。按晉中興書曰〔一四〕：「顔含嫂病困〔一五〕，須蚺虵膽，不能得，含憂歎累日。有一童子，持青囊授含，乃虵膽也。童子化爲青鳥，飛去。」以此驗之，真膽不可得也。近勅令桂、賀、泉、廣四州輪次進焉〔一六〕。其膏俗傳不利人〔一七〕，其皮可鞔鼓〔一八〕。今潮州和鱗爲之〔一九〕，聲鳴絶與象皮鼓相類③。南越志云：「開寧縣多吴公〔二〇〕，大者皮可以鞔鼓。」④

【原注】

①金樓子云〔二一〕：「楚詞云：『虵有吞象〔二二〕，厥大如何？』」

②證俗音云〔二三〕：「蚺虵肉，食之辟蠱毒。」

③蕃船上多以象皮鞔鼓〔二四〕，鼓長而頭尖，狀如棗核，謂之檳榔鼓。廣志云：「象性久識〔二五〕，見其子皮必泣。一枚重千斤。」

④沈瑩異物志云〔二六〕：「晉安東南海中〔二七〕，吴公長數丈，噉牛。俚人秋冬間遇之〔二八〕，鳴鼓，然火炬，驅逐之。」

【校箋】

〔一〕蚺虵：即蟒蛇。玉篇虫部：「蚺，大蛇也，肉可以食。」又太平御覽卷九三四引嶺表録異：「蚺虵，大者五六丈，圍四五尺。以次者亦不下三四丈，圍亦稱是。身有班文，如故錦纈。俚人云，春夏多於山林中，等鹿過則銜之。自尾而吞，唯頭角礙於口，即深入林樹間，閣其首，伺鹿壞，頭角墜地，鹿身方嗛入腹。如此後，虵極羸弱，及其鹿消，壯俊悦懌，勇健於未食鹿者。或云一年則食一鹿。」

〔二〕夷人：水經注作「山夷」。按，水經注葉榆河：「（交州）山多大蛇，名曰髯蛇，長十丈，圍七八尺，常在樹上伺鹿獸。鹿獸過，便低頭繞之，有頃，鹿死，先濡令濕訖，便吞，頭角骨皆鑽皮出。山夷始見蛇不動時，便以大竹籤，籤蛇頭至尾，殺而食之，以爲珍異。故楊氏南裔異物志曰：『髯惟大蛇，既洪且長。采色駮犖，其文錦章。食豖吞鹿，腴成養創。賓享嘉宴，是豆是觴。』言其養創之時，肪腴甚肥，搏之，以婦人衣投之，則蟠而不起，走便可得也。」

〔三〕取其膽：嶺表録異卷下：「蚺虵膽，普安州有養虵户，每年五月五日，即擔蚺虵入府，只候取膽。余曾親見，皆于大籠之中，藉以軟草，盤屈其上。兩人舁一條在地上，即以十數拐子從頭翻其身，旋以拐子按之，不得轉側。即於腹上約其尺寸，用利刃決之，肝膽突出，即割下其膽，皆如鴨子大。暴乾，以備上貢。却合内肝，以線合其瘡口，即收入籠。或云舁歸放故川。」按，證類本草卷二二「蚺虵膽」條：「蚺虵膽，味甘苦，寒，有小毒，主心腹䘌痛，下部䘌瘡，目腫痛。」

〔四〕巴虵食象：山海經海内南經：「巴蛇食象，三歲而出其骨，君子服之，無心腹之疾。其爲蛇青黄赤黑，一曰黑蛇青首，在犀牛西。」郭璞注：「今南方蚺蛇吞鹿，鹿已爛，自絞於樹腹中，骨皆穿鱗甲間出，此其類也。楚詞云：『有蛇吞象，厥大何如？』説者云長千尋。」

〔五〕南裔異物志：水經注引作「楊氏南裔異物志」，亦稱異物志、交州異物志。按，隋書經籍志二：「異物志一卷。（後漢議郎楊孚撰。）交州異物志一卷。（楊孚撰。）」又玉海卷一六：「後漢議郎楊孚撰異物志一卷。一云交州異物志。」

〔六〕賓享嘉食：「食」，水經注引作「宴」。見前注。

〔七〕以婦人衣投之：酉陽雜俎前集卷一七廣動植之二：「蚺蛇，長十丈，常吞鹿，鹿消盡，乃繞樹出骨。養創時，肪腴甚美。或以婦人衣投之，則蟠而不起。」按，五雜組（明謝肇淛撰）卷九：「蚺蛇大能吞鹿，惟喜花草婦人。山中有藤名蚺蛇藤，捕者簪花，衣紅衣，手藤以往，蛇見輒凝立不動，即以婦人衣蒙其首，以藤縛之。」

〔八〕元和御覽引括地志：「元和御覽」，亦稱唐御覽詩。直齋書録解題卷一五：「唐御覽詩一卷，唐翰林學士令狐楚纂。劉方平而下迄於梁鍠凡三十人，詩二百八十九首。一名唐新詩，又名選進集，又名元和御覽。」按，「元和」，唐憲宗李純年號（八〇六—八二〇）。「括地志」，新唐書藝文志二：「括地志五百五十卷，又序略五卷。魏王泰命著作郎蕭德言，秘書郎顧胤，記室參軍蔣亞卿，功曹參軍謝偃、蘇勖撰。」

〔九〕蚺虵牙：此引唐李泰括地志，而埤雅引此則謂出南越志（劉宋沈懷遠撰），遠比括地志爲早。按，埤雅釋蟲「蚺蛇」條：「南人云，俗取其膽，以充藥材，即以線合其瘡，縱之。後遇捕者，輒自見金瘡以明無膽，亦其知也。南越志曰：『蚺蛇牙有長五六寸者，土人重之，云辟邪，利遠行也。』」按，「南越志」，直齋書録解題卷八：「南越志七卷，宋武康令吴興沈懷遠撰。此五嶺諸書之最在前者也。懷遠，懷充之弟，見宋書。」

〔一〇〕刮虎牙：肘後備急方卷七載療猘犬咬人方：「刮虎牙若虎骨，服一匕。已發如猘犬者，服此藥即差。」

〔一一〕蔡誕入山：抱朴子内篇袪惑：「成都太守吴文，説五原有蔡誕者，好道而不得佳師要事，廢棄家業」，「因走之異界深山中，又不曉採掘諸草木藥可以辟穀者，但行賣薪以易衣食。如是三年，飢凍辛苦，人或識之，而詭不知也。久不堪而還家，黑瘦而骨立，不似人。其家問之：『從何處來，竟不得仙邪？』因欺家云：『吾未能昇天，但爲地仙也。又初成位卑，應給諸仙先達者，當以漸遷耳。向者爲老君牧數頭龍，一班龍五色最好，是老君常所乘者，令吾守視之，不勤，但與後進諸仙共博戲，忽失此龍，龍遂不知所在。爲此罪見責，送吾付崑崙山下，芸鋤草三四頃，並皆生細石中，多荒穢，治之勤苦不可論，法當十年乃得原。會偓佺子、王喬諸仙家來按行，吾守請之，並爲吾作力，且自放歸，當更自修理求去，於是遂老死矣。』初，誕還，云從崑崙來，諸親故競共問之：『崑崙何似？』答云：『天不問其高幾里，要於仰視之，去天不過十數丈也。上有木禾，高四丈九尺，其穗盈車，有珠玉樹、沙棠、琅玕、碧瑰之樹，玉李、玉瓜、玉桃，其實形如世間桃李，但爲光明洞徹而堅，須以玉井水洗之，便軟而可食。每風起，珠玉之樹，枝條花葉，互相扣擊，自成五音，清哀動心。吾見謪失志，聞此莫不愴然含悲。又見崑崙山上，一面輒有四百四十門，門廣四里，内有五城十二樓，樓下有青龍、白虎，蜲蛇長百餘里，其口中牙，皆如三百斛船』」。

〔一二〕蜲虵：同「委蛇」、「逶迤」。文選傅武仲舞賦：「蜲蛇姌嫋，雲轉飄曶。」李善注：「説文曰：『委蛇，邪行去也。』蜲，與逶同，於危切。蛇，音移。」

〔一三〕比廣州南海縣：「比」，猶言比來，近時。吕氏春秋卷一六先識：「臣比在晉也，不敢直言。」「廣州南海縣」，今廣東廣州。元和郡縣圖志卷三四嶺南道一：「南海縣，本漢番禺縣之地也，屬南海郡。隋開皇十年，分其地置南海縣，屬廣州。」

〔一四〕晉中興書：隋書經籍志二：「晉中興書七十八卷。（起東晉，宋湘東太守何法盛撰。）」

〔一五〕顔含㛐病困：「㛐」，同「嫂」。集韻晧韻：「嫂，或从叟，俗从更。」按，藝文類聚卷九一引晉中興書：「顔含嫂病困，須髯虵膽，不能得。含憂歎累日，忽有一童子，持青裹授含，乃虵膽也。童子化爲青鳥，飛去。」

〔一六〕桂賀泉廣四州：桂州，今廣西桂林。賀州，今廣西賀縣東南。泉州，今屬福建。廣州，今屬廣東。按，舊唐書文宗紀上：「（大和二年）帝與侍講學士許康佐語及取蚺蛇膽，生剖其腹，爲之惻然。乃詔度支曰：『每年供進蚺蛇膽四兩，桂州一兩，賀州二兩，泉州一兩，宜於數内減三兩，桂、賀、泉三州輪次歲貢一兩。』」

〔一七〕其膏俗傳不利人：「膏」謂蚺蛇脂肪。按，嶺外代答卷一〇蚺蛇：「既死，則剥其皮以鞔鼓，取其膽以和藥，飽其肉而棄其膏。蓋膏能痿人陽道也。」

〔一八〕鞔鼓：將皮革繃緊做成鼓面。按，太平御覽卷九四六引劉欣期交州記：「大吴公出徐聞縣界，取其皮，可以冠鼓。（宋永初記亦同。）」又桂海虞衡志志蟲魚：「蚺蛇，大者如柱，長稱之，其膽入藥。南人腊其皮，刮去鱗，以鞔鼓。」

〔一九〕潮州：今廣東潮安東北。元和郡縣圖志卷三四嶺南道一潮州：「（隋開皇）十一年，於義安縣立潮州，以潮流往復，因以爲名。大業三年，罷州爲義安郡。武德四年，復爲潮州。」

〔二〇〕開寧縣多吴公：「開寧縣」，考唐前地志，未見有此縣名，疑當作「綏寧縣」。西晉置，治所即今廣西賓陽，南朝梁改爲安成縣；又南朝宋文帝時置，治所在今廣東增城西南，未詳孰是。按，太平御覽卷九四六引沈懷遠南越志：「綏定縣多吴公，其大者能以氣吸蜥蜴。」又酉陽雜俎前集卷一七廣動植之二：「吴公，綏安縣多吴公，大者能以氣吸兔，小者吸蜥蜴，相去三四尺，骨肉自消。」「綏定」、「綏安」或皆「綏寧」之誤。

〔二一〕金樓子：隋書經籍志三：「金樓子十卷。（梁元帝撰。）」又四庫全書簡明目録卷一三：「金樓子六卷，梁孝元皇帝撰。原本十五篇，久已散佚，今從永樂大典録出，尚存十四篇。其書綜括古今，兼資勸戒，所徵引者，亦多周秦古書，非今所及見。」按，今本金樓子六卷中未見有此楚詞引文。

〔二二〕虵有吞象：楚辭天問：「一蛇吞象，厥大何如？」王逸注：「山海經云：『南方有靈蛇，吞象，三年然後出其骨。』一，或作靈。大，或作骨。」

〔二三〕證俗音：新唐書藝文志一：「張推證俗音三卷。」

〔二四〕以象皮鞔鼓：爾雅翼釋獸一象：「南蕃船上，多以象皮鞔鼓，鼓長而頭尖，狀如棗核，謂之櫁榔鼓。」

〔二五〕象性久識：「識」，原作「别」，「久别」於此無解，今據酉陽雜俎改。按，酉陽雜俎前集卷一六廣動植之一：「象，舊説象性久識，見其子皮必泣。一枚重千觔。」又埤雅釋獸「象」條：「又云象性久識，能浮水出没，體具十二少肉，唯鼻是其本肉。」

〔二六〕沈瑩異物志：本書卷一「乳穴魚」條、卷三「山橘子」條稱「臨海水土異物志」、「臨海異物志」。隋書經籍志二：「臨海水土異物志一卷。（沈瑩撰。）」又舊唐書經籍志上：「臨海水土異物志一卷。（沈瑩撰。）」按，沈瑩嘗爲吴丹陽太守，吴亡入晉，事見三國志吴書三嗣主傳（孫休傳）裴注引干寶晉紀、襄陽記。

〔二七〕晉安東南海中：「晉安」二字原闕，今據臨海異物志補。晉安，西晉置晉安郡，治所在侯官縣（今福建福州）。按，太平御覽卷九四六引沈瑩臨海異物志：「晉安東南吴嶼山，吴公千萬積聚。

或云長丈餘者，以作脯，味似大蝦。」

〔二八〕俚人秋冬間遇之：「俚」，嶺表録異作「里」。按，太平御覽卷九四六引嶺表録異：「蜈蚣，南越志云：『大者，其皮可以鞔鼓。取其肉，曝爲脯，美於牛肉。』又云：『長數丈，能噉牛。俚人或遇之，則鳴鼓、燃火炬，以驅逐之。』」

紅虵

公路至雷州對岸〔一〕，倚舟候風勢。見群小兒簇二巨虵，各長丈餘：一如孔雀尾，毛色金翠奪目；一如真紅色，鮮明若血。又有十餘頭白虵，前後相次，若導從。倶入一榕藤竅内，竟不復出。故知虵有草、木、水、土四種，其類不可窮也。又歸化縣有兩頭虵〔二〕，南越志云：「無毒，夷人餌之。」兼名苑云〔三〕：「兩頭虵，一名越王約髮〔四〕，俗占：見之不祥。」然論衡引楚相孫叔敖〔五〕，天祐者何也？會最又云〔六〕：「渾夕之山，嚻水出焉。有虵，一首兩身，名曰肥䗳，見則大旱。」管子曰〔七〕：「涸水之精，名曰蝺①〔八〕，一頭兩身，以其名呼之，可使取魚鼈。」長八尺虵也。愚又憶近事，韋中令臯鎮西蜀時〔九〕，有黄甘一樹方熟，忽數夕，衆實皆落，唯樹杪一蔕獨存，其大如椀，枝葉滋茂，異於常者。園吏具白韋令，韋令親視之，曰：「此奇果也，非臣下宜食。」議欲表進，令去蔕尺餘折之，其實從蔕自落。有善醫者昝殷侍立〔一〇〕，曰：「凡木實未過時蔕脱者，乃實之病也，請針驗之。」韋令再三方許。昝殷引針就蔕刺之，其實應手而轉。殷則連下一刺，血濺盈袖。韋令大驚，因命破之，乃兩頭虵也〔一一〕。異苑又云〔一二〕：「河内司馬元胤，元嘉中爲新淦令〔一三〕，喪官。月旦祭，柑化而爲鳶〔一四〕。」又何怪也？

【原注】

①（蝺）音威。

【校箋】

〔一〕雷州：見本卷「孔雀媒」條注。

〔二〕歸化縣：今廣西來賓。輿地廣記卷三六廣南西路象州：「來賓縣，唐乾封二年，招致生獠，以秦故桂林郡地置。及立嚴州，又置歸化縣。」

〔三〕兼名苑：見本卷「通犀」條注。

〔四〕越王約髮：爾雅釋地：「中有枳首蛇焉。」郭璞注：「歧頭蛇也。或曰，今江東呼兩頭蛇爲越王約髮，亦名弩弦。」

〔五〕論衡引楚相孫叔敖：「孫叔敖」，春秋時楚國令尹。按，論衡卷六福虚篇：「楚相孫叔敖爲兒之時，見兩頭虵，殺而埋之，歸，對其母泣。母問其故，對曰：『我聞見兩頭蛇死，向者出，見兩頭蛇，恐去母死，是以泣也。』其母曰：『今虵何在？』對曰：『我恐後人見之，即殺而埋之。』其母曰：『吾聞有陰德者，天必報之。汝必不死，天必報汝。』叔敖竟不死，遂爲楚相。埋一虵，獲二祐，天報善明矣。曰：此虛言也。夫見兩頭虵輒死者，俗言也；有陰德天報之福者，俗議也。叔敖信俗言而埋虵，其母信俗議而必報，是謂死生無命，在一虵之死。」「見兩頭虵自不死，非埋之故也。埋一虵，獲二福，如埋十虵，得幾祐乎？」

〔六〕會最：此書未見史志著録，而本書六次徵引，於作者及成書年代亦不著一字，不知究爲何書，頗疑其書名或有誤字。此處所引則當出自山海經。按，山海經北山經：「又北百八十里，曰渾夕之山，無草木，多銅玉，囂水出焉，而西北流注於海。有蛇，一首兩身，名曰肥遺，見則其國大旱。」郭璞注：「管子曰：『涸水之精，名曰蟡，一頭而兩身，其狀如蛇，長八尺，以其名呼之，可使取魚龜。』亦此類。」又西山經：「又西六十里，曰太華之山，削成而四方，其高五千仞，其廣十里，鳥獸莫居。有蛇焉，名曰肥𧌒，六足四翼，見則天下大旱。」郭璞注：「湯時，此蛇見於陽山下。復有肥遺蛇，疑是同名。」

〔七〕管子：漢書藝文志：「筦子八十六篇。名夷吾，相齊桓公，九合諸侯，不以兵車也，有列傳。（許按：見史記卷六二管晏列傳。）」顔師古注：「筦讀與管同。」

〔八〕蟡：傳説中之水生動物。按，管子水地：「涸川之精者，生於蟡。蟡者，一頭而兩身，其形若蛇，其長八尺，以其名呼之，可使取魚鼈，此涸川水之精也。」

〔九〕韋中令皋鎮西蜀：韋皋（七四五—八〇五）字城武，京兆萬年（今陝西西安）人。貞元元年（七八五），授成都尹、劍南西川節度使。累遷中書令，封南康郡王。舊唐書卷一四〇、新唐書卷一五八並有傳。

〔一〇〕昝殷：唐醫學博士，尤精産科。酉陽雜俎前集卷八夢：「蜀醫昝殷言：『藏氣陰多則夢數，陽壯則夢少，夢亦不復記。』」按，宋史藝文志六：「昝殷産寶三卷，食醫心鑒二卷。」又郡齋讀書志（衢本）卷一五：「産寶二卷，右唐昝殷撰。殷，蜀人。大中初，白敏中守成都，其家有因免乳死者，訪問名醫，或以殷對。敏中迎之，殷集備驗方藥三百七十八首以獻。其後周頲又作三論，附於前。」

〔一一〕兩頭虵：證類本草卷二二三十六種陳藏器餘：「兩頭蛇，見之令人不吉。大如指，一頭無目無口，二頭俱能行。出會稽，人云是越王弩弦。昔孫叔敖埋之，恐後人見之將必死人也。」按，太平御覽卷九六六兩引廣古今五行記，均言及柑中出蛇事。其一云：「唐高宗調露中，連州見一甘樹四月中有子，如拳大，剖之，有兩頭蚆。」又云：「唐光宅中，李崇真任益州刺史，廳事前有甘樹，有子大如雞子，晚熟微小，有孔如針，郡官咸異之。方欲將進，久而方罷。因剖之，得一赤班虵，長尺餘。崇真後爲兵所殺。」調露（六七九）、光宅（六八四）皆早於韋皋生年，説明此前早有此類事件。惟韋皋任内，未見有書記此事。

〔一二〕異苑：隋書經籍志二：「異苑十卷。（宋給事劉敬叔撰。）」按，太平御覽卷九六六引異苑：「河内司馬元胤，元嘉中爲新淦令，喪官，月旦設祭，甘化而爲鳶。」

〔一三〕元嘉中爲新淦令：「元嘉」，宋文帝劉義隆年號（四二四—四五三）。「新淦」，原作「新塗」，今據異苑改。見上注。新淦，今江西新干。元和郡縣圖志卷二八江南道四吉州：「新淦縣，本漢舊縣，豫章南部都尉所居，縣有淦水，因以爲名。陳割屬巴山郡。隋開皇中廢郡，縣屬吉州。」

〔一四〕柑化而爲鳶：「鳶」，原作「鵈」，今據異苑改。見前注。

蛤蚧

蛤蚧〔一〕，首如蟾蜍，背淺緑色，上有土黄斑點〔二〕，若古錦文。長尺餘，尾絶短。其族則守宫①〔三〕、刺蝪②〔四〕、蝘蜓③〔五〕。多居古木竅間，自呼其名，聲絶大。或云一年一聲，驗之，非也④。又有十二時蟲〔六〕，亦其類也。大者一尺，尾長於身，背生鬐鬣，行疾如箭。傳云自旦至暮，變十二般色，傷人必死。愚嘗獲一枚，閉於籠中翫之，止見變黄褐赤黑四色。一云其首隨時輒作十二屬形〔七〕，乃言之過也。

【原注】

①博物志云：「蝘蜓，以器養之，食以真硃，體盡赤，重十斤。搗萬杵，以點女人支體，終身不滅〔八〕，

淫則點落，故號守宫。漢武爲之，有驗也。」

②搜神記謂之刺蜴〔九〕。

③證俗音云〔一〇〕：「山東謂之蝀蜆〔一一〕，音七賜、名敵反，陜以西謂之壁宫。蝀蜆字見韻集。」又説文曰：「在壁曰蝘蜓〔一二〕，在草曰蜥蜴。」古今注：「一曰龍子，善於樹中捕蟬食之。五色者曰蜥蜴，短大者爲蠑螈；一曰蛇師，大者長三尺，其色玄紺，善魅人。」鄭公虔又云〔一三〕：「榮蚖、蜥蜴、蝘蜓、守宫，别四名。又榮蚖，蛇醫也。」

④端州大廳有蛤蚧〔一四〕，州吏云：「有已多年，至今每鳴或三聲，或一聲，不定也。」

【校箋】

〔一〕蛤蚧：太平御覽卷九五一引嶺表録異：「蛤蚧，首如蝦蟇，背有細鱗如蠶子，土黄色，身短尾長，多巢於樹中。端州子牆内，有巢於廳署城樓間者。旦暮則鳴，自呼蛤蚧。或云鳴一聲是一年者。里人採之，鬻於市爲藥，能治肺疾。醫人云藥力在尾，尾不具者無功。」

〔二〕土黄斑點：「黄」，説郛（涵芬樓本）卷二引北户録作「花」。

〔三〕守宫：即壁虎。揚雄方言卷八：「守宫，秦晉西夏謂之守宫，或謂之蠦蠝，或謂之蜤易，其在澤中者謂之易蜴。南楚謂之蛇醫，或謂之蠑螈。東齊海岱謂之螔蝶。北燕謂之祝蜓。桂林之中守宫大者而能鳴謂之蛤解。」按，本草綱目卷四三「守宫」條李時珍曰：「守宫善捕蝎、蠅，故得虎名。春秋考異郵云：『守宫食蠆，土勝水也。』點臂之説，淮南萬畢術、張華博物志、彭乘墨客揮犀皆有其法，大抵不真，恐别有術，今不傳矣。」

〔四〕刺蜴：説郛（涵芬樓本）卷二引北户録作「蜥蜴」。

〔五〕蝘蜓：古今注卷中：「蝘蜓，一曰守宫，一曰龍子，善於樹上捕蟬食之。其五色長大者名蜥蜴，其短而大者名爲蠑螈。一曰蛇醫，大者長三尺，其色玄紺，善魅人，一曰緑螈。」

〔六〕十二時蟲：疑即變色龍。按，太平御覽卷九五〇引博物志：「交州南有蟲，長或一寸，大小如指，有廉棱（亡旦切），形似白石英，不知其名。視之無定色，在陰地色多緗緑，出日光中變易，或青或緑，或丹或黄，或紅或赤，女人取以爲首飾。」宗岱每深以爲物無定色，引雲霞以爲喻，故託此以助成其説。今孔雀毛亦隨光色變易，或黄或赤，但不能如此蟲耳。」又同上書同卷引嶺表録異：「十二時蟲，則虵師、蜥蜴之類也。土色者，身尾長尺餘，腦上連碧鬐鬣。草樹上行，極迅速，亦多在人家籬落間。俗傳云一日隨十二時變色，因名之。」按，本草綱目卷四三「守宫」條李時珍曰：「十二時蟲，一名避役，出容州、交州諸處，生人家籬壁、樹木間，守宫之類也。大小如指，狀同守宫，而腦上連背有肉鬣如冠幘，長頸長足，身青色，大者長尺許，尾與身等，齧人不可療。」

〔七〕十二屬：即十二屬相、十二生肖。藝文類聚卷五六引陳沈炯十二屬詩：「鼠迹生塵案，牛羊暮下來。虎嘯坐空谷，兔月向窗開。龍隰遠青翠，虵柳近徘徊。馬蘭方遠摘，羊負始春栽。猴栗羞芳果，雞砧引清杯。狗其懷物外，猪蠡窅悠哉。」

〔八〕終身不滅：「身」，博物志作「年」。按，博物志卷四戲術：「蜥蜴或名蝘蜓，以器養之以朱砂，體盡赤。所食滿七斤，治擣萬杵。點女人支體，終年不滅，唯房室事則滅，故號守宫。傳云：『東方朔語漢武帝，試之有驗。』」

〔九〕搜神記謂之刺蝪：「搜神記」，隋書經籍志二：「搜神記三十卷。（干寶撰。）」按，太平御覽卷七四一引搜神記：「淮南書佐劉雅，夢見青刺蝪從屋角落其腹内，因苦腹病。」

〔一〇〕證俗音：見本卷「蚺虵牙」條注。

〔一一〕蝀蛝：此引證俗音，用以指稱壁虎，而廣雅字作「蛩蛝」，則指蜚蠊，亦即蟑螂。按，廣雅釋蟲：「蛩蛝，蛩也。」王念孫疏證：「即下文飛蟅、飛蠊也。」

〔一二〕在壁曰蝘蜓：説文虫部：「蝘，在壁曰蝘蜓，在艸曰蜥易。」又古今注卷中「蝘蜓」條小注云：「在壁曰蝘蜓，在草曰蜥蜴。」

〔一三〕鄭公虔：本書卷二「水韭」條、卷三「山胡桃」條並稱「鄭虔」。虔字弱齊，鄭州滎陽（今屬河南）人。天寶初，爲協律郎，以私撰國史，被謫十年。後還京師，爲廣文館博士，累遷著作郎。天寶末，陷於安禄山，僞授水部郎中，坐貶台州司户參軍。新唐書卷二〇二有傳。按新唐書藝文志三：「鄭虔胡本草七卷。」此處所引，當見於此書。

〔一四〕端州：今廣東高要。元和郡縣圖志卷三四嶺南道一端州：「隋開皇十一年，置端州。大業三年，罷爲信安郡。武德四年，平蕭銑。五年，重置端州，州當西江入廣州之要口也。」

紅蟹殻

儋州出紅蟹①〔一〕，即蝤蛑〔二〕、擁劍②〔三〕、彭蜞③〔四〕、倚望④〔五〕、招潮⑤〔六〕、竭朴⑥〔七〕、沙狗⑦、蘆虎⑧、數丸⑨〔八〕。大小殻上多作十二點〔九〕，深燕支色，亦如鯉之三十六鱗耳⑩〔一〇〕。其殻與虎蟹堪作疊子⑪〔一一〕。至於鸚𧈢螺杯〔一二〕，不同年而語也⑫。按蟹一名蛫⑬〔一三〕，廣雅云〔一四〕：「雄曰蜋螘〔一五〕，雌曰博帶。」抱朴子又云：「山中辰日，稱無腸公子者〔一六〕，蟹也。」古今注云：「小蟹，一名長卿。」廣志云：「蛹，小蟹，大如貨錢。」又：「蟹奴〔一七〕，如榆莢，在其腹中，生死不相離⑭。」山海經載千里蟹⑮〔一八〕，洞冥記有貢百足蟹〔一九〕，長九尺四螯者。今恩州又出石蟹〔二〇〕，其類則零陵蠵〔二一〕、湘鄉魚〔二二〕、建寧鰕〔二三〕、綿谷鼃也⑯〔二四〕。

【原注】

①顔之推云〔二五〕：「説文或作蠏。」

②證俗音：「蝤蛑，大蟹也。音在侯、草侯反。」又古今注云：「擁劍，一名執火，螯赤色。」顔氏家訓云〔二六〕：「擁劍，狀如蟹，但一螯大耳。異物志：『俗謂之越王劍〔二七〕。』至何遜詩云『躍魚如擁劍』，是不分魚蟹也。」

③證俗音：「有毛者曰蟚蜞，無毛者爲彭滑，堪食，俗呼彭越〔二八〕，訛耳。」世説云〔二九〕：「蔡司徒誤食彭蜞〔三〇〕，吐下。謝仁祖曰：『卿讀爾雅不熟，幾爲勸學死。』」蝟音滑。

④臨海異物志：「倚望，常起顧睨西東，其狀如彭蝟大。行塗上，四五進，輒舉兩螯八足起望。行常如此，入穴乃止。」

⑤修文殿御覽〔三一〕：「招潮，小如彭蝟，殼白，依潮長退，背坎外向舉螯。不失常期，俗言招潮子也。」

⑥臨海異物志曰：「竭朴，大於彭蝟，殼黑斑有文章〔三二〕，常以大螯障目，屈其小螯取食也。」

⑦臨海異物志：「沙狗，似彭蝟，壤沙爲穴〔三三〕，見人則走，易遯〔三四〕，不可得也。」

⑧臨海水土異物志曰：「蘆虎，似彭蝟〔三五〕，兩螯正赤，不中食也。」

⑨兼名苑曰：「數丸〔三六〕，形似彭蜞，競取土，各作丸，滿三百而潮至。」

⑩陳思王云〔三七〕：「五尺之鯉〔三八〕，一寸之鯉，但大小殊，而鱗之數等。」

⑪虎蟹，殼色黄赤，文如虎首斑。

⑫鸊卮，酒器之名，見吴均集〔三九〕。鸊、鶘兩鳥也，喙大而鈎一尺，黄赤色，受二升，堪爲酒杯。南越志曰：「一名越王鳥〔四〇〕。」竺法真登羅山疏曰：「鳥狀似鳶〔四一〕，口鈎可受二升，南人以爲酒杯，珍於文螺。鳥不餌蟲魚，惟噉木葉，糞似薰陸香。」

⑬（蛫）音詭。

⑭博物志曰〔四二〕：「南海有水蟲，名曰蒯〔四三〕，蚌蛤之類也。其中小蟹，大如榆莢。蒯開甲食，則蟹亦

出食，剸合，蟹亦還入，始終生死不相離也。」

⑮金樓子云〔四四〕：「天下之大物〔四五〕，有北海之蟹。」

⑯零陵石鷰，遇雨則飛。又庾穆之湘州記云〔四六〕：「湘鄉縣有石魚山〔四七〕，石色黑而理若魚。開發一重，輒有魚形，鱗鬐首尾，若刻畫。燒之作魚膏，臭亦如之。」水經云：「鄖鄉縣西石山，出石蝦蟆〔四八〕。」南越志：「建寧縣出石鰕也。」又年代録云〔四九〕：「石季龍時〔五〇〕，利州綿谷縣山北溪中〔五一〕，有石鼈數千頭〔五二〕，登岸，暴田苗，發軍殘毀，至今鼈無頭也。」

【校箋】

〔一〕儋州出紅蟹：「儋州」，今海南儋州西北。舊唐書地理志四：「（嶺南道）儋州，隋儋耳郡。武德五年，置儋州，領義倫、昌化、感恩、富羅四縣。貞觀元年，分昌化置普安。天寶元年，改爲昌化郡。乾元元年，復爲儋州也。」「紅蟹」，太平御覽卷九四二引嶺表録異：「紅蟹，殼殷紅色，巨者可以裝爲酒盃也。虎蟹，殼上有虎斑，可裝爲酒器，與紅蟹皆産瓊、崖海邊。」

〔二〕蝤蛑：即梭子蟹。按，酉陽雜俎前集卷一七廣動植之二：「蝤蛑，大者長尺餘，兩螯至强，八月，能與虎鬬，虎不如。隨大潮退殼，一退一長。」又太平御覽卷九四三引嶺表録異：「蝤蛑，乃蟹之巨者異者。〔蟹〕兩螯上有細毛如苔，身有八足。蝤蛑則螯足無毛，後兩小足薄而闊，（俗謂之撥棹子。）與蟹有殊。其大如升，南人皆呼爲蟹。（有大如小楪子者。八月，此物與人鬬，往往夾殺人也。）」

〔三〕擁劍：文選左太沖吴都賦：「烏賊、擁劍。」劉淵林注：「擁劍，蟹屬也。從廣二尺許，有爪。其螯偏大，大者如人大指，長二寸餘，色不與體同，特正黄而生光明，常忌護之如珍寶矣，利如劍，故曰擁劍。其一螯尤細，主取食。出南海、交趾。」

〔四〕蟚蜞：亦稱「螃蚏」。按，古今注卷中：「螃蚏，小蟹也。生海邊，食土，一名長卿。其有一螯偏大，謂之擁劍。亦名執火，以其螯赤，故謂執火也。」

〔五〕倚望：爾雅翼釋魚四「蟹」條：「倚望如彭蜞，青色，進輒舉兩螯以望。」

〔六〕招潮：亦稱招潮子。太平御覽卷九四三引嶺表録異：「招潮子，亦蟚蜞之屬。殼帶白色，海畔多。潮欲來，皆出坎舉螯如望，故俗呼招潮也。」

〔七〕竭朴：太平御覽卷九四三引嶺表録異：「竭朴乃大彭蜞也。殼有黑斑，雙螯一大一小，常以大螯捉食，小螯分以自食。」

〔八〕數丸：酉陽雜俎前集卷一七廣動植之二：「數丸，形似彭蜞，競取土，各作丸，丸數滿三百而潮至。一曰沙丸。」

〔九〕殼上多作十二點：爾雅翼卷三一「蟹」條：「字從解者，以隨潮解甲也。殼上多作十二點，深燕脂色，如鯉之三十六鱗。其腹中虚實，亦應月。淮南子曰：『蛤蟹珠龜，與月盛衰。』」

〔一〇〕鯉之三十六鱗：證類本草卷二〇「鯉」條引陳藏器云：「鯉魚從脊當中數至尾，無大小皆有三十六鱗，亦其成數也。」又酉陽雜俎前集卷一七廣動植之二：「鯉，脊中鱗一道，每鱗有小黑點，大小皆三十六鱗。」

〔二〕疊子：亦稱楪（碟）子，杯盤之屬。物理小識（明方以智撰）卷八器用類引海槎録：「儋州紅蟹殼，形有十二點，堪作楪子。」

〔三〕鸚卮螺杯：即鸚鵡螺所製酒器。藝文類聚卷九七引南州異物志：「扶南海有大螺，如甌，從邊直旁截破，因成杯形，或合而用之。螺體蜿蛇委曲，酒在内自注，傾覆終不盡，以伺誤相罰爲樂。」又太平御覽卷九四一引嶺表録異：「鸚鵡螺，旋尖處屈而朱，如鸚鵡觜，故以此名。殼上青緑斑，大者可受二升，殼内光瑩如雲母，裝爲酒杯，奇而可翫。」

〔三〕蛫：説文虫部：「蛫，蟹也。」

〔四〕廣雅：亦稱博雅。隋書經籍志一：「廣雅三卷。（魏博士張揖撰。梁有四卷。）」又郡齋讀書志（衢本）卷四：「博雅十卷，右唐曹憲撰。魏張揖嘗采蒼雅遺文爲書，名曰廣雅。憲因揖之説，附以音解，避煬帝諱，更之爲『博』云。」

〔五〕雄曰蜋螘：廣雅卷一〇下釋魚：「蛸蟹，蛫也。其雄曰蜋螘，其雌曰博帶。」王念孫疏證：「酉陽雜俎云：『千人捏，形似蟹，大如錢，殼甚固，壯夫極力捏之不死。俗言千人捏不死，因名焉。』蓋蛸即也。」「集韻：『蛫，蟹六足者。』蘇頌本草圖經云：『蟹六足者名蛫，四足者名北，皆有大毒，不可食。』」

〔一六〕無腸公子：抱朴子内篇登涉：「山中寅日，有自稱虞吏者，虎也。稱當路君者，狼也。稱令長者，老狸也。卯日稱丈人者，兔也。稱東王父者，麋也。稱西王母者，鹿也。辰日稱雨師者，龍也。稱河伯者，魚也。稱無腸公子者，蟹也。」

〔一七〕蟹奴：文選郭景純江賦：「璅蛣腹蟹。」李善注：「南越志曰：『璅蛣，長寸餘，大者長二三寸，腹中有蟹子，如榆莢，合體共生，俱爲蛣取食。』」又爾雅翼卷三一「蛣」條：「蛣，蚌也。長一寸，廣二分，大者長二三寸，腹中有蟹子，如榆莢，合體共生，時出取食，復入殼中，一名璅蛣。」「海物異名記謂此爲蠣奴。」又北户録稱：『海上有小蟹，大如錢，腹下又有小蟹附之，如榆莢，名曰蟹奴。』然則附蛣者名蠣奴，附蟹者名蟹奴，皆附物而爲之役，故以奴名之。」

〔一八〕千里蟹：山海經海内北經：「大蟹在海中。」郭璞注：「蓋千里之蟹也。」按，太平御覽卷九四二引嶺南異物志：「嘗有行海得洲渚，林木甚茂，乃維舟登岸，爨於水傍。半炊而林没於水，遽斷其纜，乃得去。詳視之，大蟹也。」

〔一九〕洞冥記有貢百足蟹：「洞冥記」，見本卷「通犀」條注。「百足蟹」，洞冥記卷三：「善苑國嘗貢一蟹，長九尺，有百足四螯，因名百足蟹。煮其殼，勝於黄膠，亦謂之螯膠，勝於鳳喙之膠也。」

〔二〇〕恩州又出石蟹：「恩州」，今廣東恩平北。元和郡縣圖志逸文卷三嶺南道：「恩州，漢平南越，置合浦郡，今州即合浦郡之高涼縣地也。永徽元年，置恩州。」「石蟹」，證類本草卷四「石蟹」條引圖經：「石蟹出南海，今嶺南近海州郡皆有之。體質石也，而都與蟹相似。或云是海蟹多年水沬相著化爲石，每海潮風飄出，爲人所得。」

〔二〕零陵鷰：「零陵」，今屬湖南。元和郡縣圖志卷二九江南道五：「（永州）祁陽縣，本漢泉陵縣地，屬零陵郡。吴分泉陵置。武德四年，復置於今理，貞觀元年省，四年又置。石燕山，在縣西北一百一十里。出石燕，充藥。」按，藝文類聚卷九二引湘中記：「零陵有石鷰，形似鷰，得雷風則飛，頡頏如真鷰。」

〔三〕湘鄉魚：「湘鄉」，今屬湖南。元和郡縣圖志卷二九江南道五：「（潭州湘鄉縣）自吴至陳，並屬衡陽郡。隋省入衡山縣，武德四年復置。石魚山，其石色若雲母，開發一重，石若魚形刻畫，燒之作魚膏臭。在縣西一十五里。」按，水經注漣水：「東入衡陽湘鄉縣，歷石魚山，下多玄石，山高八十餘丈，廣十里，石色黑而理若雲母，開發一重，輒有魚形，鱗鬐首尾，宛若刻畫，長數寸，魚形備足。燒之作魚膏腥，因以名之。」

〔三〕建寧：今廣西博白西。舊唐書地理志四：「（嶺南道白州）建寧，武德四年，析合浦縣置。貞觀十二年，省淳良併入。」

〔四〕綿谷鼊：「綿谷」，今四川廣元。元和郡縣圖志卷二二山南道三利州：「緜谷縣，本漢葭萌縣地，東晉孝武帝分晉壽縣置興安縣，隋開皇十八年，改爲緜谷縣，因縣東南緜谷爲名。」「鼊」，疑當作「鼂」。按，同上書利州緜谷縣：「穿山，一名胡頭山，出好鐵，舊置鐵官。又有山空鼂（許按：鼂，鱷魚之屬。），伏於空處，皮可爲甲，刀箭所不入。」

〔二五〕顔之推：之推（五三一—？）字介，琅邪臨沂（今山東費縣東）人。初仕梁爲散騎常侍，梁亡入魏。天保七年（五五六），奔北齊，累遷黄門侍郎。齊亡入周，除御史上士。隋開皇中卒。著有顔氏家訓。梁書卷五〇、北齊書卷四五、北史卷八三並有傳。按，此處所謂「説文或作𧍎」，或即顔氏家訓自注，參見下注。

〔二六〕顔氏家訓：新唐書藝文志三：「顔氏家訓七卷。（顔之推。）」按，顔氏家訓文章：「異物志云：『擁劍，狀如蟹，但一螯偏大爾。』何遜詩云：『躍魚如擁劍。』是不分魚蟹也。」

〔二七〕越王劍：太平御覽卷九四三引崔豹古今注：「蟚蜞，小蟹也。生海邊塗中，食土，一名長卿。其有螯偏大者名擁劍。一名執火，其螯赤，故謂之執火也。俗謂之越王劍。」

〔二八〕俗呼彭越：太平御覽卷九四三引嶺表録異：「蟛蜞，吴呼爲『越』，蓋語訛也。足上無毛，堪食。吴、越間多以鹽藏，貨於市。」

〔二九〕世説：亦稱世説新語。隋書經籍志三：「世説八卷。（宋臨川王劉義慶撰。）世説十卷。（劉孝標注。）」又郡齋讀書志（衢本）卷一三：「世説新語十卷，右宋劉義慶撰。記東漢以後事，分三十八門。唐藝文志云：『劉義慶世説八卷，劉孝標續十卷。』而崇文總目止載十卷，當是孝標續義慶元本八卷，通成十卷耳。」

〔三〇〕蔡司徒誤食彭蜞：世説新語紕漏：「蔡司徒渡江，見彭蜞，大喜曰：『蟹有八足，加以二螯。』令烹之。既食，吐下委頓，方知非蟹。後向謝仁祖説此事，謝曰：『卿讀爾雅不熟，幾爲勸學死！』」劉孝標注：「大戴禮勸學篇曰：『蟹二螯八足，非蛇蟺之穴，無所寄託者，用心躁也。』故蔡邕爲勸學章，取義焉。爾雅曰：『蜎蠌小者蟧。』即彭蜞也，似蟹而小。今彭蜞小於蟹而大於彭蜎，即爾雅所謂蜎蠌也。然此三物皆八足二螯，而狀甚相類。蔡謨不精其小大，食而致斃。故謂讀爾雅不熟也。」按，本草綱目卷四五介之一「蟹」條：「蟛蜞，氣味鹹、冷，有毒。」

〔三一〕修文殿御覽：新唐書藝文志三：「祖孝徵等修文殿御覽三百六十卷。」按，太平御覽卷六〇一引三國典略：「初，齊武城令宋士素録古來帝王言行要事三卷，名爲御覽，置於齊主巾箱。陽休之創意，取芳林遍略，加十六國春秋、六經拾遺録、魏史等書，以士素所撰之名，稱爲玄洲苑御覽，後改爲聖壽堂御覽。至是，珽等又改爲修文殿〔御覽〕，上之。」

〔三二〕殻黑斑有文章：太平御覽卷九四三引臨海異物志此句下尚有「螯正赤」三字。

〔三三〕壞沙爲穴：「壞」，原作「壊」，今據太平御覽卷九四三引臨海異物志改。

〔三四〕易遯：「遯」亦作「遁」，疑爲「道」之誤。太平御覽卷九四三引臨海異物志作「曲折易道」。

〔三五〕似彭蜎：「彭蜎」，太平御覽卷九四三引臨海異物志作「彭蜞」。

〔三六〕數丸：即彭蚏。太平廣記卷四六四「彭蚏」條引感應經：「彭蚏，蟹屬，名彭蚏。以螯取土作丸，從潮來至潮去，或三百丸，因名三百丸大彭蚏。」

〔三七〕陳思王：即曹植（一九二—二三二），字子建。曹操第三子。封陳王，謚思，後人習稱陳思王。三國志卷一九有傳。按，原注以「鱗之數等」語歸諸陳思王，今遍檢群書，未見實據。而太平御覽卷九三六引此，則分明是金樓子，此「陳思王」（曹植）或即「梁元帝」（蕭繹）之誤。參見下注。

〔三八〕五尺之鯉：太平御覽卷九三六引金樓子：「五尺之鯉，一寸之鯉，但大小殊，鱗之數等。」按，酉陽雜俎前集卷一七廣動植之二：「鯉，脊中鱗一道，每鱗有小黑點，大小皆三十六鱗。」

〔三九〕吴均集：隋書經籍志四：「梁奉朝請吴均集二十卷。」又郡齋讀書志（衢本）卷一七：「吴均集三卷，右梁吴均叔庠也。史稱均博學多才，俊拔有古氣，好事效之，謂『吴均體』。有集二十卷，唐世搜求，止得十卷，今又亡其七矣。」按，吴均（四六九—五二〇）字叔庠，吴興故鄣（今浙江安吉北）人。天監十二年（五一三），除奉朝請。梁書卷四九、南史卷七二並有傳。

〔四〇〕越王鳥：太平御覽卷九二八引南越志：「鸏鸇，一名越王鳥。」又同上書同卷劉欣期交州記：「鸏鸇，黄喙二尺餘，南人以爲酒爵。」又同上書同卷引嶺表録異：「越王鳥，如烏而頸足長，頭有黄冠如杯，用貯水，互相飲食衆鳥雛。取其冠，堅緻可爲酒杯。」

〔四一〕鳥狀似鳶：「鳶」，原作「鵝」，今據登羅山疏改。按，太平御覽卷九二八引竺法真登羅山疏：「越王鳥，狀似鳶，口句，末可受二升許，南人以爲酒器，珍於文螺。不踐地，不飲江湖，不唼百草，不餌蟲魚，唯噉木葉，糞似薰陸香，山人遇之，既以爲香，又治雜瘡。」

〔四二〕博物志：見本卷「孔雀媒」條注。

〔四三〕名曰蛸：太平御覽卷九四二引博物志：「南海有水蟲，名蛸，蛤之類也。其中有小蟹，大如榆莢。蛸開甲食，則蟹亦出食。蛸合甲，蟹亦還入。爲蛸取以歸，始終死不相離。」

〔四四〕金樓子：見本卷「蚺虵牙」條注。

〔四五〕天下之大物：金樓子卷五志怪：「天下之大物，有北海之蟹，舉其螯能加山焉。」按，金樓子此説當取自玄中記。太平御覽卷九四二引玄中記：「天下之大物，北海之蟹，舉一螯能加於山，身故在水中。」

〔四六〕庾穆之湘州記：隋書經籍志二：「湘州記二卷。（庾仲雍撰。）」按，庾仲雍，字穆之，西晉人。

〔四七〕湘鄉縣有石魚山：太平御覽卷九三六引盛弘之荆州記：「長沙湘鄉縣連水邊有石魚，形若鯉，相重遝如雲母，炙之作魚腥。」又酉陽雜俎前集卷一〇物異：「魚石，衡陽湘鄉縣有石魚山，山石色黑，理若生雌黄。開發一重，輒有魚形，鱗鰭首尾，有若畫。長數寸，燒之作魚腥。」

〔四八〕石蝦蟆：「蝦蟆」，原作「蝦嘛」，今據水經注改。水經注沔水：「漢水又東逕鄖鄉縣南之西山，上有石蝦蟇，倉卒看之，與真不別。」按，鄖鄉縣，今湖北鄖縣。元和郡縣圖志卷二一山南道二：「（鄖鄉縣）西山，今名寶蓋山，在縣西南三里。其山南臨漢水。」

〔四九〕年代録：宋史藝文志二：「武密帝王興衰年代録二卷」（編年類），「武密帝王年代録三十卷」（别史類）。按，武密，唐人，又撰有古今通占鏡。新唐書藝文志三：「武密古今通占鏡三十卷。」又直齋書録解題卷一二：「古今通占三十卷，唐嵩高潛夫沛國武密撰。纂集黄帝、巫咸而下諸家及隋以前諸史天文志爲此書。景祐乾象新書間取其説，中興館閣書目作古今通占鏡，本唐志云爾。」

〔五〇〕石季龍時：指十六國後趙。「石季龍」即石虎（二九五—三四九），字季龍，唐人諱「虎」字，止稱其字。季龍爲石勒從弟，勒稱帝，爲太尉、守尚書令，封中山王。後自稱居攝趙天王，改元建武。卒，謚武帝。晉書卷一〇六有傳。

〔五一〕利州綿谷縣：今四川廣元。見本條前注。

〔五二〕石鼊：疑當作「石鼊」。鼊爲甲躍，鼉爲鱷魚。見本條前注。

蛺蝶枝

公路南行，歷懸藤峽①〔一〕，維舟飲水，因覩嵓側有一木，五彩。初謂丹青之樹②〔二〕，因命童僕採之。頃獲一枝，尚綴蛺蝶〔三〕，凡二十餘箇，有翠碧、紺縷者〔四〕，金眼、丁香眼者，紫斑者，黑花者，黄白者，緋脈者，大如蝙蝠者，小如榆莢者③。愚因登岸視之，乃木葉化焉。是知蝶生江南甘橘樹中④〔五〕，麥爲蝇蝶〔六〕，烏足之葉爲胡蝶〔七〕，皆造化使然，豈虚語歟⑤？又會要云〔八〕：「大食國〔九〕，西鄰大海，嘗遣人乘船，經八年未極西岸。中有一方石，石上有樹，幹赤葉青。樹生小兒，長六七寸，見人皆笑，動其手脚，尻著樹枝，偶使摘取一枝〔一〇〕，小兒即死也。」異苑〔一一〕：「太元中〔一二〕，汝南人入山伐竹〔一三〕，見一竹中央蛇形已成，上枝葉如故。吴郡桐廬民嘗伐薪遺竹〔一四〕，一宿即化雉，頭頸盡就，身猶未變。此亦竹爲蛇，蛇爲雉也。」

【原注】

①峽即富州界也〔一五〕。

②武陵記〔一六〕：「辰州高溪有丹青樹〔一七〕，直上籠雲，下無枝條，上有五色，葉圓如華蓋。」玉屑云〔一八〕：「案，在辰陽縣。」

③沈佺期賦云〔一九〕：「二角六足，蠕腹狀蛾。脈紺縷以玄翅，點頳珠以緋窠也〔二〇〕。」

④古今注：「蛺蝶，一名野蛾，江東人謂之撻末。其文黑色或青斑者，名鳳子，一名鳳車，一名鬼車是也。」

⑤公路嘗見盧員外肇説〔二一〕，捉得一粉蝶，如兩手大，上有散緑點，丁香眼，前翅頭如畫，燕支色，後翅爲燕尾分，亦蝶之異也。

【校箋】

〔一〕懸藤峽：疑即懸藤灘，在今廣西平樂東北，唐、宋時屬昭州。按，太平寰宇記卷一六三：「（昭州平樂縣）平樂江，在縣東八十里。江中有懸藤灘、犁壁湍。」

〔二〕丹青之樹：西京雜記卷一：「（終南山）有樹直上百尺，無枝，上結藂條如車蓋。葉一青一赤，望之班駁如錦繡。長安謂之丹青樹，亦云華蓋樹。」又述異記卷下：「辰州嵩溪有丹青樹。枝葉直上籠雲，下無枝條，上有五色葉，圓如華蓋，故號丹青樹，俗謂之五采樹。今在辰陽縣。」

〔三〕尚綴蛺蝶：「蛺蝶」，説郛（涵芬樓本）卷二引北户録作「軟蝶」。説郛（四庫本）卷六三上、古今説海卷一三引北户録作「嫩蝶」。

〔四〕紺縷者：疑指紺蝶。古今注卷中：「紺蝶，一名蜻蛉，似蜻蛉而色玄紺。遼東人謂之紺幡，亦曰童幡，亦曰天雞。好以七月連飛暗天，海邊蠻夷食之，謂海中青鰕化之也。」

〔五〕蝶生江南甘橘樹中：説郛（四庫本）卷六三上、古今説海卷一三引北户録連下句作「蝶生江南，柑橘樹蠹變爲蛺蝶」，則「中」字或即「蠹」字之殘，「樹中」或即作「樹蠹」也。惟古今注「樹」則作「園」，亦通。古今注卷中：「蛺蝶，一名野蛾，一名風蝶，江東人謂之撻末，色白背青者是。其有大於蝙蝠者，或黑色，或青斑，大者曰鳳子，一名風車，亦曰鬼車，生江南柑橘園中。」

〔六〕麥爲蝇蝶：「蝇蝶」，説郛（涵芬樓本）卷二引北户録作「奄蝶」，亦蛺蝶之别稱。又説郛（四庫本）卷六三上、古今説海卷一三引北户録作「變爲蛺蝶」。參見上注。按，埤雅卷一〇釋蟲：「蛺蝶，粉翅有鬚，一名蝴蝶。列子曰：『烏足之根爲蠐螬，其葉爲蝴蝶，蝴蝶胥也。』嘗見園蔬，其葉有爲蝶者，三分二已蝶矣，其一尚葉也。干寶云：『稻成蛬，麥成蛺蝶。』豈虚語哉？」

〔七〕烏足之葉爲胡蝶：列子天瑞篇：「陵舄得鬱栖，則爲烏足。烏足之根爲蠐螬，其葉爲胡蝶。胡蝶胥也化而爲蟲。」楊伯峻集釋：「鬱栖，糞壤也。烏足，草名也」，「烏足係陵舄在糞壤所化，其根在糞土中，而出爲蠐螬」，「言烏足爲蠐螬之本，其末散化爲胡蝶也」，「胥，皆也，言物皆化也」。按，莊子外篇至樂亦有此語。

〔八〕會要：指唐蘇冕會要、崔鉉續會要。按，新唐書藝文志三：「蘇冕會要四十卷。續會要四十卷。（楊紹復、裴德融、崔瑑、薛逢、鄭言、周膚敏、薛廷望、于珪、于球等撰，崔鉉監修。）」又四庫全書總目卷八一：「唐會要一百卷，宋王溥撰。」「初，唐蘇冕嘗次高祖至德宗九朝之事，爲會要四十卷。宣宗大中七年，又詔楊紹復等次德宗以來事，爲續會要四十卷，以崔鉉監修。段公路北户録所稱會要，即冕等之書也。惟宣宗以後，記載尚闕，溥因復採宣宗至唐末事續之，爲新編唐會要一百卷。」

〔九〕大食國：此指今伊拉克地區。古波斯人稱阿拉伯部族爲「條支」、「大食」。舊唐書西戎大食國傳：「大食國，本在波斯之西。大業中，有波斯胡人牧駝於俱紛摩地那之山，忽有獅子人語謂之曰：『此山西有三穴，穴中大有兵器，汝可取之。穴中并有黑石白文，讀之便作王位。』胡人依言，果見穴中有石及矟刃甚多，上有文，教其反叛。於是糾合亡命，渡恒曷水，劫奪商旅，其衆漸盛，遂割據波斯西境，自立爲王。」「俱紛摩地那山在國之西南，鄰於大海，其王移穴中黑石置之於國。又嘗遣人乘船，將衣糧入海，經八年而未及西岸。海中見一方石，石上有樹，幹赤葉青，樹上總生小兒，長六七寸，見人皆笑，動其手脚，頭著樹枝，其使摘取一枚，小兒便死，收在大食王宫。」按，此事亦見今本唐會要卷一〇〇，其本事或當出自述異記。述異記卷上：「大食王國，在西海中有一方石，石上多樹，幹赤葉青，枝上總生小兒，長六七寸，見人皆笑，動其手足，頭著樹枝，使摘一枝，小兒便死。」

〔一〇〕偶使摘取一枝：「偶」，説郛（涵芬樓本）卷二、説郛（四庫本）卷六三上、古今説海卷一三引北户録並作「其」。

〔一一〕異苑：見本卷「紅虵」條注。

〔一二〕太元：晉孝武帝司馬曜年號（三七六—三九六）。按，太平御覽卷九三四引異苑：「太元中，汝南人伐竹，見一竹中央虵形已成，上枝葉如故。吴郡桐廬民嘗伐餘遺竹，見一宿竿成雉，頭頸盡就，身猶未成。此亦竹爲虵，虵爲雉也。」

〔一三〕汝南：今河南汝南西。

〔一四〕吴郡桐廬：今屬浙江。

〔一五〕富州：今廣西昭平。太平御覽卷一七二引十道志：「富州開江郡，秦桂林郡地，二漢屬蒼梧郡，梁爲開江、武城二郡，陳静州，改開江、武城二郡爲逍遥郡。隋平陳，並廢。唐又置静州，貞觀八年改爲富州，因富水爲名。」

〔一六〕武陵記：本書卷三「無名花」條引梁伍安貧武陵記，疑即此書。

〔一七〕辰州：今湖南沅陵。元和郡縣圖志卷三〇江南道六辰州：「陳文帝於此置沅陵郡，開元九年改爲辰州。」

〔一八〕玉屑：唐類書。直齋書録解題卷一四：「玉屑十五卷，無名氏。」按，此書編次在唐李商隱金鑰與李瀚蒙求之間。

〔一九〕沈佺期：佺期（？—七一三？）字雲卿，相州内黄（今屬河南）人。官至中書舍人、太子少詹事。舊唐書卷一九〇中、新唐書卷二〇二並有傳。

〔二〇〕點頳珠以緋窠：「頳」，原作「顔」，今據四庫本改。頳，紅色。

〔二一〕盧員外肇：即盧肇，兩唐書無傳。按，全唐詩卷五五一小傳：「盧肇字子發，袁州人。會昌三年登第。初爲鄂岳盧商從事，後除著作郎，遷倉部員外郎，充集賢院直學士。咸通中，出知歙州，移宣、池、吉三州，卒。」

紅蝙蝠

紅蝙蝠〔一〕，出瀧州〔二〕，皆深紅色，唯翼脈淺黑。多雙伏紅蕉花間〔三〕，採者若獲其一，則一不去。南人收爲媚藥，與象鼻蟲、䳜珠〔四〕、蠬蜂〔五〕、諾龍爲比①〔六〕。王子年拾遺云〔七〕：「有五色蝙蝠〔八〕。」異物志：「鼉風魚〔九〕，因風雨，入空木而化爲蝙蝠。其肉甚美。」靈芝圖説：「白蝙蝠②〔一〇〕，服之壽萬歲。」又媚藥載嗽金鳥〔一一〕、辟寒金③、龍子④〔一二〕、布穀脚脛骨⑤〔一三〕、鵲腦⑥〔一四〕、砂挼⑦〔一五〕、蓝草⑧〔一六〕、荀草⑨〔一七〕、左行草⑩〔一八〕，獨未見録紅蝙蝠處，豈闕載乎？又有無風獨摇草〔一九〕，亦生嶺中，男女帶之相媚。頭若彈子，尾若鳥尾〔二〇〕，兩葉開合，見人自動，故曰獨摇草⑪。又陳藏器云〔二一〕：「榼子〔二二〕，蔓生，取子中仁，炙食之〔二三〕，主蠱毒。帶於衣，令人有媚，多迷人。子如土瓜，無毛，秋熟，色赤，形如酒榼也。」

【原注】

①象鼻蟲，有鼻長二寸許而紅，其前翼麴塵色，副翼爲斑紅色，多在龍眼樹上。鱟魚珠，廣州記云〔二四〕：「鱟，形如熨㪷，（郭璞云『形如惠文冠』〔二五〕。）青黑色，十二足，雌常負雄，取之必得其雙。子如麻子，堪爲醬，即鱟子醬也。」其珠如粟，色黄，南人或帶，或磨飲之，云利市。蠬蠏，生於橄欖樹上，自呼其名，聲響巖谷。諸龍，雄死雌至，出瀧州。水族至其前者，即跳躍自置，諸龍取而食之。房千里投荒録亦具記〔二六〕。

②古今注：「一曰仙鼠。五百歲則色白腦重，集則頭垂，故謂倒挂蝙蝠，食之神仙。」水經注云：「夷道縣丹水逕亭下〔二七〕，有石穴，穴中有蝙蝠，大者如烏〔二八〕，倒挂。」與玄中記説略同〔二九〕。

③三國時，昆明國貢魏嗽金鳥。鳥形如雀，色黄，常翺翔海上。吐金屑如粟，鑄以成器服。宫人争以鳥所吐金爲釵佩。謂之辟寒金，以鳥畏寒也。又宫人相嘲呼：「不服辟寒金，那得帝王心。」

④事具蛤蚧。

⑤媚藥也。男左女右，帶之置水中，能相隨逐。爾雅謂之鳲鳩〔三〇〕，今人云布穀。牝牡飛鳴，以翼相擊，云「鳴鳩拂其羽」〔三一〕。

⑥淮南萬畢術曰：「鵲腦令人相思。」

⑦一名狗子，能倒行。置枕中，令夫妻相好。事見陳藏器本草。

⑧姑媱山，帝女死焉，其名曰女戶，化爲䔄草，音遥。其葉胥成，（言葉相重也。）其花黄，其實如菟絲，服之媚於人。一名荒夫草。

⑨青要之山，有草，狀如葌，（菅，似茅也。）方莖，黄華，赤實，其本如藁本，名曰荀草。（或作苞。）服之美人色，令人更美豔也。

⑩使人無情，范陽常進。大業記〔三〕：「錯綵蔆花似左行草，花菜纖長而多，色正赤，甚美香也。」

⑪本草拾遺具也。

【校箋】

〔一〕紅蝙蝠：亦稱紅飛鼠。嶺表録異卷中：「紅飛鼠，多出交趾及廣、管、瀧州，背腹有深毛，茸茸然，惟肉翼淺黑色。多雙伏紅蕉花間，採捕者若獲一，則其一不去。南中婦人，買而帶之，以爲媚藥。」又酉陽雜俎續集卷八支動：「紅蝙蝠，劉君云：『南中紅蕉花時，有紅蝙蝠集花中，南人呼爲紅蝙蝠。』」

〔二〕瀧州：原作「隴州」，今據類説卷一三、説郛（涵芬樓本）卷二引北户録改。按，瀧州故址在今廣東羅定南，而隴州則在今陝西隴縣，前引嶺表録異明言「出交趾及廣、管、瀧州」，本篇下文亦稱「南人」，皆可證作「瀧」爲是。按，舊唐書地理志四：「（嶺南道）瀧州，隋永熙郡之瀧水縣。武德四年，平蕭銑，置瀧州。天寶元年，改爲開陽郡。乾元元年，復爲瀧州。」下原注「出瀧州」同改。

〔三〕紅蕉花：俗稱美人蕉。桂海虞衡志：「紅蕉花，葉瘦類蘆、箬，心中抽條，條端發花，葉數層，日拆一兩葉，色正紅，如榴花、荔子。其端各有一點鮮緑，尤可愛。春夏開，至歲寒猶芳。又有一種，根出土處特肥，飽如膽瓶，名膽瓶蕉。」

〔四〕鱟珠：太平御覽卷九四三引嶺表録異：「鱟魚，其殼瑩淨，滑如青瓷盌，鏊背。眼在背上，口在腹下。青黑色，腹兩傍爲六脚。有尾，長尺餘，三稜如棕莖。常雌附雄而行，捕者必雙得之。若摘去雄者，雌者即自止，背負之方行。腹中有子如菉豆，南人取之，碎其肉脚，和以爲醬食之。尾中有珠如粟，色黄。雌者小，置之水中，即雄者浮，雌者沉。」

〔五〕蠪蠭：嶺表録異作「龐降」。按，太平御覽卷九五一引嶺表録異：「龐降，生於山野，多在橄欖樹上。形如蜩蟬，腹青而薄，其聲業，其鳴自呼爲龐降。但聞其聲，採者鮮得，多以善價求之，以爲媚藥。」

〔六〕諾龍：太平廣記卷四七八「諾龍」條引投荒雜録：「南海郡有蜂，生橄欖樹上，雖有手足，頗類木葉，抱枝自附，與木葉無别。南人取者，先伐仆樹，候葉凋落，然後取之。有水蟲名諾龍，狀如蜥蜴，微有龍狀，俗云此蟲欲食，即出水據石上，凡水族游泳過者，至所據之石，即跳躍自置其前，因取食之。有得者必雙，雄者既死，雌者即至，雌者死亦然。俗傳以雌雄俱置竹中，以節間之，少頃竹節自通。里人貨其殭者，幻人以蜂，俱用爲婦人惑男子術。」

〔七〕王子年拾遺：亦稱拾遺録。隋書經籍志二：「拾遺録二卷。（僞秦姚萇方士王子年撰。）王子年拾遺記十卷。（蕭綺撰。）」又舊唐書經籍志上：「拾遺録三卷。（王嘉撰。）王子年拾遺記十卷。（蕭綺録。）」按，郡齋讀書志（衢本）卷九：「王子年拾遺記十卷，右梁蕭綺叙録。晉王嘉字子年，嘗著書百二十篇，載伏羲以來異事，前世奇詭之説。書佚不完，綺拾掇殘闕，輯而叙之。」

〔八〕有五色蝙蝠：拾遺記卷一〇「岱輿山」條：「（玉）梁有五色蝙蝠，黄者無腸，倒飛，腹向天；白者腦重，頭垂自挂；黑者如烏，至千歲形變如小燕；青者毫毛長二寸，色如翠；赤者止于石穴，穴上入天，視日出入恒在其上。」

〔九〕鼉風魚：原作「鼉蝨魚」，今據異物志改。按，太平御覽卷九四〇引異物志：「冬天此魚數千萬頭，共處大窟中藏，上有白氣。或在鼉穴中，皮黑如漆。能潛知數里中空木所在，因風而入空木，化爲蝙蝠。其肉甚美。」

〔一〇〕白蝙蝠：亦稱仙鼠。古今注卷中：「蝙蝠，一名仙鼠，一名飛鼠。五百歲則色白而腦重，集物則頭垂，故謂倒挂蝙蝠。食之成仙。」又述異記卷下：「荆州清溪、秀壁諸山，山洞往往有乳窟，窟中多玉泉交流。中有白蝙蝠，大如鵶。按仙經云：『蝙蝠，一名仙鼠，千載之後，體白如銀，棲即倒懸。蓋飲乳水而長生也。』」又李太白全集卷一九荅族侄僧中孚贈玉泉仙人掌茶序：「余聞荆州玉泉寺近清溪諸山，山洞往往有乳窟，窟中多玉泉交流。其中有白蝙蝠，大如鴉。按仙經，蝙蝠一名仙鼠，千歲之後，體白如雪，棲則倒懸。蓋飲乳水而長生也。其水邊處處有茗草羅生，枝葉如碧玉。惟玉泉真公常采而飲之，年八十餘歲，顏色如桃花。而此茗清香滑熟，異於他者，所以能還童振枯，扶人壽也。余遊金陵，見宗僧中孚，示余茶數十片，拳然重疊，其狀如手，號爲仙人掌茶。蓋新出乎玉泉之山，曠古未覩，因持之見遺，兼贈詩，要余答之，遂有此作。」

〔一二〕嗽金鳥：拾遺記卷七魏：「明帝即位二年，起靈禽之園，遠方國所獻異鳥珍獸，皆畜此園也。昆明國貢嗽金鳥，人云：『其地去燃洲九千里，出此鳥，形如雀而色黄，羽毛柔密，常翱翔海上。羅者得之，以爲至祥。聞大魏之德，被於荒遠，故越山航海，來獻大國。』帝得此鳥，畜於靈禽之園，飴以真珠，飲以龜腦。鳥常吐金屑如粟，鑄之可以爲器。昔漢武帝時，有人獻神雀，蓋此類也。此鳥畏霜雪，乃起小屋處之，名曰辟寒臺，皆用水精爲户牖，使内外通光。宫人争以鳥吐之金用飾釵珮，謂之『辟寒金』。故宫人相嘲曰：『不服辟寒金，那得帝王心。』於是媚惑者，亂争此寶金爲身飾，及行卧皆懷挾以要寵幸也。魏氏喪滅，池臺鞠爲煨燼，嗽金之鳥亦自翱翔。」

〔一三〕龍子：古今注卷中：「蝘蜓，一曰守宫，一曰龍子，善於樹上捕蟬食之。其五色長大者名蜥蜴，其短而大者名爲蠑螈。一曰蛇醫，大者長三尺，其色玄紺，善魅人，一曰緑螈。」

〔一三〕布穀脚脛骨：證類本草卷一九二十六種陳藏器餘：「布穀脚腦骨令人夫妻相愛，五月五日收，帶之各一，男左女右，云置水中，自能相隨。又江東呼爲郭公，北人云撥穀，一云䕶穀，似鷂長尾。」

〔一四〕鵲腦：太平御覽卷九二一引淮南萬畢術：「鵲腦令人相思。（取鵲一雄一雌頭中腦，燒之於道中。以與人酒中，飲則相思。）」按，御覽卷七三六亦引此，文字略異。

〔一五〕砂挼：原作「砂稜」，今據類説卷一三引北户録改。按，證類本草卷二一引二十一種陳藏器餘：「砂挼子，有毒，殺飛禽走獸，合射罔用之。人亦生取置枕，令夫妻相好。生砂石中，作旋孔。有蟲子，如大豆，背有刺，能倒行，一名倒行狗子。性好睡，亦呼爲睡蟲。是處有之。」

〔一六〕䔄草：山海經中山經：「又東二百里，曰姑媱之山。帝女死焉，其名曰女尸，化爲䔄草。其葉胥成，其華黄，其實如菟丘，服之媚於人。」郭璞注：「爲人所愛也。傳曰：『人服媚之如是。』一名荒夫草。」

〔一七〕荀草：山海經中山經：「（青要之山）有草焉，其狀如葌，而方莖、黄華、赤實，其本如藁本，名曰荀草，服之美人色。」郭璞注：「（葌）亦菅字。」

〔一八〕左行草：酉陽雜俎前集卷一九廣動植之四：「左行草，使人無情。范陽長貢。」

〔一九〕無風獨摇草：證類本草卷六引四十六種陳藏器餘：「無風獨摇草，帶之令夫婦相愛。生嶺南。頭如彈子，尾如烏尾，兩片開合，見人自動，故曰獨摇草。」

〔二〇〕尾若烏尾：「烏」，原作「鳥」，今據陳藏器本草拾遺改。見上注。

〔二一〕陳藏器云：即陳藏器本草拾遺。按，證類本草卷一三引四十五種陳藏器餘：「象豆，味甘平，無毒，主五野雞病、蠱毒、飛尸、喉痹。取子中人，碎爲粉，微熬，水服一二匕。亦如大豆藻面，去野。生嶺南山林，作藤著樹，如通草藤。三年一熟，角如弓袋，子若雞卵，皮紫色，剖中人用之。一名榼子，一名合子。主野雞病爲上。」又同上書卷十四：「榼藤子，味澀，甘平，無毒，主蠱毒、五痔、喉痺及小兒脱肛血痢，並燒灰服。瀉血宜服一枚，以刀剜内瓤，熬研爲散，空腹熱酒調二錢，不過三服，必效。又宜入澡豆，善除䵟䵳。其殼用貯丹藥，經載不壞。」又本草綱目卷一八引陳藏器曰：「按廣州記云：『榼藤子，生廣南山林間，作藤著樹，如通草藤。其實三年方熟，角如弓袋，子若雞卵，其外紫黑色。其殼用貯丹藥，經年不壞，取其中仁入藥，炙用。』」

〔二二〕榼子：即榼藤子，亦稱象豆。南方草木狀卷中：「榼藤，依樹蔓生，如通草藤也。其子紫黑色，一名象豆，三年方熟。其殼貯藥，歷年不壞。生南海，解諸藥毒。」

〔二三〕炙食之：「炙」，原作「多」，今據陳藏器説改。見前注。

〔二四〕廣州記：以此名書者，有顧微、裴淵兩家，按太平御覽卷九四三引裴淵廣州記：「鱟，廣尺餘，形如熨斗，頭如蜣螂，腹下有十二足。南人重之，以爲鮓。」則此處乃屬裴淵廣州記。裴書亦稱「裴氏廣州記」，史志未見著録，裴淵亦於史不顯，然水經注、齊民要術屢引之，據此而論，或當是南朝宋以前人，一説東晉人。

〔二五〕形如惠文冠：文選左太沖吴都賦：「乘鱟黿鼉，同罛共羅。」劉淵林注：「鱟，形如惠文冠，青黑色，十二足，似蟹足，悉在腹下，長五六寸。雌常負雄行，漁者取之，必得其雙，故曰乘鱟。南海、朱崖、合浦諸郡皆有之。」又太平御覽卷九四三引吴録地理志：「交阯龍編縣有鱟，形如惠文冠，青黑色，十二足，似蟹，長五寸。腹中有子，如麻子，取以作醬，尤美。」又爾雅翼釋魚四：「鱟，形如惠文，亦如便面。惠文者，秦漢以來武冠也，侍中、中常侍則加金璫、貂蟬之飾，謂之趙惠文冠。便面，古扇也，背黑而穹，張敞所用以拊馬者，今號温涼扇。大抵鱟色青黑，十二足，足長五六寸，悉在腹下。」

〔二六〕房千里投荒録：新唐書藝文志二「房千里投荒雜録一卷。字鵠舉，大和初進士第，高州刺史。」

〔二七〕夷道縣：今湖北宜都。水經注夷水：「丹水又逕亭下，有石穴甚深，未嘗測其遠近。穴中蝙蝠，大者如烏，多倒懸。玄中記曰：『蝙蝠百歲者倒懸，得而服之，使人神仙。』」

〔二八〕大者如烏：「烏」，原作「鳥」，今據水經注改。見上注。

〔二九〕玄中記：亦稱郭氏玄中記，一説晉郭璞（景純）撰。按，路史卷三三發揮二論槃瓠之妄：「按玄中記：『槃瓠浮之東南海中，是爲犬封氏。』蓋因本風俗通，然亦不謂蠻人之祖。（記云：「高辛氏時，犬戎爲亂。帝曰：『有討之者，妻以美女，封三百户。』帝之狗曰槃瓠，三月殺犬戎，以其首來，帝以女妻之。不可教訓，浮之會稽東南海中，得地三百里封之。生男爲狗，女爲美人。是爲犬封氏。」玄中之書，崇文總目不知撰人名氏，然書傳所引皆云郭氏玄中記，而山海經注狗封氏，與記所言一同，知爲景純。）」

〔三〇〕鳲鳩：爾雅釋鳥：「鳲鳩，鴶鵴。」郭璞注：「今之布穀也，江東人呼爲穫穀。」

〔三一〕鳴鳩拂其羽：禮記月令：「（季春之月）是月也，命野虞無伐桑柘，鳴鳩拂其羽，戴勝降於桑。」鄭玄注：「鳴鳩飛且翼相擊，趍農急也。戴勝，織紝之鳥，是時恒在桑。」

〔三〕大業記：舊唐書經籍志上：「隋大業略記三卷，趙毅撰。」又太平御覽引書有隋大業記，未署撰人，不知此處是否即指趙書。

金龜子

金龜子〔一〕，甲蟲也。五六月生於草蔓上，大於榆莢，細視之，真金帖龜子。行則成雙，類壁龜耳①〔二〕。其蟲死，則金色隨滅，如螢光也。南人收以養粉，云與汞粉相宜〔三〕。按竺法真登羅山疏曰：「金光蟲〔四〕，大如班猫〔五〕，形色文彩，全是龜。余偶得之，養玩彌日。」疑此是也。又南雍州記曰〔六〕：「石橋水經南陽，結爲池，出靈龜〔七〕，色如金縷也②。」

【原注】

①事見洞冥記〔八〕。

②玉屑亦具〔九〕。論衡又云〔一〇〕：「龜三百歲〔一一〕，大如錢。著七十歲生一莖。此神物，故生遲也。」

【校箋】

〔一〕金龜子：太平廣記卷四七九「金龜子」條引嶺表録異：「金龜子，甲蟲也。春夏間，生於草木上，大如小指甲，飛時即不類。泊草蔓上，細視之，真金色龜兒也。行必成雙。南人採之，陰乾，裝以金翠，爲首飾之物，亦類黔中所産青蟲子也。」按，通雅（明方以智撰）卷四七動物（蟲）：「緑金蟬，即吉丁蟲也。吉丁蟲背正緑，有翅在甲下，出嶺南。人取帶之，令人相媚。漁仲云：『爾雅「蚑，蟥蛢」也，甲蟲，緑色似金者也。』北户録：『金龜子，甲蟲也。背如金貼成。』竺法真羅浮疏云：『文如金。』宋祁益部記：『利州金蟲。』皆謂其緑甲有泥金之光彩，非謂如金黄色。今爲簪釵飾，曰緑金蟬。」

〔二〕璧龜：原注謂「事見洞冥記」，按洞冥記作「鼊龜」。别國洞冥記卷三：「影蛾池中，有鼊龜，望其群出岸上，如連璧弄於沙岸也。故語曰：『夜未央，待龜黄。』」

〔三〕汞粉：原作「永粉」，今據説郛（涵芬樓本）卷二、説郛（四庫本）卷六三上引北户録改。按「汞粉」即水銀粉。證類本草卷四「水銀粉」條：「水銀粉，味辛冷，無毒，畏磁石、石黄。通大腸，轉小兒疳并瘰癧，殺瘡疥、癬蟲及鼻上酒齄風瘡燥痒。又名汞粉、輕粉、峭粉，忌一切血。」

〔四〕金光蟲：太平御覽引登羅山疏作「金花蟲」。按，太平御覽卷九四九引竺法真登羅山疏：「金花蟲，大如斑猫，形色文采如金，是龜屬。得之，養翫彌日。」

〔五〕斑猫：甲殻蟲類。證類本草卷二二「斑猫」條引圖經本草：「斑猫，生河東川谷，今處處有之。

七月、八月大豆盛時，此蟲多在葉上。長五六分，甲上黄黑斑文，烏腹尖喙，如巴豆大。」

〔六〕南雍州記：舊唐書經籍志上：「南雍州記三卷。（郭仲産〔許按：原作「郭仲彦」，今據太平御覽引書改。〕撰。）」

〔七〕出靈龜：太平寰宇記卷一四二山南東道一鄧州穰縣：「靈龜。郭仲産南雍州記云：『石橋水汙而爲池，出靈龜，色如金縷。』」按，穰縣，秦置，治所在今河南鄧州。

〔八〕洞冥記：見本卷「通犀」條注。

〔九〕玉屑：見本卷「蛺蝶枝」條注。

〔一〇〕論衡：見本卷「緋猨」條注。

〔一一〕龜三百歲：論衡狀留篇：「龜生三百歲，大如錢，游於蓮葉之上；三千歲，青邊緣，巨尺二寸。蓍生七十歲生一莖，七百歲生十莖，神靈之物也。故生遲留，歷歲長久，故能明審，實賢儒之在世也，猶靈蓍、神龜也。」

乳穴魚

全義之西南有山〔一〕，曰盤龍山〔二〕。有乳洞，斜貫一溪，號曰靈水①。昔有人窮其源，至數日者，罾炬多爲白蝙蝠所撲，中若風雨聲，習習然皆毛戰〔三〕，不敢進。蓋神仙之窟宅，豈腥膻者擬容易造乎！夫天下名洞三十有六，而洞庭林屋當其九也②〔四〕。其小者不可勝言，得非名在九微志中〔五〕，世俗所未聞耶？其洞有金沙龍、盆魚，皆四足，修尾丹腹，狀若守宮〔六〕，游泳水濱，人莫敢犯。按御覽云〔七〕：「盤龍山，天寶六年〔八〕，改爲龍蟠山。山有石洞，洞中有石床、石盆。人每秉燭遊者，嘗見龍跡。洞中小水，水有四足魚，皆如龍形，人殺之，即風雨也。」然唐韻云〔九〕：「鰨〔一〇〕，魚名，四足。」山海經云：「人魚〔一一〕，如鯑③魚，四脚，出丹、洛二水。」有鯢，大者謂之鰕④〔一二〕。爾雅注〔一三〕：「鯢似鮎，四足，聲似小兒。」但未見，言其可致風雨耳。公路因思道書説五頭魚⑤〔一四〕、三足麃⑥〔一五〕，皆神化所致，不可以類而稱也〔一六〕。若以魚之異者，則醴水之魚名珠鼈〔一七〕，六足，有珠⑦。又歷澗，潭有五色魚〔一八〕，俗以爲靈，而莫敢捕，因謂是水爲龍魚水⑧。又丹水出丹魚〔一九〕，先夏至十日夜伺之，丹魚必浮水側，赤光上照，赫然如火，網而取之，割血以塗足下，則可步履水上⑨。又翔法師云〔二〇〕：「鯊魚⑩〔二一〕，一首十身，氣如蘪蕪⑪〔二二〕。」初學記引魚貍〔二三〕：「背上有斑文，腹下有純青。海水將潮及天將雨，毛皆起。潮還天晴，毛則伏，常千里外可知海潮。」亦如博物志云牛魚也〔二四〕。又：「金魚〔二五〕，腦中有麩金〔二六〕，狀如竹頭魚，出邛婆塞江⑫。」又：「吳王江行食鱠，有餘，棄江中爲魚。今江中有魚，名吳王餘鱠者〔二七〕，長數寸，大如箸是也。」又魏武四時食制曰〔二八〕：「望魚〔二九〕，側如刀，可以刈草。出豫章。」又：「髮魚〔三〇〕，戴髮，形如婦人，白肥無鱗。出滇池。」又郭緣生述征記曰〔三一〕：「成陽縣城南六里〔三二〕，堯母慶都墓，廟前一池魚，頭間有印文，謂之印頰魚。非告祠者，捕不得⑬。」又臨海異物志：「鯇魚〔三三〕，如指，長七八寸，但有脊骨，好作羹，滑美似餅。大者如竹，曝作燭，極有光明。」又：「比目魚〔三四〕，一名鰈⑭，一名鰜⑮，狀似牛脾，細鱗，紫黑色，一眼，兩片相合乃行。」沈懷遠南越志謂之板魚〔三五〕。亦曰左介〔三六〕，介亦作魪⑯。吴都賦云：「雙則比目〔三七〕，片則王餘。」陳仲弓異聞記〔三八〕：「東城池有王餘魚〔三九〕，池決，魚不得去，將死。或以鏡照之，魚看影謂其有雙，於是比目而去。」異物志：「南方鏡魚〔四〇〕，圓如鏡也。」又異苑云〔四一〕：「鮐魚⑰〔四二〕，凡諸魚欲產，鮐魚輒以頭銜其腹，世謂衆魚之生母。」又臨海水土異物志〔四三〕：「鹿魚〔四四〕，頭上有兩角如鹿。」又云：「鯪⑱魚〔四五〕，背腹皆有刺，如三角蔆。」又神異經云〔四六〕：「横公魚〔四七〕，長七八尺，狀如鯉魚，晝在石湖中，夜化爲人。刺之不入，煮之不死。以烏梅二七煮之即熟，食之治邪病。」若此之類，豈勝言哉！

【原注】

①洞記曰〔四八〕：「山曰靈山，水曰靈水，幽而有靈，是以名也，且地志山經所不載。」又：「蟲魚無大小，修尾四足，朱丹其腹，游泳自若，漁人不敢釣之。」

②按，洞庭林屋，即吴王使龍威丈人得禹書之處。禹書一曰靈寶經〔四九〕，三卷，亦曰靈寶符。吴王齋

戒受之，不解其詞，乃遣使賚此以問孔子。孔子不發其函，而言：「昔聞吴童謡曰：『吴王出遊觀五湖，龍威丈人名隱居。北上包山入唐墟，乃造洞穴竊禹書。天帝大文不可舒，今强取之令國虚。』」又華陽洞，林屋洞之右門也。

③（鰟）音啼。

④（鰕）音遐。

⑤張天師二十四治具之〔五〇〕。

⑥翔法師云：「四明山有白鹿〔五一〕，二頭三足，即葛仙公桐桃所化。」

⑦文選具江賦云「頳鼈胇躍而吐璣」是也〔五二〕。

⑧水合汧水。

⑨出丹水縣。抱朴子具〔五三〕。南越志云：「有魚名䲞〔五四〕，色黄味美，夜即有光，一如照燭。」

⑩（鯖）音齊。

⑪山海經：「何羅魚〔五五〕，一首十身，音如犬吠。食之已癰也。」

⑫一名江魚。常食麩金。

⑬臨海志又曰：「印魚〔五六〕，無鱗，額上四方如印，有文章。諸大魚應死者，印魚先封之。」

⑭（鰈）音楪。

⑮（鰜）音兼。

⑯唐韻：「魪，比目魚也。」
⑰（鮨）音陷。
⑱（鯪）閭蒸反。

【校箋】

〔一〕全義：今廣西興安。元和郡縣圖志卷三七嶺南道四桂州：「全義縣，本漢始安縣之地，武德四年，分置臨源縣。大曆三年，改爲全義縣。」

〔二〕盤龍山：太平御覽卷九四〇引嶺表録異：「全義嶺之西南，有龍盤山。山有乳洞，斜貫一溪，號爲靈水溪。（今桂州靈川縣也。）溪内有魚，皆修尾四足，丹其腹，游泳自若，漁人不敢捕之。（爾雅云：「鯢似鮎，四足，聲似小兒。」今商州山溪内亦有此魚，謂之納魚。）」又同上書卷四九引桂林風土記：「龍蟠山，本名盤龍山。有石洞深致，洞中天然石室、石床、石盆，洞門數重。人秉燭遊，常見龍跡，大如椀。洞有水，水中有魚，四足有角，如龍形，人殺即風雨晦冥立至也。前使李渤給事改爲隱山，連其所也。」又太平寰宇記卷一六二桂州興安縣：「龍蟠山，在郡城東北一百七十里，屬興安縣。本名蟠龍山，天寶六載，勑爲龍蟠山。有石洞，洞門數里，人秉燭遊，於迴溪泥沙中嘗見龍跡，其大如盌。洞中之水有魚，四足而有角，人不敢傷，恐致風雨。」

〔三〕毛戰：猶「毛戴」，寒毛豎起，渾身戰慄，驚懼貌。晉書夏統傳：「聞君之談，不覺寒毛盡戴，白汗四帀，顔如渥丹，心熱如炭，舌縮口張，兩耳壁塞也。」

〔四〕洞庭林屋當其九：吴地記（唐陸廣微撰）：「太湖，一名震澤，一名洞庭。今湖中包山有石穴，其深莫知其極，即十大洞天之第九林屋洞天也。」又同上書後集：「林屋洞天，在洞庭西山，幽邃奇絶，乃真仙之洞府。據仙經，人間三十六洞天，其知名者十，林屋第九洞天也。今皆羽客居之，好道之士常所遊覽，時有遇焉。」

〔五〕九微志：述異記卷下：「人間三十六洞天，知名者十耳。餘二十六天，出九微志，不行於世也。」

〔六〕守宫：太平御覽卷九四六引博物志：「蜥蜴或蝘蜓以器養之，食以朱砂，體盡赤。所食滿七斤，擣萬杵，以點女人支體，終身不滅，故號曰守宫。」

〔七〕御覽：當指元和御覽，見本卷「蚺虵牙」條注。

〔八〕天寶六年：即唐玄宗李隆基天寶六年（七四七）。

〔九〕唐韻：新唐書藝文志一：「孫愐唐韻五卷。」按，觀堂集林卷八書式古堂書畫彙考所録唐韻後：「余於隋唐韻書，得見唐寫本陸法言切韻殘卷三，孫愐唐韻殘卷一，既據以作唐諸家切韻部目表矣。壬戌秋，讀卞令之式古堂書畫彙考，中録明項子京所藏唐韻五卷，前有孫愐序并四聲部目都數，後題『元和九年正月三日寫吴王本』。孫序首行題『唐韻序』，次行題『朝議郎行陳州司法參軍事臣愐上』，「是唐韻有開元、天寶二本，亦有二序，今廣韻前所載，乃合二序爲一，違失甚矣。項本但有第一序，乃開元中初撰之本」，「然則唐韻前後二本，部目不同，前者尚是陸韻支流，後者則孫氏自以己意分部者也」。

〔一〇〕鰨：即鯢魚。廣韻盍韻：「鰨，魚名，似鮎，四足。」

〔一一〕人魚：山海經北山經：「又東北二百里，曰龍侯之山，無草木，多金玉。決決之水出焉，而東流注於河。其中多人魚，其狀如鰟魚，四足，其音如嬰兒，食之無癡疾。」郭璞注：「或曰人魚即鯢也，似鮎，四足，聲如小兒啼。今亦呼鮎爲鰟，音蹏。」又太平御覽卷九三八引廣志：「鯢魚，聲如小兒，有四足，形如鱧，出伊水也。司馬遷謂之人魚，故其著史記曰：『始皇帝之葬也，以人魚之膏爲其燭也。』」

〔一二〕鰕：太平御覽卷九三九引爾雅：「鯢，大者謂之鰕。」又同上書同卷引異物志：「鰕魚，有四足如龜而行疾，有魚之體而以足行，故名。鰕魚含水，仰天不動，小鳥就飲，因而吞之。」又説郛（涵芬樓本）卷二引北户録作「鰶」。廣韻昔韻：「鰶。魚名，有四足。出文字集略。」又六書故動物四：「鰶，類鮎而四足」，「本草：『鯢魚，生山谿，似鮎，四脚，長尾，一名人魚。』即此也」。

〔一三〕爾雅注：漢書藝文志：「爾雅三卷二十篇。」又隋書經籍志一：「爾雅五卷。（郭璞注。）」又直齋書録解題卷三：「爾雅三卷，晉弘農太守河東郭璞景純注。按漢志，爾雅二十篇，今書惟十九篇。志初不著撰人名氏。璞序亦但稱興於中古，隆於漢氏而已。至陸氏釋文始謂釋詁爲周公所作，其説蓋本於魏張揖所上廣雅表，言周公制禮以道天下，著爾雅一篇，以釋其義。今俗所傳三篇，或言仲尼所增，或言子夏所益，或言叔孫通所補，或言沛郡梁文所攷，皆解家所説，先師口傳，疑莫能明也。」

〔一四〕五頭魚：太平御覽卷六七四引真誥：「廣漢郡新都縣，去成都一百五十里，山有芝草神藥。前有池，水中有神魚，五頭。昔王方平於此與太上相見，治應斗宿。」又雲笈七籤卷二八：「（張天師二十四治圖）第八真多治。山在懷安軍金堂縣，去成都一百五十里。山有芝草神藥，得服之令人壽千歲。山高二百八十丈，前有池水，水中神魚，五頭。昔王方平於此與太上老君相見。治應斗宿，女人發之，治王七十年。」

〔一五〕三足鹿：古今合璧事類備要（宋謝維新編）外集卷五〇引神仙傳：「葛仙翁憑桐木几於女几山，凡學數十年，白日登仙，几化爲白鹿，三足，時出於山上。」

〔一六〕不可以類而稱也：「稱」，説郛（涵芬樓本）卷二引北户録作「推」。

〔一七〕珠鼈：亦作「朱鼈」。山海經東山經：「又南三百八十里，曰葛山之首，無草木。澧水出焉，東流注於余澤，其中多珠鼈魚，其狀如胏而有目，六足，有珠。其味酸甘，食之無癘。」又吕氏春秋卷一四本味：「澧水之魚，名曰朱鼈，六足，有珠百碧。」高誘注：「醴水在蒼梧，環九疑之山。其魚六足，有珠如蛟皮也。」

〔一八〕歷澗潭有五色魚：原書以「歷澗潭」三字連讀爲潭名，非是。按，水經注渭水上：「汧水入焉」，「其水東北流，歷澗，注以成淵，潭漲不測。出五色魚，俗以爲靈，而莫敢採捕，因謂是水爲龍魚水，自下亦通謂之龍魚川，川水東逕汧縣故城北」。

〔一九〕丹魚：水經注丹水：「丹水又逕丹水縣故城西南。縣有密陽鄉，古商密之地，昔楚申息之師所戍也」，「水出丹魚，先夏至十日，夜伺之，魚浮於水側，赤光上照如火，網而取之，割其血以塗足，可以步行水上，長居淵中」。

〔二〇〕翔法師：此人於本書四見，除本條及注稱「翔法師」外，卷三「抱木屧」條稱「梁翔法師」，卷三「抱木屧」條稱「翔法師書」，知此人當是南朝梁代高僧，惜高僧傳、續高僧傳中未見其名。又既稱「翔法師書」，則其人必有著述，本書所引四條皆關乎釋名，本條一爲鯊魚，二爲白鹿，卷二「象鼻炙」條爲象，卷三「抱木屧」條爲橇。按舊唐書經籍志下、新唐書藝文志三並著録釋遠年兼名苑十卷，其書亦博物釋名之作，作者年代亦約略與翔法師相近，頗疑所謂翔法師者，或即釋遠年也，惟兼名苑散佚已久，佚文寥寥，無從更作詳考。

〔二一〕鯊魚：山海經作「茈魚」。山海經東山經：「又南三百二十里，曰東始之山」，「泚水出焉，而東北流注於海。其中多美貝，多茈魚，其狀如鮒，一首而十身，其臭如蘪蕪，食之不糟」。

〔二二〕蘪蕪：亦作「蘼蕪」，香草名。按，爾雅釋草「蘪蕪」條郭璞注：「香草，葉小如萎狀。淮南子云『似蛇牀』，山海經云『臭如蘪蕪』。」又本草綱目卷一四「蘼蕪」條李時珍曰：「別録言：『蘼蕪一名江蘺，芎藭苗也。』而司馬相如子虛賦稱：『芎藭菖蒲，江蘺蘼蕪。』上林賦云：『被以江蘺，揉以蘼蕪。』似非一物，何耶？蓋嫩苗未結根時，則爲蘼蕪，既結根後，乃爲芎藭。大葉似芹者爲江蘺，細葉似蛇牀者爲蘼蕪。如此分別，自明白矣。淮南子云：『亂人者，若芎藭之與槀本，蛇茮之與蘼蕪。』亦指細葉者言也。廣志云：『蘼蕪，香草，可藏衣中。』管子云：『五沃之土生蘼蕪。』郭璞贊云：『蘼蕪香草，亂之蛇茮。不損其真，自裂以芳。』」

〔二三〕初學記引魚貍：「初學記」，唐之類書。新唐書藝文志三：「初學記三十卷。張説類集要事以教諸王，徐堅、韋述、余欽、施敬本、張烜、李鋭、孫季良等分撰。」「魚貍」，初學記卷三〇叙事：「魚貍，背上有斑文，腹下純青，今以飾弓鞬步文也。海水將潮及天將雨，毛皆起，潮還天晴，毛則伏，常於千里外知海潮也。」

〔二四〕牛魚：博物志卷三異魚：「東海有半體魚，其形狀如牛，剥其皮懸之，潮水至則毛起，潮去則毛伏。」

〔二五〕金魚：本草綱目卷四四「金魚」條李時珍曰：「金魚有鯉、鯽、鰍、鰵數種，鰍、鰵尤難得，獨金鯽耐久，前古罕知。惟北户録云：『出邛婆塞江，腦中有金。』蓋亦訛傳。」按，此條不見今本博物志。四庫全書總目卷一四二博物志：「段公路北户録引博物志五條，見今本者三條，其『鵂鶹一名雞鵂』一條，『金魚腦中有麩金，出邛婆塞江』一條，則今本皆無此語，足證亦非唐人所見之本。」

〔二六〕麩金：即沙金。朝野僉載卷二：「陳懷卿，嶺南人也，養鴨數百餘頭。後於鴨欄中除糞，糞中有光爚爚然，以盆水沙汰之，得金十兩。乃覘所食處，於舍後山足，因鑿有麩金，銷得數十斤。」

〔二七〕吴王餘鱠：博物志卷三異魚：「吴王江行食鱠，有餘，棄於中流，化爲魚。今魚中有名吴王鱠餘者。長數寸，大者如箸，猶有鱠形。」

〔二八〕魏武四時食制：未見史志著録，而唐人類書多引之。今所見最早引用者，乃顔氏家訓書證篇，疑其爲晉、宋人作。按，玉海卷六三：「魏武四時食制，文選海賦注引魏武四時食制。」

〔二九〕望魚：太平御覽卷九三九引魏武四時食制：「望魚，側如刀，可以刈草，出豫章明都澤。」

〔三〇〕髮魚：説郛（涵芬樓本）卷二引北户録作「白髮魚」。按，太平御覽卷九四〇引魏武四時食制：「髮魚，帶髮如婦人，白肥無鱗，出滇池。」

〔三一〕郭縁生述征記：「郭縁生」，原作「郭延生」，按隋書經籍志二：「述征記一卷。（郭縁生撰。）」今據改。又新唐書藝文志二：「郭縁生述征記二卷。」

〔三二〕成陽縣：原作「城陽縣」，今據後漢書改。成陽縣，今山東菏澤東北。按，後漢書章帝紀：「使使者祠唐堯於成陽靈臺。」李賢注：「成陽，縣，屬濟陰郡。郭縁生述征記曰：『成陽縣東南有堯母慶都墓，上有祠廟。堯母陵俗亦名靈臺大母。』」又太平御覽卷九四〇引郭延之（許按：當作「郭縁生」，見上注。）述征記曰：「城陽縣南六里，堯母慶都墓，廟前一池魚，額間有印文，名頳魚。非告祠者，捕不可得。」

〔三三〕䱇魚：太平御覽卷九四〇引臨海異物志：「䱇魚如指，長七八寸，但有脊骨，好作羹。大者如竹竿，曝作燭，極有光明。」

〔三四〕比目魚：太平御覽卷九三八引臨海水土記：「兩片特立，合體俱行。（比目魚也。）」又爾雅翼卷二九：「比目魚，郭氏云：『狀如牛脾，鱗細，紫黑色，一眼，兩片相合乃可行。今水中所在有之。』」

〔三五〕板魚：初學記卷三〇引臨海異物志：「比目魚，似左右分魚，南越謂之板魚。」

〔三六〕左介：亦稱「兩魪」。文選左太沖吴都賦：「罩兩魪。」劉淵林注：「魪，左右魪，一目，所謂比目魚也。云須兩魚並合乃能游，若單行，落魄著物，爲人所得，故曰兩魪，丹陽、吴會有之。」

〔三七〕雙則比目：文選左太沖吴都賦：「雙則比目，片則王餘。」劉淵林注：「比目魚，東海所出。王餘魚，其身半也。俗云越王鱠魚未盡，因以殘半棄水中爲魚，遂無其一面，故曰王餘也。」

〔三八〕陳仲弓異聞記：「陳仲弓」，即陳寔（一〇四—一八七），字仲弓，潁川許（今河南許昌東）人。曾任太丘長。後漢書卷六二有傳。本傳不載其有著述，然抱朴子内篇對俗云：「故太丘長潁川陳仲弓，篤論士也，撰異聞記」云云，可證陳寔確有異聞記傳世，而其亡佚或當在唐末五代，今於太平御覽、廣記中已不見引用。

〔三九〕王餘魚：爾雅翼釋魚二：「王餘，長五六寸，身圓如筯，絜白而無鱗，若已鱠之魚，但目兩點黑耳。博物志曰：『吴王江行食鱠，有餘，棄於中流，化爲魚，名吴王鱠餘。』」

〔四〇〕鏡魚：太平御覽卷九四〇引臨海異物志：「鏡魚，如鏡，形體薄，少肉。」

〔四一〕異苑：見本卷「紅虵」條注。

〔四二〕鮐魚：太平御覽卷九三九引劉敬叔異苑：「鮐魚，凡諸魚欲産，鮐輒以頭衝其腹。鮐魚自欲生者，亦更相撞觸，故世人謂爲衆魚之生母也。」

〔四三〕臨海水土異物志：亦稱「臨海異物志」，見本卷「蚺虵牙」條注。

〔四四〕鹿魚：太平御覽卷九三九引臨海異物志：「鹿魚，長二尺餘，頭上有角，腹下有脚如人足。」

〔四五〕鮫魚：太平御覽卷九三八引臨海水土記：「鮫魚，背腹皆有刺，如三角菱。」

〔四六〕神異經：隋書經籍志二：「神異經一卷。（東方朔撰，張華注。）」

〔四七〕横公魚：原作「黄公魚」，今據太平御覽引神異經、漢魏遺書本神異經改。按，太平御覽卷九四〇引神異經：「北方荒外有石湖，其中有横公魚，長七八尺，形狀如鱧而目赤。晝則在湖中，夜化爲人。刺之不入，煮之不死，以烏梅二七煮之乃熟，食之可以止邪病。（玄黄經云：「横公魚不可殺，唯加烏梅，其氣乃減。」）」

〔四八〕洞記：疑即洞紀。隋書經籍志二：「洞紀四卷。（韋昭撰。記庖犧已來，至漢建安二十七年事。）」

〔四九〕靈寶經：雲笈七籤卷三靈寶略紀：「至夏禹登位，乃登名山巡狩，度弱水，登鍾山，遂得帝嚳所封靈寶真文。於是奉持出世，依法修行。禹唯自修而已，不傳於世。故禹得大神仙力，能鑿龍門，通四瀆。功畢，川途治導，天下乂安。乃託尸見死，其實非死也。故智者美其迹，真人知其靈。禹未仙之前，乃復封之，鎮乎北嶽及包山洞庭之室。距吴王闔閭時，王出遊包山，見一人在中。問曰：『汝是何人？』答曰：『我姓山名隱居。』闔閭曰：『子在山必有異見者，試爲吾取之。』隱居諾，乃入洞庭，訪遊乎天地，一千五百里乃至焉。見一石城，不敢輒入，乃於外齋戒三日然後入。見其石城門開，於室内玉几上有素書一卷，文字非常，即便拜而奉出，呈闔閭。闔閭即召群臣共觀之，但其文篆書不可識。乃令人齎之問孔子。使者忽然譎誑曰：『吴王閒居殿堂，忽有赤烏銜書，來落殿前。王不解其意，故令請問。』孔子愀然不答，良久乃言曰：『丘聞童謡云：「吴王出遊觀震湖，龍威丈人山隱居。北上包山入靈墟，乃入洞庭竊禹書。天帝大文不可舒，此文長傳百六初，若强取出喪國廬。」若是此書，丘能知之。赤烏所啣，則丘未聞。』使者乃自首謝曰：『實如所言。』於是孔子曰：『此是靈寶五符真文。昔夏禹得之於鍾山，然後封之於洞庭之室。』使者反白，闔閭乃尊事之。然其性慢易，不能遵奉道科，而真文乃飛上天，不知所在。後其子夫差嗣位，乃登勞山復得之，奉崇供養。自爾相承，世世録傳。」

〔五〇〕張天師二十四治具之：雲笈七籤卷二八二十四治序：「謹按張天師二十四治圖云：太上以漢安二年正月七日日中時下二十四治，上八治、中八治、下八治，應天二十四氣，合二十八宿，付天師張道陵奉行布化。張天師，沛國豐縣人也，諱道陵，字輔漢。秉性嚴直，經明行修，學道有方。永平二年，漢帝詔書，就拜巴郡江州令。以元和元年三月十日辛丑，詔書拜爲司空，封食冀縣侯。以芝草圖經歷神仙爲事，任採延年藥餌金液丹。以漢安元年丁丑詔書遷改，不拜。遂解官入益州部界，以其年於蜀郡臨邛縣渠亭山赤石城中，静思精至。五月一日夜半時，有千乘萬騎來下至赤石城前，金車羽蓋，步從龍虎鬼兵不可稱數。有五人，一人自言吾是周時柱下史也，一人自言吾是新出太上老君也，一人云吾是太上高皇帝中黄真君也，一人言吾是漢師張良子房也，一人言吾是佐漢子淵天師外祖也，子骨法合道，當承老君忠臣之後，今授子鬼號傳世，子孫爲國師，撫民無期。於是道陵方親受太上質勑，當步綱躡紀，統承三天，佐國扶命，養育群生，整理鬼氣，傳爲國師。依其度數，開立二十四治、十九静廬，授以正一盟威之道，伐誅邪僞，與天下萬神分符爲盟，悉承正一之道也。」按，同上書載上八治之第八治真多治：「山在懷安軍金堂縣，去成都一百五十里。山有芝草神藥，得服之，令人壽千歲。山高二百八十丈，前有池水，水中神魚，五頭。」又同上書同卷：「玄都律第十六云：治者，性命魂之所屬也。」

〔五一〕四明山有白鹿：「四明山」，寰宇記作「若耶山」；「白鹿」，寰宇記作「白鹿」。按，太平寰宇記卷九六江南東道八越州會稽縣：「若耶山，在縣東南四十四里。昔葛玄道成，所隱桐几化成白鹿，三足共行，兩頭更食。」

〔五二〕文選具江賦云頳蹩胇躍而吐璣：「文選」，原作「吕氏春秋」，按「頳蹩胇躍而吐璣」句出郭璞江賦，見文選卷一二，而郭璞（二七六—三二四）乃晉人，吕氏春秋何能得見其書，文字顯然舛誤，今改正。文選郭景純江賦：「頳蹩胇躍而吐璣，文魮磬鳴以孕璆。」李善引山海經「珠蹩之魚」、「文魮之魚」爲注，前文已見，不贅。

〔五三〕抱朴子具：抱朴子内篇金丹：「天下諸水，有名丹者，有南陽之丹水之屬也，其中皆有丹魚。當先夏至十日夜伺之，丹魚必浮於水側，赤光上照，赫然如火也，網而取之可得之，得之雖多，勿盡取也。割其血，塗足下，則可步行水上，長居淵中矣。」

〔五四〕有魚名䲔：「䲔」，原作「螭」，今據南越志改。按，太平御覽卷九四〇引沈懷遠南越志：「含光謂䲔魚，正黄而美，故謂爲䲔魚，夜則有光。」又同上書同卷引嶺表録異：「黄䲔魚，即江湖之横魚，頭觜長而鱗背金色。南人臠爲炙，雖美而毒。或煎煿，或乾，夜即有光如燭。」

〔五五〕何羅魚：原作「河羅魚」，今據山海經改。按，山海經北山經：「又北四百里，曰譙明之山，譙水出焉。西流注於河。其中多何羅之魚，一首而十身，其音如吠犬，食之已癰。」

〔五六〕印魚：太平御覽卷九四〇引臨海異物志：「印魚無鱗，形似鰌形，額上四方如印，有文章。諸大魚應死者，印魚先封之。」

魚種

南海諸郡〔一〕，郡人至八九月，於池塘間，採魚子著草上者，懸於竈煙上①。至二月春雷發時，卻收草浸於池塘間〔二〕，旬日内，如蝦蟆子狀〔三〕，悉成細魚，其大如髮。土人乃編織藤竹籠子，塗以餘糧〔四〕，或遍泥蠣灰②，收水以貯魚兒，鬻於市者，號爲魚種。魚即鯵③鯉之屬④，育於池塘間，一年内可供口腹也。愚按陶朱公養魚經曰〔五〕：「朱公謂威王：『治生之法有五，水畜第一。水畜，魚池也。以六畝地爲池，池中有九洲。求懷妊鯉魚長三尺者任二十頭，牡魚四頭〔六〕，以二月上庚日内池中，令水無聲，魚必生。至四月，内一神守。

六月，内二神守。八月，内三神守。神守者，鼈也。魚滿三百六十，則蛟龍爲之長，而將魚化飛去。内鼈，則魚不復去，池中周遶九洲無窮，自謂江湖也。至來年二月，得鯉魚長一尺者一萬五千枚，三尺者二十四枚[七]。至明年，得長一尺者十萬枚，長二尺者五萬枚[八]，長四尺者二十四枚[九]。留長二尺者二千枚作種⑤[一〇]。』」又[一一]：「欲令生大魚法[一二]，要須載取藪澤陂湖饒大魚之處，近水際土十餘載，以布池底，三年之中，即有大魚。此由土中先有大魚子，得水生也。」又南史云[一三]：「始興盧度[一四]，字孝章，有道術，隱居。屋前池養魚，皆名呼之，次第來取食乃去也。」又：「拂菻國有羊羔[一五]，生於土中。其國人候其欲萌，乃築牆以院之，防外獸所食。然其臍與地連，割之則死，唯人著甲走馬擊鼓駭之，其羔驚鳴而臍絶，便逐水草」，「煬帝欲通之[一六]，竟不能致。貞觀十七年，其王波多力遣使獻赤頗黎、金精等物」。又博物志云：「取鼈剉如棊[一七]，擣赤莧汁和合[一八]，厚以茅苞之。六月中，投於池澤中，經旬，臠臠成鼈也[一九]。」

【原注】

①魚八九月，多於水韭上放子，水西菜上放子。水西菜即水草也，土人呼之，未詳。

②禹餘糧也[二〇]。蠣灰，即異物志古賁灰[二一]、牡蠣殼。又南越志：「蠣，蠔甲也[二二]。」

③鯽鯉。

④鯰魚，其鱗如銀，肉白如雪，脆而且甜，偏宜作鱠，北中無也。故異物志曰：「南方魚多不肥美，唯鯰魚爲上〔二三〕，作鱠無比，作炙尤香美。」又楚詞注曰〔二四〕：「鯖〔二五〕，鮒魚。」説文作「鰿」，永嘉記作「鯽」。證俗音曰〔二六〕：「吴人呼爲鯽魚也。」

⑤理不相長也。

【校箋】

〔一〕南海諸郡：約當南海節度使轄區。舊唐書地理志四：「嶺南道，南海節度使，領是十七州。（許按：即廣州、韶州、循州、岡州、賀州、端州、新州、康州、封州、瀧州、恩州、春州、高州、藤州、義州、竇州、勤州。）」「南海，五嶺之南，漲海之北，三代已前，是爲荒服。秦滅六國，始開越置三郡，曰南海、桂林、象郡，以謫戍守之。秦亡，南海尉任囂病且死，召南海龍川令趙佗，付以尉事。佗乃聚兵守五嶺，擊并桂林、象郡，自稱南越武王。子孫相傳，五代九十三年。漢武帝命伏波將軍路博德、樓船將軍楊僕兵踰嶺南，滅之。其地立九郡，曰南海、蒼梧、鬱林、合浦、交阯、九真、日南、儋耳、珠崖。後漢廢珠崖、儋耳入合浦郡。交州刺史領七郡而已。」

〔二〕浸於池塘間：「浸」，原作「漫」，今據説郛（涵芬樓本）卷二、説郛（四庫本）卷六三上引北户録改。

〔三〕蝦蟇：説郛（涵芬樓本）卷二引北户録作「蝦蟆」，即蛙與蟾蜍之統稱。

〔四〕餘糧：説郛（涵芬樓本）卷二引北户録作「禹餘糧」。

〔五〕陶朱公養魚經：即范蠡養魚法。蠡字少伯，楚國宛（今河南南陽）人。初與宛令文種友善，後隨種入越，爲越國大夫。越王句踐用之爲謀臣，終於滅吴。滅吴後浮海入齊，號鴟夷子皮。又入宋之陶邑（今山東定陶東北），改稱陶朱公，以經商成爲巨富。事見國語越語、史記貨殖列傳。按，世説新語任誕篇劉孝標注、水經注沔水並曾引及范蠡養魚法，而齊民要術及隋唐史志目録則多稱陶朱公養魚經。隋書經籍志三：「春秋濟世六常擬議五卷。（楊瑾撰。梁有陶朱公養魚法、卜式養羊法、養猪法、月政畜牧栽種法，各一卷，亡。）」又舊唐書經籍志下：「養魚經一卷。（范蠡撰。）」又新唐書藝文志三：「范蠡養魚經一卷。」

〔六〕牡魚四頭：齊民要術卷六引陶朱公養魚經作「牡鯉魚長三尺者四頭」。

〔七〕三尺者二十四枚：同上書引作「三尺者四萬五千枚，二尺者萬枚。枚直五十，得錢一百二十五萬」。

〔八〕長二尺者五萬枚：同上書此下尚有「長三尺者五萬枚」一句。

〔九〕長四尺者二十四枚：同上書作「長四尺者四萬枚」。

〔一〇〕留長二尺者二千枚作種：「作種」下原有「所養」二字，今據同上書删。按，同上書至「留長二尺者二千枚作種」爲句，下接云：「所餘皆貨，得錢五百一十五萬錢。候至明年，不可勝計也。」則此「所養」二字顯屬下句。若無下句，則當視爲衍文。

〔一〕又：此處雖稱「又」，但已非陶朱公養魚經引文，而是賈思勰齊民要術所自撰，見於「又作魚池法」段落中。

〔二〕欲令生大魚法：「大」字原闕，今據齊民要術補。按，齊民要術卷六：「又作魚池法：三尺大鯉，非近江湖，倉卒難求。若養小魚，積年不大。欲令生大魚法：要須載取藪澤陂湖饒大魚之處，近水際土十數載，以布池底。二年之内，即生大魚。蓋由土中先有大魚子，得水即生也。」

〔三〕南史：見本卷「鸚鵡瘴」條注。

〔四〕始興盧度：南史顧歡傳附盧度傳：「始興人盧度字孝章，亦有道術。少隨張永北侵魏。永敗，魏人追急，阻淮水不得過。度心誓曰：『若得免死，從今不復殺生。』須臾見兩楯流來，接之得過。後隱居廬陵西昌三顧山，鳥獸隨之。夜有鹿觸其壁，度曰：『汝勿壞我壁。』鹿應聲去。屋前有池養魚，皆名呼之，次第來取食乃去。逆知死年月，與親友別。永明末，以壽終。」

〔五〕拂菻國有羊羔：「拂菻國」，原作「拂林國」，今據説郛（四庫本）卷六三上引北户録改。按，通典卷一九三西戎五大秦：「北附庸小邑有羊羔，自然生於土中，候其欲萌，築牆院之，恐爲獸所食也。其臍與地連，割之絶則死，擊物驚之，乃驚鳴，遂絶，逐水草，無群。」又太平廣記卷四三九「月氏稍割」條引異物志：「月氏有羊大尾，稍割以供賓，亦稍自補復。有大秦國，北有羊子，生於土中，秦人候其欲萌，爲垣以遶之。其臍連地，不可以刀截，擊鼓驚之而絶，因跳鳴食草，以一二百口爲群。」又舊唐書西戎傳：「拂菻國，一名大秦，在西海之上，東南與波斯接。」「有羊羔生於土中，其國人候其欲萌，乃築牆以院之，防外獸所食也。然其臍與地連，割之則死，唯人著甲走馬及擊鼓以駭之，其羔驚鳴而臍絶，便逐水草。」

〔一六〕煬帝欲通之：舊唐書西戎傳：「隋煬帝嘗將通拂菻，竟不能致。貞觀十七年，拂菻王波多力遣使獻赤玻瓈、緑金精等物，太宗降璽書答慰，賜以綾綺焉。」

〔一七〕取鼊刲如棊：太平御覽卷九三二引博物志：「鼊刲令如棊，擣赤莧汁和合，厚以茅苞，五六月中作，投於池澤中。經旬，鸞鸞成鼊。」

〔一八〕和合：「合」，原作「令」，今據同上書改。

〔一九〕鸞鸞成鼊：「鸞鸞」，説郛（涵芬樓本）卷二引北户録作「團團」。

〔二〇〕禹餘糧：亦稱太一餘糧，是一種岩石，可入藥。按，證類本草卷三「禹餘糧」條引陶隱居曰：「形如鵝鴨卵，外有殻重疊，中有黄細末如蒲黄，無砂者爲佳。」

〔二一〕古賁灰：太平御覽卷九七五引異物志：「古賁灰，牡蠣灰也。與扶留、檳榔三物合食而後善也。扶留藤似木防己。扶留、檳榔所生相去遠，爲物甚異而相成。俗曰：『檳榔、扶留，可以忘憂。』」

〔二二〕蠔甲也：太平御覽卷九四二引南越志：「南土謂蠣爲蠔甲，爲牡蠣。合澗洲圓蠣，土人重之，語曰：『得合澗一蠣，雖不足豪，亦足以高也。』」

〔二三〕唯鯩魚爲上：太平御覽卷九四〇引南越志：「南方魚多不肥美，唯鯩魚爲上，大者長二尺，作膾炙，尤香而美。」又同上書同卷引嶺表録異：「鯩魚如白魚，而身稍短，尾不偃。清遠江多此魚，蓋不産於海也。廣人得之多爲膾，不腥而美，諸魚無以過也。」

〔二四〕楚詞注：「楚詞」，亦作「楚辭」。隋書經籍志四：「楚辭十二卷。（并目録。後漢校書郎王逸注。）」

〔二五〕鯖：楚辭大招：「煎鯖臛雀，遽爽存只。」王逸注：「鯖，鮒。」

〔二六〕證俗音：見本卷「蚺虵牙」條注。

水母

水母〔一〕，兼名苑云〔二〕：「一名蚱〔三〕，一名石鏡〔四〕。」南人治而食之，云性熱，偏療河魚疾也〔五〕。其法：先以草木灰，退去外肉。中有一物，或紫或白，合油水再三洗之，雜以山薑、荳蔻煮過。其瑩徹不可名狀，至於真珠紫玉，無以比方此物。須以蝦醋食之，蓋相宜也。按博物志云：「東海有物，狀如凝血，縱廣數尺，無正員〔六〕，名曰蚱〔七〕。亦無頭目腸藏，衆蝦隨之。越人食之。」稽聖賦云：「水母，東海謂之蛇①〔八〕。正白，蒙蒙如沫生物，皆別無眼耳，故不知避人。常有蝦依隨之，蝦見人驚，此物亦隨之而驚，以蝦爲目自衛也。」亦如視肉〔九〕，有眼，以物摘之，則其眼移處②。

【原注】

①（蛇）音梔〔一〇〕。

②山海經曰〔一一〕：「視肉，聚肉也，形如牛肝，有兩耳，食之盡，尋復生也。」

【校箋】

〔一〕水母：即海蟄。太平御覽卷九四三引張茂先博物志：「東海有物，狀如凝血，廣數尺，正方圓，名曰水母。無頭目，所處則衆蝦附之，隨其東西南北。可煮食之。」又太平廣記卷四六五引嶺表録異：「水母，廣州謂之水母，閩人謂之鮀（癡駕反）。其形乃渾然凝結一物，有淡紫色者，有白色者，大如覆帽，小者如盌。腹下有物如懸絮，俗謂之足，而無口眼。常有數十蝦寄腹下，咂食其涎。浮泛水上，捕者或遇之，即歘然而没，乃是蝦有所見耳。（越絶書云海鏡，蟹爲腹；水母，蝦爲目也。）南中好食之。」

〔二〕兼名苑：見本卷「通犀」條注。

〔三〕蚱：通「鮓」、「鮀」。爾雅翼卷三〇：「蓋鮀一名水母，又曰鮓魚，又名樗蒲魚。今浙人通呼鰕鮀，又名海䖳，食之。」

〔四〕石鏡：本草綱目卷四四「海蛇」條李時珍曰：「蛇，乍、宅二音。南人訛爲海折，或作蜡、鮓，並非。劉恂云廣人曰水母，閩人曰蛇，異苑云名石鏡也。」

[五]河魚疾：「河魚腹疾」之省略語，謂因潮濕而得病，如腹瀉之類。左傳宣公十二年：「還無社與司馬卯言，號申叔展。叔展曰：『有麥麴乎？』曰：『無。』『有山鞠窮乎？』曰：『無。』『河魚腹疾奈何？』」楊伯峻春秋左傳注：「此叔展復問，意若曰：兩者禦濕之藥物俱無，若患潮濕之疾，將若之何？河魚腹疾蓋古時習語，以譬因水濕而得之病也。」

[六]無正員：太平御覽卷九四三引博物志作「正方圓」。見前注。

[七]名曰蚱：同上書引作「名曰水母」。

[八]東海謂之蛇：文選郭景純江賦：「水母目蝦。」李善注引南越志：「海岸間頗有水母，東海謂之蛇。正白，濛濛如沫。生物有智識，無耳目，故不知避人。常有蝦依隨之，蝦見人則驚，此物亦隨之而没。」

[九]視肉：究屬何物，其説不一，一説是無損之獸，一説是肉芝，一説是太歲肉。山海經海外南經：「狄山，帝堯葬於陽，帝嚳葬於陰。爰有熊、羆、文虎、蜼、豹、離朱、視肉。吁咽、文王皆葬其所。一曰湯山。一曰爰有熊、羆、文虎、蜼、豹、離朱、鴟久、視肉、虖交。」郭璞注：「（視肉）聚肉，形如牛肝，有兩目也。食之無盡，尋復更生如故。」郝懿行箋疏：「北堂書鈔一百四十五卷引此注作『食之盡』，今本『無』字衍也。初學記（卷二六）引神異經云：『西北荒有遺酒追復脯焉，其味如麞，食一片復一片。』疑即此也。博物志（異獸）云：『越嶲國有牛，稍割取肉，牛不死，經日肉生如故。』又神異經云：『南方有獸，名無損之獸。』『人割取其肉不病，肉復自復。』已上所説二

物，義與郭近而形狀則異。」又吴任臣廣注：「任臣案：謝肇淛五雜俎曰：『太平廣記載，蕭静之掘地得物，如人手，臛而食之，甚美。遇一道士曰：「此肉芝也。」』江鄰幾雜志云：『徐稹於廬州河次得一小兒手，無指，懼而棄之。』亦肉芝也。狄山視肉蓋此類。又案白澤圖，物如小兒手無指者，名封，食之多力。本草綱目云：『海中一種土肉，正黑，長五寸，大如小兒臂，有腹，無口目，有三十足，可炙食。』文獻通考云：『公孫淵時，襄平北市生肉，各數尺，有頭目口喙，無手足而動摇。』西湖志：『董表儀撤屋掘土，得一肉塊，術士云太歲也，棄之。』又飛廉、地囊，形皆視肉類也。附記之，以廣聞見。」

〔一〇〕音秅：「蛇」字今讀 zhà。

〔一一〕山海經曰：此下引文乃郭璞注文，非山海經本文。見上注。

北户録校箋卷二

蚊母扇

端、新州有鳥〔一〕，類青鵁而觜大〔二〕，常在池塘間捕魚而食。每作一聲，則有蚊子群出其口①。按爾雅曰〔三〕：「鷏鳥〔四〕，似烏鸔而大，黄白雜色，鳴如鴿聲〔五〕。」廣志云〔六〕：「蚊母，此鳥吐出蚊也〔七〕。」土人云其翅堪爲扇，唯辟蚊子。」與陳藏器説同〔八〕。又云：「塞北有䖟母草〔九〕，嶺南有䖟母木〔一〇〕。此三物異類而同功〔一一〕。」南越志又云〔一二〕：「古度樹〔一三〕，一呼那子，南人號曰梡②〔一四〕。不華而實，實從木皮中出，如綴珠璫。其實大如櫻桃，黄即可食，過則實中化爲飛蛾，穿子飛出。」愚驗之，亦有爲蚊子者。

【原注】

①今謂之吐蚊鳥〔一五〕。

②（梡）日亞反〔一六〕。

【校箋】

〔一〕端新州：端州，今廣東高要；新州，今廣東新興。舊唐書地理志四：「端州，隋信安郡。武德元年，置端州，領高要、樂城、銅陵、平興、博林五縣。」又：「新州，隋信安郡之新興縣。武德四年，平蕭銑，置新州。天寶元年，改爲新興郡。乾元元年，復爲新州。」

〔二〕青鵁：嶺表録異作「青鷁」，爾雅翼作「青鶂」，同。按，太平御覽卷九四五引嶺表録異：「蚊母鳥，形如青鷁，觜大而長，於池塘捕魚而食。每叫一聲，則有蚊蚋飛出其口。俗云採其翎爲扇，可辟蚊子。（亦呼爲吐蚊鳥。）」又爾雅翼卷一六鷏母：「説者又言端、新州有鳥，類青鶂而觜大，常在池塘間捕魚而食。每作一聲，則蚊子群出其口。」

〔三〕爾雅：見卷一「乳穴魚」條注。

〔四〕鷏鳥：爾雅釋鳥：「鷏，鷏母。」郭璞注：「似烏鸔而大，黄白雜文，鳴如鴿聲，今江東呼爲蚊母。俗説此鳥常吐蚊，故以名云。」

〔五〕鳴如鴿聲：「鴿」，原作「鶴」，今據爾雅郭璞注改。見上注。

〔六〕廣志：見卷一「通犀」條注。

〔七〕此鳥吐出蚊也：太平御覽卷九二八引廣志：「蚊母，吐蚊，大如鳩。」

〔八〕陳藏器説：證類本草卷一九二十六種陳藏器餘「蚊鳥」條：「蚊鳥翅，主作扇，蚊即去矣。鳥大如雞，黑色，生南方池澤茹藘中，其聲如人嘔吐。每口中吐出蚊一二升。爾雅云：『鷏，蚊母。』

注云：『常吐蚊。』蚊雖是惡水中蟲，羽化所生，然亦有蚊母吐之。猶如塞北有蚊母草，嶺南有蚊母木，江東有蚊母鳥，此三物異類而同功也。」

〔九〕蝱母草：證類本草卷一〇二十五種陳藏器餘：「蝱母草，葉卷如實，中有血蟲，羽化爲蝱，便能咬人。生塞北。草葉如葵，以葉和桂，杵爲末，傅人馬，山行無復蝱來。」

〔一〇〕蝱母木：太平御覽卷九四五引嶺南異物志：「嶺表有樹如冬青，實生枝間，形如枇杷，子每熟，即拆裂，蚊子群飛，唯皮殼而已，土人謂之蚊子樹。」

〔一一〕此三物異類而同功：「物」，原作「色」，今據證類本草引陳藏器説改。見上注。

〔一二〕南越志：見卷一「鶗鴂」條注。

〔一三〕古度樹：齊民要術卷一〇引交州記：「古度樹，不花而實。實從皮中出，大如安石榴，正赤，可食。其實中如有蒲梨（許按：「蒲梨」，疑即「蒲盧」。爾雅釋蟲：「果蠃，蒲盧。」郭璞注：「即細腰蟲也，俗呼爲蠮螉。」）者，取之數日不煮，皆化成蟲，如蟻，有翼，穿皮飛出，著屋正黑。」又同上書同卷引顧微廣州記：「古度樹，葉如栗而大於枇杷。無花，枝柯皮中生子，子似杏而味酢，取煮以爲粽。取之數日不煮，化爲飛蟻。」按，香祖筆記（清王士禛撰）卷七：「左思賦：『古度、君遷。』北户録云：『古度樹，一呼那子。』故閩清林先輩茂之，名古度，字那子也。南人又號曰柁（日亞反），其實大如櫻桃，黄即可食，過則化蛾及蚊飛去。」

〔一四〕柁：説郛（涵芬樓本）卷三引北户録同，然字書無此字，恐書寫有誤。又説郛（四庫本）卷六三上引北户録作「秺」、古今説海卷一三引北户録作「柁」，二者亦似未恰其義，俟再考。

〔一五〕今謂之吐蚊鳥：唐國史補卷下：「江東有蚊母鳥，亦謂之吐蚊鳥。夏則夜鳴，吐蚊於叢葦間，湖州尤甚。南中又有蚊子樹，實類枇杷，熟則自裂，蚊盡出而空殼矣。」

〔一六〕日亞反：按，「秺」，廣韻「當故切」，集韻「陟加切」。

鶻毛被

邕之南〔一〕，有酋豪多熟鶻毛爲被①〔二〕，如稻畦衲之，其温軟不下綿絮也②。按上古十紀〔三〕，有合雒紀〔四〕，教人穴處，自食鳥獸，衣其皮毛〔五〕，豈遠夷尚敦古之遺風耶？愚憶會要載女國「毛裘」〔六〕，都播國「緝鳥羽以爲服」〔七〕。洞冥記云〔八〕：「董謁聚鳥獸毛寢〔九〕。」家訓云〔一〇〕：「朱詹饑即吞紙〔一一〕，寒即抱犬讀書。」亦事較著者也。

【原注】

①毛取頂上及腹下嫩毛，蒸治之。

②一云甚宜小兒。愚記陳藏器云：「鶻毛，主小兒驚癇疾〔一二〕。」製者蓋爲此也。

【校箋】

〔一〕邕：邕州（今廣西南寧）。元和郡縣圖志卷三八嶺南道五：「邕州，古越地也，秦併南越，爲桂林縣地。在漢，爲鬱林郡之領方縣地也。晉於此置晉興郡。隋開皇十四年廢晉興郡爲晉興縣，屬簡州，大業三年州廢，以縣屬鬱林郡。武德四年，於此置南晉州，貞觀六年改爲邕州，因州西南邕溪水爲名。乾封二年置都督府，後爲夷獠所陷，移府於貴州。景雲二年，州界平定，復於邕州置都督府。」

〔二〕酋豪多熟鵝毛爲被：太平廣記卷四八三「南蠻」條引嶺表録異：「南道之酋豪，多選鵝之細毛，夾以布帛，絮而爲被，復縱横納之，其温柔不下於挾纊也。俗云鵝毛柔暖而性冷，偏宜覆嬰兒，辟驚癇也。」按，太平御覽卷九一九引此作嶺南異物志。「酋豪」謂部落酋長之類。文選丘希範與陳伯之書：「部落攜離，酋豪猜貳。」劉良注：「部落謂種類也。攜亦離也。酋豪，魁帥也。」

〔三〕上古十紀：三皇本紀（唐司馬貞補史記）：「自人皇已後，有五龍氏、燧人氏、大庭氏、柏皇氏、中央氏、卷須氏、栗陸氏、驪連氏、赫胥氏、尊盧氏、渾沌氏、昊英氏、有巢氏、朱襄氏、葛天氏、陰康氏、無懷氏，斯蓋三皇已來有天下者之號。但載籍不紀，莫知姓王年代，所都之處。而韓詩以爲自古封太山禪梁甫者，萬有餘家，仲尼觀之，不能盡識。管子亦曰『古封太山七十二家，夷吾所識十有二焉』，首有無懷氏。然則無懷氏之前，天皇已後，年紀悠邈，皇王何昇而告？但古書亡矣，不可備論，豈得謂無帝王耶？故春秋緯稱自開闢至於獲麟，凡三百二十七萬六千歲，分爲十紀，凡世七萬六百年。一曰九頭紀，二曰五龍紀，三曰攝提紀，四曰合雒紀，五曰連通紀，六曰序命紀，七曰修飛紀，八曰因提紀，九曰禪通紀，十曰流訖紀。蓋流訖當黄帝時，制九紀之間，是以録於此補紀之也。」

〔四〕合雒紀：路史（宋羅泌撰）卷二九頭紀：「合雒四，是謂『三姓紀』。（龜圖出雒，從而合之，所謂黄帝合而不死者。或作「雄」，又轉爲「熊」，俱非。）教人穴居，（錦帶書云：「合雒四姓，教人穴居。有巢教人巢居。四姓謂叙命紀。」）乘蜚鹿以理。（見真源賦。）」

〔五〕衣其皮毛：事物紀原（宋高承撰）卷三衣裳：「孟銑錦帶前書曰：『十紀合雒四，始教食鳥獸，衣其皮毛。』家語五帝德：『孔子曰：黄帝始垂衣裳。』」

〔六〕會要載女國毛褻：「會要」，見卷一「蛺蝶枝」條注。「女國毛褻」，唐會要卷九九東女國：「東女，西羌之别種，（以西海中有女國，故稱東女國也。）俗以女爲王。東與茂州党項接界，隔羅女蠻及白狼夷，有八十餘城。」「其王服青毛綾裙，下領衫，上披青袍，其袖委地。冬則羔裘，飾以紋錦。」

〔七〕都播國緝鳥羽以爲服：唐會要卷一〇〇都播國：「都播，鐵勒之别種也。其地北瀕小海，西堅昆，南迴紇，十三月行，前代未之通也。分爲三部，皆自統攝。其俗無歲時，結草爲廬。無牛羊，不知耕種。土多百合，取其根以爲粻。捕魚鳥食之。衣貂鹿之皮，貧者亦緝鳥羽爲服。」

〔八〕洞冥記：見卷一「通犀」條注。

〔九〕董謁聚鳥獸毛寢：别國洞冥記卷一：「董謁字仲玄，武都郁邑人也。少好學，嘗遊山澤，負挾圖書，患其繁重，家貧，拾樹葉以代書簡，言其易卷懷也。編荆爲牀，聚鳥獸毛以寢其上。」

〔一〇〕家訓：此指顔氏家訓。見卷一「紅蟹殼」條注。

〔一一〕朱詹饑即吞紙：顔氏家訓勉學：「義陽朱詹，世居江陵，後出揚都。好學，家貧無資，累日不爨，乃時吞紙以實腹。寒無氈被，抱犬而卧，犬亦饑虚，起行盜食，呼之不至，哀聲動鄰。猶不廢業，卒成學士，官至鎮南録事參軍，爲孝元所禮。」

〔一二〕主小兒驚癇疾：證類本草卷一九「白鵝膏」條：「唐本注：『鵝毛，主小兒驚癇極者。又燒灰，主噎。』今按陳藏器本草云：『鵝主消渴，取煮鵝汁飲之。』」

紅鰕盃

紅鰕出潮州〔一〕、潘州南巴縣〔二〕，大者長二尺，土人多理爲盃〔三〕。或釦以白金〔四〕，轉相餉遺，乃玩用中一物也。王子年拾遺云〔五〕：「大蝦長一尺，鬚可爲簪。」洞冥記載蝦鬚杖①〔六〕。然兼名苑云〔七〕：「廣州獻蝦頭杯，簡文將盛酒〔八〕，無故自躍，乃不復用。」愚又按毛詩義疏〔九〕，貝大者有一尺六七寸，今九真、交阯以爲杯盤〔一〇〕，實奇物也②。廣志曰〔一一〕：「海文蠡有大者〔一二〕，受一斟，南人以爲酒杯。」又搜神記〔一三〕：「謝端〔一四〕，侯官人〔一五〕。少孤，爲鄉人所養。年十八，恭謹自守。後於邑下得一大螺，如三斟盆，將置瓮中。早至野，還，見有飲飯湯火處，端疑之。於籬外窺見一少女從瓮中出，至竈下燃火，便入問之。女答曰：『我天漢中白水素女，天帝哀卿少孤，使我來相，爲守舍炊煮，使卿後得婦，當還。今無故相伺，不宜復留。今留此殼貯米，可得不乏。』忽有風雷而去也。」又異物志〔一六〕：「蒼螺〔一七〕，江東人以爲椀也。」

【原注】

①馬丹常折丹蝦鬚爲杖〔一八〕，後棄杖爲丹石於海傍也。王隱晉書云〔一九〕：「吴復置廣州，以南陽滕循爲刺史〔二〇〕。或語循蝦鬚長一丈，循不信。其人後故至東海，取鬚長四丈四尺，封以示循，方乃服也。」

②六韜〔二一〕：「商王拘周西伯於羑里〔二二〕。太公與散宜生金千鎰求珍物，以免君罪。九江之浦有大貝百馮〔二三〕。」詩作「朋」也。

【校箋】

〔一〕紅鰕出潮州：「紅鰕」，太平御覽卷九四三引嶺表録異：「海蝦，皮殼嫩紅色，就中腦殼與前雙脚有鉗者，其色如朱。余嘗登海艑，忽見窻版懸二巨蝦，殼頭尾鉗足具全，各七八尺，首占其一分。刺尖利如鋒刃，刺上有鬚如紅筯，各長二三尺。前雙脚上有鉗，（云以此捉食。）鉗麄如人大指，長三尺餘，上有芒刺如薔薇枝，赤而銛硬，手不可觸。腦殼烘透，彎環尺餘，何止於盃盂也。」「潮州」，見卷一「蚺蛇牙」條注。

〔二〕潘州南巴縣：今廣東電白東。舊唐書地理志四：「（潘州）南巴，隋廢縣。武德五年置。」

〔三〕土人多理爲盃：太平御覽卷九四三引南越志：「南海以蝦頭爲杯。」

〔四〕釦：説文金部：「釦，金飾器口。」段玉裁注：「謂以金涂器口，許所謂錯金，今俗所謂鍍金也。漢舊儀：『大官尚食，用黄金釦器。中官、私官尚食，用白銀釦器。』後漢和熹鄧皇后紀：『蜀漢釦器。』班固西都賦：『玄墀釦切。』謂金涂門限也。」

〔五〕王子年拾遺：見卷一「紅蝙蝠」條注。

〔六〕蝦鬚杖：别國洞冥記卷四：「有丹蝦，長十丈，鬚長八尺，有兩翅，其鼻如鋸，載紫桂之林，以鬚纏身，急流以爲栖息之處。馬丹嘗折蝦鬚爲杖，後棄杖而飛，鬚化爲丹，亦在海傍。」

〔七〕兼名苑：見卷一「通犀」條注。

〔八〕簡文：指晉簡文帝司馬昱（三二〇—三七二），晉書卷九有傳。按，太平御覽卷九四三引南越志：「（蝦）鬚長數尺，金銀鏤之，晉簡文以盛酒。未及飲酒，躍於外。筮之曰：『三旬，當後庭有告變者。』果有生子，人面犬身。」

〔九〕毛詩義疏：見卷一「孔雀媒」條注。

〔一〇〕九真交阯：「九真」，九真郡，西漢置，治所在胥浦縣（今越南清化西北）。唐乾元元年（七五八），改爲愛州。「交阯」，交阯郡，西漢置，治所在羸𨻶縣（今越南河内西北）。唐初廢。

〔二〕廣志：見卷一「通犀」條注。

〔三〕海文蠡：太平御覽卷九四一引廣志：「海文蠡數種，其大者受一升，南人以爲酒杯。」

〔三〕搜神記：見卷一「蛤蚧」條注。

〔四〕謝端：太平廣記卷六二「白水素女」條引搜神記：「謝端，晉安侯官人。少喪父母，無有親屬，爲鄰人所養。至年十七八，恭謹自守，不履非法。始出作居，未有妻，鄉人共愍念之，規爲娶婦，未得。端夜卧早起，躬耕力作，不捨晝夜。後於邑下得一大螺，如三升壺，以爲異物，取以歸，貯甕中畜之。十數日，端每早至野，還，見其户中有飯飲湯火，如有人爲者，端謂是鄰人爲之惠也。數日如此，端便往謝鄰人。鄰人皆曰：『吾初不爲是，何見謝也？』端又以爲鄰人不喻其意，然數爾不止。後更實問，鄰人笑曰：『卿以自取婦，密着室中炊爨，而言吾爲人炊耶？』端默然，心疑不知其故。後方以雞初鳴出去，平早潛歸，於籬外竊窺其家。見一少女從甕中出，至竈下燃火。端便入門，徑造甕所視螺，但見殼。仍到竈下問之曰：『新婦從何所來，而相爲炊？』女人惶惑，欲還甕中，不能得，答曰：『我天漢中白水素女也，天帝哀卿少孤，恭慎自守，故使我權相爲守舍炊烹，十年之中，使卿居富，得婦，自當還去。而卿無故竊相同掩，吾形已見，不宜復留，當相委去。雖爾後自當少差，勤於田作，漁採治生，留此殼去，以貯米穀，常可不乏。』端請留，終不肯。時天忽風雨，翕然而去。端爲立神座，時節祭祀。居常饒足，不致大富耳。於是鄉人以女妻端，端後仕至令長云。今道中素女是也。」

〔一五〕侯官：今福建福州。晉書地理志下：「晉安郡，太康三年置，統縣八，户四千三百：原豐、新羅、宛平、同安、侯官、羅江、晉安、温麻。」

〔一六〕異物志：此指交州異物志。見卷一「蚺虵牙」條注。

〔一七〕蒼螺：原作「蒼鷹螺」，今據交州異物志改。按，太平御覽卷九四一引交州異物志：「蒼螺，江東人以爲椀。」

〔一八〕馬丹：見本條「蝦鬚杖」注。

〔一九〕王隱晉書：隋書經籍志二：「晉書八十六卷。（本九十三卷，今殘缺。晉著作郎王隱撰。）」

〔二〇〕南陽滕循：太平御覽卷九四三引王隱晉書：「吴後置廣州，以南陽滕脩爲刺史。或語脩蝦長一丈，脩不信。其人後故至東海，取蝦鬚長四五尺，封以示脩，脩乃服。（廣州記亦云。）」

〔二一〕六韜：隋書經籍志三：「太公六韜五卷。（梁六卷。周文王師姜望撰。）」又舊唐書經籍志下：「太公六韜六卷。」

〔二二〕商王拘周西伯於羑里：史記殷本紀：「紂囚西伯羑里，西伯之臣閎夭之徒，求美女奇物善馬以獻紂，紂乃赦西伯。」集解：「地理志曰：『河内湯陰有羑里城，西伯所拘處。』韋昭曰『音酉』。」又藝文類聚卷八四引太公六韜：「商王拘周西伯昌於羑里，太公謂散宜生：『求珍物，以免君罪。』之九江，得大貝百馮。（詩作「百朋」。）」

〔二三〕大貝百馮：「馮」，通「朋」，上古以貝殼貨幣，五貝爲一串，兩串爲一朋。一説五貝爲一朋。詩小雅青青者莪：「既見君子，錫我百朋。」鄭箋：「古者貨貝，五貝爲朋。錫我百朋，得禄多，言得意也。」

雞毛筆

番禺諸郡如隴右〔一〕，多以青羊毫爲筆，韶州擇雞毛爲筆〔二〕，其三覆鋒，亦有圓如錐，方如鑿，可抄寫細字者。昔溪源有鴨毛筆，以山雞毛、雀雉毛間之，五色可愛。徵其事，得非入江淹夢中者乎〔三〕？且筆有豐狐之毫①〔四〕、虎僕之毛②、蚼蛉鼠毛③〔五〕、鼠鬚④、羖䍽羊毛⑤〔六〕、麝毛〔七〕、貍毛⑥、馬毛⑦、羊鬚⑧、胎髮⑨、龍筋爲之⑩，然未若兔毫。其宣城歲貢青毫六兩〔八〕，紫毫三兩，次毫六兩，勁健無以過也。今嶺中亦有兔，但纔大於鼠，比北中者其毫軟弱，不充筆用。是知王羲之歎江東下濕，兔毫不及中山〔九〕。又煬帝取滄州兔養於揚州海陵縣〔一〇〕，至今勁快，不堪全用。蓋兔食竹葉故耳。然次有鹿毛筆〔一一〕，晉張華嘗用之，不下兔毫。按博物志云〔一二〕：「筆，蒙恬所製〔一三〕。」世有短書〔一四〕，名爲董仲舒答牛亨問，曰：「蒙恬作秦筆管〔一五〕，鹿毛爲柱，羊毛爲被，所謂蒼毫，非兔毫也。」夫有筆之理，與書同生，具尚書中候〔一六〕，云：「龜負圖〔一七〕，周公援筆寫之。」其來尚矣。

【原注】

①傅子云〔一八〕：「漢末，筆非文犀之槙〔一九〕，必象牙之筦。豐狐之毫，秋兔之翰。」

②博物志：「有獸緣木似豹，名爲虎僕〔二〇〕，毛可爲筆也。」

③廣志云：「可以爲筆。」

④均州出〔二一〕。

⑤邛州取腋下族毛〔二二〕。

⑥鄭公虔云〔二三〕：「麝毛筆一管，寫書直行四十張。貍毛筆一管，界行寫書一百張。」

⑦嘉州〔二四〕。

⑧陶隱居燒丹封鼎際〔二五〕，用羊鬚筆。

⑨吴嫗多以小兒髮爲筆柱〔二六〕。鄭虔云：「蕭祭酒常用之〔二七〕。」又韋仲將筆方云〔二八〕：「筆柱〔二九〕，或云墨池，亦曰承墨。又有柳筆、皮筆、鐵筆。」

⑩金陵拾遺具〔三〇〕。

【校箋】

〔一〕番禺諸郡如隴右：説郛（四庫本）卷六三上、古今説海卷一三引北户録無「如隴右」三字。「番禺」，猶言廣州，即嶺南節度使理所。按，吴置廣州，治番禺，即今廣東廣州。隋唐移治南海，乃番禺改名。舊唐書地理志四：「番禺，漢縣名，秦屬南海郡。後漢置交州，領郡七，吴置廣州，皆治番禺也。」「隴右」，唐貞觀元年（六二七）置隴右道，轄境當今甘肅隴山、六盤山以西，青海青海湖以東及新疆東部地區。

〔二〕韶州擇雞毛爲筆：「韶州」，今廣東韶關南。舊唐書地理志四：「韶州，隋南海郡之曲江縣。武德四年，平蕭銑，置番州，領曲江、始興、樂昌、臨瀧、良化五縣。貞觀元年，改爲韶州。」「雞毛筆」，太平御覽卷六〇五引嶺表録異：「番禺地無狐兔，多用鹿毛、野狸毛爲筆，又昭、（許按：疑當作「韶」。番禺爲嶺南節度使理所，其轄境有韶州，無昭州。）富、（許按：疑當作「雷」。理由同前。）春、勤等州，則擇雞毛爲筆，其用也，亦與兔毫無異。」又桂海虞衡志志器：「雞毛筆，嶺外亦有兔，然極少，俗不能爲兔毫筆，率用雞毛。其鋒踉蹡，不聽使。」

〔三〕江淹：淹（四四四—五〇五）字文通，濟陽考城（今河南民權東北）人。歷仕南朝宋、齊、梁，官至金紫光禄大夫，封醴陵伯。以詩文著稱。梁書卷一四、南史卷五九並有傳。按，詩品（南朝梁鍾嶸撰）卷中梁光禄江淹詩：「文通詩體總雜，善於摹擬。筋力於王微，成就於謝朓。初，淹罷宣城郡，遂宿冶亭，夢一美丈夫，自稱郭璞，謂淹曰：『吾有筆在卿處多年矣，可以見還。』淹探懷中，得一五色筆以授之。爾後爲詩，不復成語，故世傳江淹才盡。」

〔四〕豐狐：即大狐。莊子山木：「夫豐狐文豹，棲於山林，伏於巖穴，静也；夜行晝居，戒也；雖飢渴隱約，猶旦胥疏於江湖之上而求食焉，定也；然且不免於罔羅機辟之患。是何罪之有哉？其皮爲之災也。」成玄英疏：「豐，大也。以文章豐美，毛衣悦澤，故爲人利也。」

〔五〕蚼蛉鼠毛：「蚼蛉鼠」，原作「蚼蛤鼠」，今據説郛（四庫本）卷六三上、古今説海卷一三引北户録改。按，蚼蛉鼠當即鼩鼱鼠，亦即鼤鼠，俗稱松鼠。廣雅釋獸：「鼩鼱。」王念孫疏證：「玉篇：『鼩，公熒切，班鼠也。鼱，力丁切，鼩屬。』又云：『鼤，班尾鼠。』廣韻：『鼩鼱，班鼠。』又云：『鼤，班鼠也。』則『鼩鼱』即爾雅之『鼤鼠』矣。」又浙江通志卷一〇一引萬曆杭州府志：「蚼蛉鼠，俗名松鼠，其鬚可爲筆。」

〔六〕羖攊：謂黑色公羊。爾雅釋畜：「夏羊，黑羖攊。」邢昺疏：「云夏羊者，黑羖攊也，其牡者名羭，即黑羝也，其牝者名羖。」

〔七〕麝毛：爾雅翼釋獸：「麝，如小麋，臍有香。」又：「其毛可以爲筆。鄭虔云：『麝毛筆一管，寫書直行四十張，狸毛筆一管，界行寫書八百張。』」

〔八〕宣城：今屬安徽。漢順帝立宣城郡。隋開皇九年（五八九），改宣城郡爲宣州。唐武德七年（六二四），改爲宣城郡，乾元元年（七五八），復爲宣州。按，苕溪漁隱叢話後集卷一〇引藝苑雌黄：「寰宇記言：『溧水縣中山又名獨山，在縣東南十里，不與群山連接。古老相傳，中山有白兔，世稱爲筆最精。』韓退之毛穎傳云：『唯居中山者，能繼父祖業。』李太白懷素草書歌云：『筆鋒殺盡中山兔。』得非此乎？比觀張文潛明道雜志，首載白樂天紫毫筆詩云：『宣城石上有老兔，食竹飲泉生紫毫。』余守宣，問筆工：『毫用何處兔？』答云：『皆陳、亳、宿州客所販。宣自有兔，毫不堪用。』蓋兔居原田則毫全，以出入無傷也。宣兔居山中，出入爲荆棘樹石所傷，毫例短秃。則白詩所云非也。白公宣州發解進士，宜知，偶不問耳。予按北户録説兔毛處云：『宣城歲貢青毫六兩，紫毫三兩。』其後又云：『王羲之歎江東下濕，兔毫不及中山。』由是而言，則宣城亦有兔毫，要之不及北方者勁健可用也。然則毛穎傳、李太白詩所言中山，非溧水之中山，明矣。」

〔九〕兔毫不及中山：「中山」，指漢中山國，治所在盧奴（今河北定州）。太平御覽卷六〇五引王羲之筆經：「漢時諸郡獻兔毫，出鴻都，惟有趙國毫中用。時人咸言兔毫無優劣，管手有巧拙。」

〔一〇〕揚州海陵縣：今江蘇泰州。舊唐書地理志三：「（揚州）海陵，漢縣，屬臨淮郡。至隋，屬南兗州。武德二年，屬揚州。」

〔一一〕鹿毛筆：新唐書地理志五蘄州：「土貢：白紵，簟，鹿毛筆，茶，白花蛇，烏蛇脯。」按，蘄州，今湖北蘄春北。

〔一二〕博物志：見卷一「孔雀媒」條注。

〔一三〕蒙恬所製：蒙恬（？—前二一〇），世代爲秦將，秦統一六國後，曾出擊匈奴，築長城，守衛數年。史記卷八八有傳。按，藝文類聚卷五八引博物志：「蒙恬造筆。」又初學記卷二一亦引此，並云：「曲禮云：『史載筆，士載言。』此則秦之前已有筆矣，蓋諸國或未之名，而秦獨得其名，恬更爲之損益耳。故説文曰『楚謂之聿，吴謂之不律，燕謂之拂，秦謂之筆』是也。」

〔一四〕短書：謂雜記之書。論衡骨相篇：「世所共聞，儒所共説，在經傳者較著可信。若夫短書俗記，竹帛胤文，非儒者所見，衆多非一。」又同上書謝短篇：「二尺四寸，聖人文語，朝夕講習，義類所及，故可務知。漢事未載於經，名爲尺籍短書，比於小道，其能知，非儒者之貴也。」

〔一五〕蒙恬作秦筆管：古今注卷下問答釋義：「牛亨問曰：『自古有書契以來，便應有筆，世稱蒙恬造筆，何也？』（董仲舒）答曰：『蒙恬始造即秦筆耳，以枯木爲管，鹿毛爲柱，羊毫爲被，所謂蒼毫，非兔毫竹管也。』又問：『彤管何也？』曰：『彤者，赤漆耳。史官載事，故以彤管，用赤心記事也。』」

〔一六〕尚書中候：古緯書。隋書經籍志一：「尚書中候五卷。（鄭玄注。梁有八卷，今殘缺。）」按，隋書經籍志一經部圖讖類序：「説者又云，孔子既叙六經，以明天人之道，知後世不能稽同其意，故別立緯及讖，以遺來世。其書出於前漢，有河圖九篇，洛書六篇，云自黄帝至周文王所受本文。又別有三十篇，云自初起至於孔子，九聖之所增演，以廣其意。又有七經緯三十六篇，並云孔子所作，并前合爲八十一篇。而又有尚書中候、洛罪及、五行傳、詩推度災、氾曆樞、含神務、孝經勾命決、援神契、雜讖等書。漢代有郗氏、袁氏説。漢末，郎中郗萌，集圖緯讖雜占爲五十篇，謂之春秋災異。宋均、鄭玄，並爲讖律之注。然其文辭淺俗，顛倒舛謬，不類聖人之旨。相傳疑世人造爲之後，後者又加點竄，非其實録。」

〔一七〕龜負圖：初學記卷二一引尚書中候：「玄龜負圖出，周公援筆以時文寫之。」

〔一八〕傅子：隋書經籍志三：「傅子百二十卷。（晉司隸校尉傅玄撰。）」

〔一九〕筆非文犀之楨：太平御覽卷六〇五引傅子：「漢末，一筆之匣，雕以黄金，飾以和璧，綴以隋珠，文以翡翠。此筆非文犀之楨，必象齒之管、豐狐之柱、秋兔之翰。用之者，必被珠繡之衣，踐雕玉之履矣。」

〔二〇〕名爲虎僕：太平御覽卷九一三引博物志：「逢伯雲所説，有獸緣木，緑文似豹，名虎僕，毛可以爲筆。」

〔二一〕均州：今湖北均縣西北。元和郡縣圖志卷二一山南道二均州：「武當縣，本漢舊縣，屬南陽郡。後漢初，延岑起兵於此，後遂空廢。宋元嘉末，移縣理延岑城。貞觀十五年，於此置均州。」

〔二二〕邛州：今四川邛崍東南。舊唐書地理志四劍南道邛州：「顯慶二年，移州治於臨邛。天寶元年，改爲臨邛郡。乾元元年，復爲邛州。」

〔二三〕鄭公虔：此指鄭虔。見卷一「蛤蚧」條注。

〔二四〕嘉州：今四川樂山。元和郡縣圖志卷三一劍南道上嘉州：「隋大業二年，併嘉州入眉州，八年改爲眉山郡。武德二年，改爲嘉州，割通義、洪雅等四縣别置眉州。」

〔二五〕陶隱居：即南朝梁陶弘景（四五六—五三六），字通明，隱居茅山修道，號華陽隱居。梁書卷五一、南史卷七六並有傳。

〔二六〕吴嫗多以小兒髮爲筆柱：「吴嫗」，原作「弗□」，古今説海卷一三引北户録作「弗樞」，今據四庫本北户録、説郛(四庫本)卷六三上引北户録改。按,酉陽雜俎前集卷六藝絶:「南朝有姥善作筆,蕭子雲常書用,筆心用胎髮。」

〔二七〕蕭祭酒:即蕭子雲(四八七—五四九),字景喬,南齊豫章王蕭嶷子。梁大同二年(五三六),累遷散騎侍郎、國子祭酒、領南徐州大中正。梁書卷三五、南史卷四二並有傳。

〔二八〕韋仲將筆方:太平御覽卷首經史圖書綱目有韋仲將筆墨方。按,韋仲將即韋誕,字仲將,京兆杜陵(今陝西西安東南)人。東漢建安中,爲郡上計吏。魏太和中,爲武都太守,遷侍中、中書監,以光禄大夫致仕,年七十五卒於家。善書法,與邯鄲淳、衛覬並有名於時。三國志卷二一劉劭傳裴松之注引文章叙録有傳。

〔二九〕筆柱:齊民要術卷九筆墨引韋仲將筆方:「先次以鐵梳梳兔毫及羊青毛,去其穢毛,蓋使不髯。茹訖,各别之,皆用梳掌痛拍,整齊毫鋒端。本各作扁,極令均調平好,用衣羊青毛,縮羊青毛去兔毫頭下二分許。然後合扁,捲令極圓。訖,痛頡之。以所整羊毛中截,用衣中心,名曰筆柱,或曰墨池、承墨。復用毫青衣羊青毛外,如作柱法,使中心齊,亦使平均。痛頡,内管中,寧隨毛長者使深,寧小不大,筆之大要也。」

〔三〇〕金陵拾遺:其書未詳,兹録王士禛説備考。按,香祖筆記(清王士禛撰)卷二:「文海披沙記筆之異者,鍾繇、張芝、王右軍皆用鼠鬚,歐陽蘭臺用貍毛爲心,蕭祭酒用胎毛爲柱,張茂先用鹿毛,陶隱居用羊鬚。鄭虔謂麝毛一管可書四百紙,貍毛可書八百紙。又有豐狐、蚼蛉、龍筋、虎僕及猩猩毛、狼毫，雖奇品，而醇正得宜不及中山兔毫。若淇源之鴨毛、雀雉毛，但取五色肩間，爲觀美耳。今吴興兔毫，佳者直百錢，羊毫僅二十分之一，貧士多用之，然柔而無鋒。臧懋循欲取貂鼠毛爲之，輔以兔毫，謂鍾、王所用鼠鬚必此也，然稍肥，舉落運用不如人意。已上謝在杭所記，備矣。」

雞卵卜

邕州之南〔一〕，有善行禁咒者〔二〕，取雞卵墨畫〔三〕，祝而煮之，剖爲二片，以驗其黄。然後決嫌疑，定禍福，言如響答。據此乃古法也。神仙傳曰：「人有病，就茅君請福〔四〕，煮雞子十枚以内帳中。須臾，茅君悉擲出，中無黄者，病多愈，有黄者不愈，常以此爲候①。」愚又見卜之流雜書，傳虎卜、紫姑卜、牛蹄卜、灼骨卜、鳥卜，雖不法於蓍龜〔五〕，亦有可以稱者。按博物志曰〔六〕：「虎知衝破〔七〕，又能畫地卜。今人有畫物上者，推其奇偶，謂之虎卜。」異苑曰〔八〕：「世有紫女②〔九〕，古來相傳云是人妾，爲大婦所嫉，每以穢事相役，正月十五日感激而死。故世以其日作其形，夜於厠門間或猪闌邊迎之。咒曰：『子胥不在』，是其壻名；『曹夫人亦歸去』，即其大婦也；『小姑可出』。戲捉者覺重，便是神來。奠設酒果，亦覺面貌輝輝有色，即跳躁不住。能占衆事，卜未來蠶桑。又善射鈎，好則大舞，惡便仰眠。」又魏略曰〔一〇〕：「高句驪有軍事〔一一〕，祭天，殺牛觀蹄，以占吉凶。」蹄解者凶，合者吉。夫餘國亦爾〔一二〕。又云：「倭國大事〔一三〕，輒灼骨以卜，先告如中州令龜〔一四〕，視坼占吉凶也。」又會要曰〔一五〕：「東女國以十一月爲正〔一六〕，每至十月，令巫者賫酒饌詣山中，散麥於空中，大咒呼鳥。俄有鳥如雉，飛入巫者懷中。因割其腹，有一穀，來歲必登；若霜雪，必多異災。其俗因之，名爲鳥卜。武德中〔一七〕，其女王遣使貢方物也。」公路又按〔一八〕：「子路見孔子，曰：『猪肩牛膊，可以得兆，何必蓍龜？』孔子曰：『取其名也。夫蓍者耆也，龜者舊也。狐疑之事，當時問耆舊也。』」③

【原注】

①風土記曰〔一九〕：「越俗性率朴淳而未散〔二〇〕，至於有疾，不卜問所請，言天生天殺歸自然。及其意親如合〔二一〕，即脱頭上巾幘，解腰間赤玉刀，以厚結之爲交。拜親、跪妻、定交有禮俗，皆當於山間大樹下，封土壇，祭以白犬一，丹雞一，雞子三，名曰木下壄。雞犬在其壇地，民人畏之，不敢犯也。祝曰：『天地父母，某月某日，甲與乙爲友善，上下四旁，莫不並見。卿乘車，我戴笠，後日相逢下車揖。我步行，卿乘馬，後日相逢卿當下。』如此者數千言，蓋南人重雞卵也。」

②一書「紫姑」。

③又有螺段卜遺〔三〕。

【校箋】

〔一〕邕州：今廣西南寧。唐朝時爲少數民族所居邊地。參見本卷「鵝毛被」條注。

〔二〕善行禁咒：謂以咒語禁絶鬼神，禳災驅邪。抱朴子内篇至理：「夫人在氣中，氣在人中，自天地至於萬物，無不須氣以生者也。善行氣者，内以養身，外以却惡，然百姓日用而不知焉。吴、越有禁咒之法，甚有明驗，多炁耳。知之者可以入大疫之中，與病人同牀而己不染。又以群從行數十人，皆使無所畏，此是炁可以禳天災也。或有邪魅山精，侵犯人家，以瓦石擲人，以火燒人屋舍。或形見往來，或但聞其聲音言語，而善禁者以炁禁之，皆即絶，此是炁可以禁鬼神也。」

〔三〕取雞卵墨畫：類説卷四引番禺雜記（唐鄭熊撰）：「嶺表占卜甚多，鼠卜、箸卜、牛卜、骨卜、田螺卜、雞卵卜、篾竹卜，俗鬼故也。」又嶺外代答（宋周去非撰）卷一〇「雞卜」條：「亦有用雞卵卜者，焚香禱祝，書墨於卵，記其四維而煮之，熟乃横截，視當墨之處，辨其白之厚薄而定儂人吉凶焉。」

〔四〕茅君：指茅盈。神仙傳卷五：「茅君者，名盈，字叔申，咸陽人也。高祖父濛，字初成，學道於華山，丹成，乘赤龍而昇天，即秦始皇時也」，「茅君十八歲入恒山學道，積二十年，道成」，「君遂徑之江南，治於句曲山。山有洞室，神仙所居，君治之焉。山下之人，爲立廟而奉事之。君嘗在帳中，與人言語，其出入，或導引人馬，或化爲白鵠。人有疾病祈之者，煮雞子十枚，以内帳中。

須臾，一一擲還，雞子如舊。歸家剖而視之，内無黄者，病人當愈，中有土者，不愈，以此爲候焉，雞子本無開處也」。

〔五〕蓍龜：上古占卜吉凶，筮用蓍草，卜用龜甲。易繫辭上：「探賾索隱，鉤深致遠，以定天下之吉凶，成天下之亹亹者，莫大乎蓍龜。」

〔六〕博物志：見卷一「孔雀媒」條注。

〔七〕虎知衝破：太平御覽卷七二六引博物志：「虎知衝破，又能畫地卜。今人有畫物上下者，推其奇偶，謂虎卜。」又埤雅卷三釋獸：「虎奮衝破，又能畫地卜食。蓋蛇蟠向壬，燕伏戊己，虎奮衝破，此亦鳥獸之所以靈也。」

〔八〕異苑：見卷一「紅虵」條注。

〔九〕紫女：即紫姑神。異苑卷五：「世有紫姑神，古來相傳云是人家妾，爲大婦所嫉，每以穢事相次役，正月十五日感激而死。故世人以其日作其形，夜於厠間或猪欄邊迎之。祝曰：『子胥不在』，是其婿名也；『曹姑亦歸』，曹即其大婦也；『小姑可出』，戲投者覺重，便是神來。奠設酒果，亦覺貌輝輝有色，即跳躞不住。能占衆事，卜未來蠶桑。又善射鉤，好則大儛，惡便仰眠。平昌孟氏恒不信，躬試往投，便自躍茅屋而去，永失所在也。」

〔一〇〕魏略：舊唐書經籍志上：「魏略三十八卷。（魚豢撰。）」又新唐書藝文志二：「魚豢魏略五十卷。」

〔一一〕高句驪：古國名，源出貊族，一説出於夫餘。漢、魏時在今遼寧、吉林南部及鴨緑江兩岸。按，太平御覽卷七八三引魏略：「高句驪在遼東之東千里，其王都於九都之下，地方二千里」，「又以十月會祭天，名曰東盟。有軍事，亦祭天，殺牛觀蹄，以占吉凶」。

〔一二〕夫餘國：古族名，出自濊族。漢、魏時在今松花江中游一帶。按，三國志魏書東夷傳：「夫餘在長城之北，去玄菟千里，南與高句麗，東與挹婁，西與鮮卑接，北有弱水，方可二千里」，「有軍事，亦祭天，殺牛觀蹄，以占吉凶。蹄解者爲凶，合者爲吉」。

〔一三〕倭國：今日本。按，三國志魏書東夷傳：「倭人在帶方東南大海之中，依山島爲國邑」，「其俗舉事行來，有所云爲，輒灼骨而卜，以占吉凶，先告所卜，其辭如令龜法，視火坼占兆」。

〔一四〕先告如中州令龜：「告」，原作「令」，蓋涉下而誤，今據三國志改。見上注。

〔一五〕會要：見卷一「蛺蝶枝」條注。

〔一六〕東女國以十一月爲正：唐會要卷九九東女國：「以十一月爲正，每至十月，令巫者齎酒殽詣山中，散糟麥於空，大咒呼鳥。俄頃，有鳥如雉，飛入巫者懷中，因剖其腹視之，有一穀，來歲必登，若有霜雪，必多異災。其俗信之，名爲鳥卜。武德中，女王湯滂氏遣使貢方物。」

〔一七〕武德：唐高祖李淵年號（六一八—六二六）。

〔一八〕公路又按：此下「子路見孔子」云云，乃引自論衡卜筮篇，「按」下疑闕「論衡」二字。按，論衡卜筮篇：「子路問孔子曰：『猪肩羊膊可以得兆，雚葦槁芼可以得數，何必以蓍龜？』孔子曰：『不然！蓋取其名也。夫蓍之爲言耆也，龜之爲言舊也，明狐疑之事，當問耆舊也。』」

〔一九〕風土記：隋書經籍志二：「風土記三卷。（晉平西將軍周處撰。）」又舊唐書經籍志上：「風土記十卷。（周處撰。）」

〔二〇〕越俗性率朴：初學記卷一八引風土記：「越俗性率朴，初與人交有禮，封土壇，祭以犬雞。祝曰：『卿雖乘車我戴笠，後日相逢下車揖。我步行，卿乘馬，後日相逢卿當下。』」又太平御覽卷四〇六引風土記：「越俗性率朴，意親好合，即脱頭上手巾，解要（腰）間五尺刀，以與之。爲交：拜親、跪妻，定交有禮俗，皆當於山間大樹下，封土爲壇，祭以白犬一，丹雞一，雞子三，名曰木下雞犬五。其壇地，人畏不敢犯也。祝曰：『卿雖乘車我戴笠，後日相逢下車揖。我雖步行卿乘馬，後日相逢卿當下。』」

〔二一〕意親如合：「如」，四庫本作「和」，太平御覽卷四〇六引風土記作「好」。見上注。

〔二二〕螺段卜：疑即蠡卜。太平御覽卷七二六引春秋後語：「蘇秦事鬼谷子，學終辭歸，道乏困，行以燕人蠡卜，傳説自給，（燕人用蠡卜，秦託此以取資自給，傅會事以爲詞説。）各解臧獲之裘。（臧獲，役人，解其衣裘，以賞其怪説之言也。）」

雞骨卜

南方逐除夜〔一〕，及將發船〔二〕，皆殺雞擇骨爲卜〔三〕，傳古法也①。占吉，即以肉祠船神，呼爲孟公、孟姥，其來尚矣。按，梁簡文船神記云〔四〕：「船神名馮耳〔五〕。」五行書云〔六〕：

「下船三拜，三呼其名，除百忌。」又呼爲孟公、孟姥。劉思貞云〔七〕：「玄冥爲水官〔八〕，死爲水神。『冥』、『孟』聲相似。又孟公父名憒，母名衣。孟母父名板，母名履。或云冥公、冥姥，因玄冥也②。」公路咸通辛卯年〔九〕，從茂名歸南海〔一〇〕，陸盡東口。行次水程，舟人具牢醴以祭船神〔一一〕，請愚爲祝詞曰：「歲在單閼〔一二〕，時及朱明〔一三〕。柳絮風老，桃華水平。倚欄檝兮淺岸，張布帆兮長汀。粤有舟子，請禱玄冥。孟家遂即建高檣，開左郭，列牂牱〔一四〕，呼著作，召靈胥〔一五〕，邀海若〔一六〕。對蛟浦而烹牢，當鹿床而命爵。於是具六味〔一七〕，羅八珍〔一八〕，羽毛咸備，蘇膏必陳〔一九〕。剖螁陸兮合雜，刳博帶兮繽紛。螃玉色，魚錦文。噎鳩餅脆〔二〇〕，騎驢酒新〔二一〕。無非可口，兼乃着人。果則獨根橄欖〔二二〕，焦核荔枝〔二三〕。三節玕睹〔二四〕，細腰蹙咨〔二五〕。署預蠡薺〔二六〕，素藕烏椑〔二七〕。委盤纂纂，堆案離離。更有越方之儔〔二八〕，解悟之輩，或衣朱裳，或塗翠黛，奏曲搊絃，燃膠爇蕙。初叙訶而迴瞻，遂傳詞而連嗹〔二九〕。詞云：『神下降兮龍驤〔三〇〕，巫歡喜兮鼠態。駕雷電兮熒煌，擁煙雲兮靉靆〔三一〕。』又曰：『船容裹兮何在〔三二〕，櫓安穩兮徘徊。絶駕波兮此去，隨駛潮兮堨來〔三三〕。』」

【原注】

①漢書郊祀志云：「越祠雞卜，如鼠卜也〔三四〕。」今南人憑之，頗有神驗。每取雄雞一隻，以香米祝之

後，即生析其腹，削去皮肉，或烹取之。卜男左，卜女右。看之，其骨有二竅，或七八竅，左爲人，右爲鬼，取陰陽之理也。乃以竹篸刺於竅中，而審其兆。如人在上，鬼在下爲吉；人在下，鬼在上爲凶。如人鬼頭相背，事遲緩；相就，事疾速。

②異苑曰〔三五〕：「船人曰孟公、孟姥，利涉之所虔奉，商賈之所崇仰也。荆州送迎，恒烹牛爲祭。桓宣武始鎮陝西〔三六〕，不依舊法祭。至荆州平，乘中江而漂，梢柂莫制，咒請立止。」

【校箋】

〔一〕逐除夜：臘歲前一日，即除夕。吕氏春秋卷一二季冬紀：「命有司大儺，旁磔，出土牛，以送寒氣。」高誘注：「大儺，逐盡陰氣，爲陽導也。今人臘歲前一日，擊鼓驅疫，謂之逐除是也。周禮：『方相氏掌蒙熊皮，黄金四目，玄衣朱裳，執戈揚楯，率百隸而時儺，以索室驅疫鬼。』此之謂也。旁磔犬羊於四方以攘，其畢冬之氣也。出土牛，令之鄉縣，得立春節，出勸耕土牛於東門外是也。」

〔二〕將發船：甕牖閒評（宋袁文撰）卷五：「今小詞中謂：『孟婆且告你，與我佐些方便。風色轉，吹箇船兒倒轉。』『孟婆』二字不爲無所本也。北户録載段公路云：『南方除夜、將發船，皆殺雞，擇骨爲卜占吉凶，以肉祀船神，呼爲孟翁、孟姥。』」

〔三〕殺雞擇骨爲卜：史記孝武本紀：「乃令越巫立越祝祠，安臺無壇，亦祠天神上帝百鬼。而以雞卜。上信之，越祠雞卜始用焉。」集解：「漢書音義曰：『持雞骨卜，如鼠卜。』」正義：「雞卜法：

用雞一，狗一，生，祝願訖，即殺雞狗煮熟，又祭，獨取雞兩眼，骨上自有孔裂，似人物形則吉，不足則凶。今嶺南猶此法也。」又資治通鑑卷二一漢紀一三：「（元封二年）初令越巫祠上帝百鬼，而用雞卜。」胡三省注引范成大桂海虞衡志：「雞卜，南人占法，以雄雞雛執其兩足，焚香禱所占，撲雞殺之，拔兩股骨，净洗，綫束之，以竹筳插束處，使兩骨相背於筳端，執竹再祝。左骨爲儂，儂，我也。右骨爲人，人，所占事也。視兩骨之側所有細竅，以細竹筳長寸餘徧插之，斜直偏正，各隨竅之自然，以定吉凶。法有十八變，大抵直而正，或近骨者多，吉；曲而斜，或遠骨者多，凶。」

〔四〕梁簡文船神記：「梁簡文」，即梁簡文帝蕭綱（五〇三—五五一），字世纘，梁武帝第三子。初封晉安王，中大通三年（五三一），立爲皇太子。太清三年（五四九），侯景亂梁，陷臺城，梁武帝死，被立爲帝。大寶二年（五五一），遇害。梁書卷四、南史卷八並有傳。「船神記」，此文已佚。

〔五〕船神名馮耳：一説「馮耳」即河伯「馮夷」之音訛。按，通雅（明方以智撰）卷二一姓名（鬼神）：「馮夷，河伯，有多名。穆天子傳作『無夷』，山海經作『冰夷』，河圖言『姓吕名夷』，淮南作『馮遲』，金匱言名『馮循』。元瑞曰：『竹書：「洛伯用與河伯馮夷鬭。」河伯且爲諸侯，而馮夷原諸侯姓名。』智又按，淮南：『馮夷、大丙之御。』容齋隨筆曰：『此别一馮夷，或諸侯同名。』干寶言：『宋時，弘農馮夷八月上庚溺死，天帝署爲河伯。』五行書曰：『河伯庚辰日死，不可治船遠行。』梁簡文帝船神記云：『船神馮耳。』智按，俗呼『耳』與『以』混，故『馮夷』訛『馮耳』，河自神而名則附會也。」

〔六〕五行書：齊民要術、唐人類書屢引此書（或稱雜五行書），則其成書當甚早。然隋書經籍志無載，今亦不能得其詳，兹録隋志子部五行類小序，聊備稽考。其序云：「五行者，金、木、水、火、土，五常之形氣者也。在天爲五星，在人爲五藏，在目爲五色，在耳爲五音，在口爲五味，在鼻爲五臭。在上則出氣施變，在下則養人不倦。故傳曰：『天生五材，廢一不可。』是以聖人推其終始，以通神明之變，爲卜筮以考其吉凶，占百事以觀於來物，覩形法以辨其貴賤。」

〔七〕劉思貞：即劉之遴（四七七—五四八），字思貞，南陽涅陽（今屬河南）人。仕梁爲中書侍郎。著有神録。梁書卷四〇、南史卷五〇並有傳。按，隋書經籍志二：「神録五卷。（劉之遴撰。）」又舊唐書經籍志上：「神録五卷。（劉之遴撰。）」此所謂「劉思貞曰」，應即出自神録。

〔八〕玄冥爲水官：左傳昭公元年：「昔金天氏有裔子曰昧，爲玄冥師，生允格、臺駘。」杜預注：「玄冥，水官。昧爲水官之長。」

〔九〕咸通辛卯年：即唐懿宗李漼咸通十二年（八七一）。

〔一〇〕從茂名歸南海：「茂名」，今廣東高州。舊唐書地理志四：「（潘州）茂名，州所治。古西甌、駱越地，秦屬桂林郡，漢爲合浦郡之地。隋置定川縣，武德四年，平嶺表，於縣置南宕州，改爲潘州，仍改縣茂名也。」「南海」，今廣東廣州。見卷一「蚺虵牙」條注。

〔一一〕牢醴：疑當作「牢禮」。周禮天官宰夫：「凡朝覲會同賓客，以牢禮之法，掌其牢禮。」鄭玄注：

「牢禮之法，多少之差及其時也。三牲牛羊豕具爲一牢。」又同上書地官牛人：「凡賓客之事，共其牢禮積膳之牛。」鄭玄注：「牢禮，飧饔也。」

〔一二〕歲在單閼：指此年屬卯年，此指辛卯年。爾雅釋天：「（太歲）在卯曰單閼。」

〔一三〕時及朱明：指此時正當夏季，此指辛卯年夏季。爾雅釋天：「夏爲朱明。」

〔一四〕列牂牁：「牂牁」同「牂柯」，繫船筏。此或爲祭神舟人而設。按，太平御覽卷七七一引異物志：「牂柯，繫舡伐也。其山在海中，小而高，以繫舡伐也。俗人謂之越王牂柯。遠望甚小而高，不似山，望之以爲一株樹在水中也。」

〔一五〕靈胥：指江神伍子胥。文選左太沖吴都賦：「習御長風，狎翫靈胥。」劉淵林注：「靈胥，伍子胥神也。昔吴王殺子胥於江，沈其尸於江，後爲神。江海之間莫不尊畏子胥。將濟者，皆敬祠其靈，以爲性命，舟檝之師，獨能狎翫之也。」

〔一六〕海若：海神。楚辭遠遊：「使湘靈鼓瑟兮，令海若舞馮夷。」王逸注：「海若，海神名也。馮夷，水仙人。」

〔一七〕六味：大般涅槃經卷一壽命品：「八功德水之所成熟，其食甘美有六種味，一苦，二醋，三甘，四辛，五鹹，六淡。」

〔一八〕八珍：八種珍貴食物。周禮天官膳夫：「膳夫，掌王之食飲、膳羞，以養王及后、世子。凡王之饋，食用六穀，膳用六牲，飲用六清，羞用百二十品，珍用八物，醬用百有二十甕。」鄭玄注：「珍謂淳熬、淳毋、炮豚、炮牂、擣珍、漬、熬、肝膋也。」

〔一九〕蘇膏：即紫蘇膏，屬調味料。爾雅釋草：「蘇，桂荏。」邢昺疏：「蘇，荏類之草也，以其味辛似荏，故一名桂荏。陶注本草云：『葉下紫色而氣甚香。』」

〔二〇〕噎鳩餅：太平御覽卷八六〇引梁吴均餅説：「宋公至長安，得姚泓時故太官丞程季者，了了人也。公曰：『今日之食，何者最先？』季曰：『仲秋御景，離蟬欲静。燮燮曉風，淒淒夜冷。臣當此時，唯能説餅。』公曰：『善。』季乃稱曰：『安定噎鳩之麥，雒陽董德之磨，河東長若之葱，隴西舐背之犢，枹罕赤恥之羊，張掖北門之豉。燃以銀屑，煎以銀銚，洞庭負霜之橘，仇池車帶之椒，調以濟北之鹽，剉以新豐之雞，細如華山玉屑，白如梁甫銀湿。既聞香而口闆，亦見色而心迷。』公曰：『善。』」

〔二一〕騎驢酒：洛陽伽藍記卷四：「（法雲寺）河東人劉白墮善能釀酒，季夏六月，時暑赫晞，以甖貯酒，暴於日中，經一旬，其酒味不動。飲之香美，醉而經月不醒。京師朝貴，多出郡登藩，遠相餉饋，踰于千里。以其遠至，號曰『鶴觴』，亦名『騎驢酒』。」

〔二二〕獨根橄欖：金樓子卷五志怪：「有樹名獨根，分爲二枝，其東向一枝，是木威樹；南向一枝，是橄欖樹。扶南國今衆香共一木，根是旃檀，節是沈香，花是雞舌，葉是霍香，膠是薰陸。」

〔二三〕焦核荔枝：太平御覽卷九七一引竺法真登羅山疏：「荔支，冬青，夏至日子始赤。六七日可食，甘酸宜人。其細核者，謂之焦核，荔支之最珍者。」

〔二四〕　竿櫧：亦作「竿蔗」，即甘蔗。太平廣記卷四一二引神異經：「南方山有竿蔗之林，其高百丈，圍三尺八寸，促節多汁，甜如蜜。」

〔二五〕　細腰蹙咨：二者皆棗名。齊民要術卷四種棗第三十三引廣志：「河東安邑棗。東郡穀城紫棗，長二寸。西王母棗，大如李核，三月熟。河内汲郡棗，一名墟棗。東海蒸棗，洛陽夏白棗，安平信都大棗，梁國夫人棗。大白棗，名曰『蹙咨』，小核多肌。三星棗，駢白棗，灌棗，又有狗牙、雞心、牛頭、羊矢、獼猴、細腰之名，又有氐棗、木棗、崎廉棗、桂棗、夕棗也。」

〔二六〕　署預蠡薺：「署預」，亦作「藷萸」，即山藥（紅薯）。山海經北山經：「（景山）北望少澤，其上多草藷萸。」郭璞注：「根似羊蹄，可食。」「蠡薺」，酉陽雜俎前集卷一八廣動植之三：「蠡薺，子如彈丸，魏武帝常啖之。」

〔二七〕　烏椑：即椑柿。本草綱目卷三〇「椑柿」條李時珍曰：「椑乃柿之小而卑者，故謂之椑。他柿至熟則黄赤，唯此雖熟亦青黑色。擣碎浸汁謂之柿漆，可以染罾扇諸物，故有漆柿之名。」

〔二八〕　越方之儔：善禁咒者。後漢書方術徐登傳：「徐登者，閩中人也。本女子，化爲丈夫。善爲巫術。又趙炳，字公阿，東陽人，能爲越方。」李賢注：「抱朴子曰：『道士趙炳，以氣禁人，人不能起；禁虎，虎伏地，低頭閉目，便可執縛。以大釘釘柱，入尺許，以氣吹之，釘即躍出射去，如弩箭之發。』異苑云：『趙侯以盆盛水，吹氣作禁，魚龍立見。』越方，善禁咒也。」

〔二九〕　啑：通「歃」，指歃血爲祝。史記吕太后本紀：「始與高帝啑血盟。」

〔三〇〕龍驤：龍飛騰貌。後漢書吴漢傳：「（贊曰）吴公鷙彊，實爲龍驤。」李賢注：「驤，舉也。若龍之舉，言其威盛。」

〔三一〕靉靆：雲興盛貌。法苑珠林卷一三觀佛部：「竊聞法王法力，道濟無疆，大慈大悲，聲高有頂。隨根普雨，靉靆密雲，觸類等觀，朗同明鏡。」

〔三二〕容裛：起伏貌。「裛」，「裔」之俗字。文選張平子東京賦：「建辰旒之太常，紛焱悠以容裔。」薛綜注：「容裔，高低之貌。」

〔三三〕竭來：猶言去來。全唐詩卷四七張九齡歲初巡屬縣登高安南樓言懷：「竭來彭蠡澤，載經敷淺原。」

〔三四〕如鼠卜也：「卜」字原闕，今據史記孝武本紀集解引漢書音義補。「鼠卜」，晉書郭璞傳：「璞既過江，宣城太守殷祐引爲參軍。時有物大如水牛，灰色卑脚，脚類象，胸前尾上皆白，大力而遲鈍，來到城下，衆咸異焉。祐使人伏而取之，令璞作卦，遇遯之蠱，其卦曰：『艮體連乾，其物壯巨。山潛之畜，匪兕匪武。身與鬼并，精見二午。法當爲禽，兩靈不許。遂被一創，還其本墅。按卦名之，是爲驢鼠。』卜適了，伏者以戟刺之，深尺餘，遂去不復見。郡綱紀上祠，請殺之。巫云：『廟神不悦，曰：此是郱亭驢山君鼠，使詣荆山，暫來過我，不須觸之。』」

〔三五〕異苑：孟公、孟娃事不見於他書記載，今存異苑十卷本亦未録此事。

〔三六〕桓宣武：即桓温（三一二—三七三），字元子，譙國亢龍（今安徽懷遠西北）人。晉明帝婿，累遷荆州刺史，率兵伐蜀。永和三年（三四七），滅成漢，進位征西大將軍，封臨賀郡公。十年，伐前秦，進至關中，以軍糧不足而退，改封南郡公。興寧元年（三六三），授侍中、大司馬、都督中外諸軍事、録尚書事，獨攬朝政。卒年六十二，謚宣武侯。晉書卷九八有傳。按，今本異苑十卷，未見記載桓温此事。

象鼻炙

廣之屬城循州、雷州〔一〕，皆産黑象〔二〕，牙小而紅，堪爲笏裁〔三〕，亦不下舶上來者①〔四〕。土人捕之，争食其鼻，云肥脆，偏堪爲炙〔五〕，滋味小類猪而含消②，亦不知一割牛心〔六〕、猩猩脣之美也〔七〕。愚按，鰆③魚裙兩味〔八〕，犀有五肉〔九〕，象有十二肉〔一〇〕，其膽隨月轉耳〔一一〕。陳藏器云〔一二〕：「唯鼻是其本肉，諸即雜肉。」凡象白者，西天有之④。又供御陁國有青象〔一三〕，皆中夏無也。梁翔法師云〔一四〕：「象，一名伽那〔一五〕。」古訓云：「象孕子五歲始生〔一六〕。」山海經云〔一七〕：「性妬，不畜淫子〔一八〕。」西域記云〔一九〕：「有一僧行遇群象〔二〇〕，上樹避之。象隨倒樹，負之至林中。有一病象，足瘡而卧。引沙門手至所苦處。乃竹刺，沙門爲拔去之，裂裳與裹。俄頃，一象持金函授病象，病象轉授沙門，發視之，乃佛牙也。」又萬歲曆曰〔二一〕：「成帝咸康六年〔二二〕，臨邑獻象一，知跪拜。」博物志曰〔二三〕：「日南四象〔二四〕，各有雌雄。其一雄死，百有餘日，其雌泥土着身，獨不飲酒食肉。長吏問，輒流涕有哀狀。」

【原注】

①陶貞白云〔二五〕：「凡夏月治藥，亦宜以象牙置邊〔二六〕。」

②今之炙也。

③（鰭）士林反。

④真臘有戰象五千頭〔二七〕。會要云〔二八〕。

【校箋】

〔一〕廣之屬城循州雷州：「廣」謂嶺南節度使理所。見卷一「鷓鴣瘴」條注。「循州」，今廣東惠州東北。元和郡縣圖志卷三四嶺南道一：「（循州）本秦南海郡地，漢平南越，復置南海郡，今州即漢南海郡之博羅縣也。」「大業三年，改爲龍川郡，武德五年，復改爲循州。」「雷州」，見卷一「孔雀媒」條注。

〔二〕黑象：嶺表録異作「野象」。太平御覽卷八九〇引嶺表録異：「廣之屬郡潮、循州多野象，潮、循人或捕得象，争食其鼻，云肥脆，尤堪作炙。或云，象肉有十二種，象膽不附肝，隨月轉在諸肉。」

〔三〕笏：即手版。晉書輿服志：「笏，古者貴賤皆執笏，其有事則搢之於腰帶，所謂搢紳之士者，搢笏而垂紳帶也。」又云：「手版即古笏也。」

〔四〕舶上來者：指海外貨色。唐國史補卷下：「南海舶，外國船也。每歲至安南、廣州。」

〔五〕堪爲炙：謂燒烤而食之。説文炙部：「炙，炙肉也。从肉在火上。」按，爾雅翼卷一八釋獸一：「（象）或曰身有百獸肉，皆自有分段，唯鼻是其本肉。鼻肉爲炙，肥脆，小類猪而含滑。」

〔六〕割牛心：世説新語汰侈：「王右軍少時，在周侯末坐，割牛心噉之，於此改觀。」劉孝標注：「俗以牛心爲貴，故羲之先食之。」

〔七〕猩猩脣：吕氏春秋卷一四本味：「肉之美者，猩猩之脣。」高誘注：「猩猩，獸名也。人面狗軀而長尾。」

〔八〕鱛魚：鱣魚、鮪魚之屬。初學記卷三〇引南越志：「鱣，鱛（子林反）屬也。長鼻輭骨，長數丈而骨可啖，似黄鮏而長。」又引毛詩義疏：「鮪似鱣而色青黑，頭小而尖，如鐵兜鍪，口在頷下，大者七八尺，益州人謂之鮪鱛。大者王鮪，小者叔鮪，一名鱛，肉色白。今東萊、遼東人謂之尉魚，或謂之神明者，樂浪尉溺死海中，化爲此魚。」

〔九〕犀有五肉：埤雅卷三釋獸：「異物志：『犀體兼五種肉。』」又天中記卷六〇引異物志：「犀體兼五種肉。舌有棘，常食草木棘刺，不食棘葉也。」

〔一〇〕象有十二肉：酉陽雜俎前集卷一六廣動植之一：「（象）肉有十二般，惟鼻是其本肉。」又證類本草卷一六「象牙」條引圖經本草：「或曰象有十二種肉，配十二辰屬，惟鼻是其肉。」

〔一一〕其膽隨月轉：酉陽雜俎前集卷一六廣動植之一：「象膽隨四時在四腿，春在前左，夏在前右，如龜無定體也。」又埤雅卷四釋獸：「舊説象之所在，其土必豐。又云象性久識，能浮水出沒。體具十二少肉，唯鼻是其本肉。膽不附肝，隨月轉在諸肉，假令正月建寅，即膽在虎肉。」「或曰膽隨四時在足，春在前膊左，夏在前膊右，如龜定體也。」

〔一二〕陳藏器云：此指本草拾遺。按，證類本草卷一六「象牙」條：「身有百獸肉，皆自有分段，惟鼻是其本肉，餘並雜肉。」

〔一三〕供御陁國有青象：「供御陁國」，大唐西域記作「恭御陁國」。按，大唐西域記卷一〇：「恭御陁國周千餘里。國大都城周二十餘里，濱近海隅，山阜隱軫」，「出大青象，超乘致遠」。季羨林等注：「其地即今奥里薩邦的甘賈姆（Ganjam）縣北部，位於奇爾加（Chilka）湖畔，面臨孟加拉灣，背負東高止山。」

〔一四〕梁翔法師：見卷一「乳穴魚」條注。

〔一五〕伽那：駢雅（明朱謀㙔撰）卷七釋獸：「伽那，象也。」

〔一六〕象孕子五歲始生：酉陽雜俎前集卷一六廣動植之一：「古訓言：『象孕五歲始生。』」又太平寰宇記卷一七一驩州懷驩縣：「象，孕則五年一生，被傷則群黨相扶，將去死則向南跪拜，嗚三匝，以木覆之。」

〔一七〕山海經：見卷一「通犀」條注。

〔一八〕不畜淫子：此爲山海經郭璞注語。按，山海經南山經：「東五百里，曰禱過之山，其上多金玉，其下多犀、兕，多象。」郭璞注：「象，獸之最大者，長鼻，大者牙長一丈，性妬，不畜淫子。」

〔一九〕西域記：新唐書藝文志三：「玄奘大唐西域記十二卷。（姓陳氏，緱氏人。）」又宋史藝文志三：「沙門辨機大唐西域記十二卷。」又郡齋讀書志（衢本）卷七：「西域志十二卷，右唐僧玄奘撰。玄奘西遊天竺求佛書，既歸，記其所歷諸國風俗。其序云云：自黑嶺以西皆土著，尚東左衽，務田畜，重財賄，嫁娶無禮，獨天竺則異，別記於後云云。」又直齋書録解題卷八：「大唐西域記十二卷，唐三藏法師玄奘譯，大總持寺僧辯機撰。」

〔二〇〕有一僧行遇群象：大唐西域記卷三迦濕彌羅國：「有一沙門遊諸印度，觀禮聖跡，申其至誠。後聞本國平定，即事歸途，遇諸群象横行草澤，奔馳震吼。沙門見已，昇樹以避。是時群象相趨奔赴，競吸池水，浸漬樹根，互共排掘，樹遂蹎僕。既得沙門，負載而行，至大林中，有病象瘡痛而卧。引此僧手，至所苦處，乃枯竹所刺也。沙門於是拔竹傅藥，裂其裳，裹其足。別有大象持金函授與病象，象既得已，轉授沙門。沙門開函，乃佛牙也。」

〔二一〕萬歲曆：藝文類聚卷九五、太平御覽卷八九〇並引此獻象事，皆云出萬歲曆，御覽卷首經史圖書綱目亦列有萬歲曆一書，然舊唐書經籍志下止著録「太史公萬歲曆一卷（司馬談撰）」，應非此書，又著録「萬歲曆祠二卷」，似亦與此不合。

〔二二〕成帝咸康六年：即晉成帝司馬衍咸康六年（三四〇）。晉書成帝紀：「（咸康六年）冬十月，林邑獻馴象。」又藝文類聚卷九五引萬歲曆：「成帝咸康六年，臨邑王獻象一，知跪拜，御者使從之。」按，「林邑」，亦稱「臨邑」，在今越南廣南、峴港一帶。晉書四夷傳有林邑國傳。

〔二三〕博物志：見卷一「孔雀媒」條注。

〔二四〕日南四象：西漢初置日南郡，魏晉時治所在盧容（今越南承天廣田），至隋唐時則爲日南縣，屬九真郡或愛州，在今越南清化東北部。按，藝文類聚卷九五引博物志：「昔日南有四象，各有雄雌。其一雌死，百有餘日，其雄泥土著身，獨不飲酒食肉。長吏問其所以，輒流涕焉。」

〔二五〕陶貞白：原作「陶真白」，今據梁書、南史陶弘景傳改。按，陶弘景卒謚貞白。參見本卷「雞毛筆」條注。

〔二六〕宜以象牙置邊：酉陽雜俎前集卷一六廣動植之一：「陶貞白言：『夏月合藥，宜置象牙於藥旁。』」

〔二七〕真臘有戰象五千頭：「真臘」，原作「五真臘」，蓋與「五天竺」相混，今據唐會要删「五」字。隋唐時期，真臘位於今柬埔寨、老撾及越南南部。按，唐會要卷九八真臘國：「真臘在林邑之西南，本扶南之屬國也。南接車渠，西接朱江國。其王姓刹利氏。其俗東向開門，國以東爲上。有戰象五千頭。梁大同中，始并扶南而有其國。都伊奢那城。風俗與林邑同。」

〔二八〕會要：見卷一「蛺蝶枝」條注。

鵝毛脡

恩州出鵝毛脡〔一〕，乃鹽藏鱎魚①〔二〕。其味絶美，其細如鰕。郭義恭云〔三〕：「小魚，一斤千頭〔四〕，未之過也②。」又有嘉魚〔五〕，出邕江石穴中，魚下至梧州戎城縣水口〔六〕，絶肥美，亦堪爲脡。左太沖蜀都賦云：「嘉魚出於丙穴〔七〕。」注云：「丙穴在漢中沔陽縣北〔八〕，有魚穴二所，常以三月、八月取之。丙，地名也。魚，鱗細似鱒魚③。」或云魚以丙日出穴，故陳藏器云〔九〕：「嘉魚，乳穴中小魚，能久食，力强於乳。丙者，向陽穴，多生此魚，魚復何能擇丙日出入耶？」議者以陳言爲是。酈善長云「穴口向丙」〔一〇〕，又引柏枝山〔一一〕，山有丙穴，穴方數丈，水有嘉魚，常以春末游渚，冬入穴。故知丙穴之魚，不獨褒漢中有也④。

【原注】

①（鱎）音聿。

②魚大如針，蜀人以爲醬也。

③博物志説同〔一二〕。

④愚按，水中之穴，通者謂之逵。據山海經云：「半石之山〔一三〕，合水出其陰，多螣魚。其狀如鱖，居

逵。」注：「水中之穴相交通者。 螣音騰。」

【校箋】

〔一〕恩州出鵝毛脡：「恩州」，今廣東恩平北。見卷一「紅蟹殼」條注。「鵝毛脡」，太平寰宇記卷一五八嶺南道二恩州引嶺表録：「鵝毛鋌，出海畔恩州，乃鹽藏鱎魚兒也，甚美。其細如毛而白，故謂鵝毛鋌。」按，「脡」，生魚醬。釋名釋飲食：「生脡，以一分膾，二分細切，合和挻攪之也。」

〔二〕鱎魚：爾雅釋魚：「鱎鮬，鱖鯞。」郭璞注：「小魚也，似鮒子而黑，俗呼爲魚婢，江東呼爲妾魚。」

〔三〕郭義恭云：指廣志。見卷一「通犀」條注。

〔四〕一斤千頭：初學記卷三〇引廣志：「武陽小魚，大如針，號一斤千頭，蜀人以爲醬。」

〔五〕嘉魚：太平御覽卷九三七引嶺表録異：「嘉魚，形如鱒，出梧州戎城縣江水口，甚肥美，衆魚莫可與比，最宜爲鋌（他頂切）。每炙，以芭蕉葉隔火蓋，慮脂滴火滅耳。」又桂海虞衡志志蟲魚：「嘉魚，狀如小鰣魚，多脂，味極腴美，出梧州火山，人以爲鮓，餉遠。」

〔六〕梧州戎城縣：今廣西梧州。元和郡縣圖志卷三七嶺南道四梧州：「戎城縣，（東北至州二十里。）本漢廣信縣地，梁於此置遂城縣。隋開皇十年，虞慶則南征，頓兵於此，改爲戎城縣。皇朝因之。 縣北臨西江水。」

〔七〕嘉魚出於丙穴：文選左太沖蜀都賦：「嘉魚出於丙穴，良木攢於褒谷。」劉淵林注：「丙穴在漢中沔陽縣北，有魚穴二所，常以三月取之。丙，地名也。」李善注：「任豫益州記曰：『嘉魚，鱗似鱒魚。』」

〔八〕漢中沔陽縣：今陝西勉縣東。水經注沔水上：「沔水又東，逕沔陽縣故城南。城舊言漢祖在漢中，蕭何所築也。漢建安二十四年，劉備并劉璋，北定漢中，始立壇，即漢中王位於此城。」

〔九〕陳藏器：見卷一「孔雀媒」條注。按，證類本草卷二一「嘉魚」條引陳藏器曰：「蜀都賦云：『嘉魚出於丙穴。』李善注：『丙日出穴。』今則不然。丙穴，向陽穴也，陽穴生此魚，魚復何能擇丙日耶？此注誤矣。」

〔一〇〕酈善長云穴口向丙：「酈善長」即酈道元（四六九？——五二七），字善長，范陽涿（今屬河北）人。仕魏爲河南尹、御史中尉。著有水經注。魏書卷八九、北史卷二七並有傳。按，水經注沔水上：「褒水又東南，得丙水口，水上承丙穴，穴出嘉魚，常以三月出，十月入地。穴口廣五六尺，去平地七八尺，有泉懸注。魚自穴下透入水，穴口向丙，故曰丙穴。下注褒水，故左思稱『嘉魚出於丙穴，良木攢於褒谷』矣。」

〔一一〕柏枝山：在昆陽縣，其縣今無考，當在今重慶奉節西南。按，水經注江水一：「江水又東，右合陽元水，水出昆陽縣西南，高陽山東，東北流逕其縣南，東北流，丙水注之。水發縣東南柏枝山，山下有丙穴，穴方數丈，中有嘉魚，常以春末游渚，冬初入穴，抑亦褒漢丙穴之類也。」

〔一二〕博物志説同：續漢書郡國志五漢中郡：「沔陽有鐵。」劉昭注：「華陽國記曰：『有定軍山。』博物記曰：『縣北有丙穴。』」又太平御覽卷九三七引博物志：「沔陽縣（許按：原作「江陽縣」，今據郡國志改。）北，有魚穴二所，常以二月、八月出魚，曰丙穴。」

〔一三〕半石之山：山海經中山經：「又東七十里，曰半石之山」，「合水出於其陰，而北流注於洛。多騰魚，狀如鱖，居逵，蒼文赤尾，食者不癰，可以爲瘻」。郭璞注：「（騰）音騰」，「鱖魚，大口大目，細鱗有班彩。逵，水中之穴道交通者」。

桄榔炙

桄榔〔一〕，莖葉與波斯棗〔二〕、古散①〔三〕、椰子〔四〕、檳榔小異〔五〕。其木如莎樹皮〔六〕、欀木皮〔七〕，出麵可食②。洛陽伽藍記云〔八〕：「昭儀寺有酒樹、麵木〔九〕。」得非桄榔乎③？木理有文，堪爲握槊局④。其心似藤心，爲炙滋腴，極美。其鬚可爲帚，香潤絶勝椶柟⑤。西域記云〔一〇〕：「縛唱國納縛伽藍⑥〔一一〕，有佛帚，迦奢草作也。」郭義恭又云〔一二〕：「醜尉叟可爲帚。」陶勝力集記説〔一三〕：「烏帚，一名豐賢當。」

【原注】

①古散堪爲拄杖。

②廣志云：「莎樹出麵〔一四〕。」華陽國志云〔一五〕：「郡少穀〔一六〕，取桄榔麵，以牛酪食之。」吴録地志云〔一七〕：「交趾望縣有櫰木〔一八〕，皮中有如白米屑者，乾擣之，水淋似麵，可作餅。」臨海志〔一九〕：「桄榔木作鋌鋌，利如鐵，中石益利，唯中蕉根致敗，物之相伏如此。皮中有如米粉，中作餅餌。」會要又云〔二〇〕：「都句，樹似栟櫚，木中出屑如麵，可啖。出交州。」

③南史云〔二一〕：「扶南國有酒樹〔二二〕，似安石榴，採其花汁，停著瓮中，數日成酒，醉人也。」

④兼名苑云〔二三〕：「其戲阿育王弟善容造，梁天監中始來中土〔二四〕。」然雙六賦云〔二五〕：「諸葛融開館延賓〔二六〕，分曹並戲。」此則吴時已有。賦内警句云：「若乃位占列星，城分偃月，或七縱而七擒，或百犯而百伐。」又崔令欽六博云〔二七〕：「握槊，胡戲。」後魏書術藝傳云〔二八〕：「胡王有弟一人，遇罪，將殺之，弟從獄中爲此戲以上之，意言孤則易死。其後遂入中國，世宗以後〔二九〕，大盛於時。有趙國李幼序、洛陽丘阿奴皆善之。」梁武謂之婆羅塞戲〔三〇〕。胡謂六爲「偃數」，二爲「鷺鷺」，今言「握槊」、「么么」，皆轉聲也。或妄云曹子建爲之〔三一〕，蓋以俱是魏，同得罪於兄，事迹相似，因此疑誤。

⑤山海經云：「一名栟櫚也〔三二〕。」

⑥唐言「新」也。

【校箋】

〔一〕桄榔：南方草木狀卷中：「桄榔，樹似栟櫚，堅實。其皮可作綆，得水則柔韌，胡人以此聯木爲舟。皮中有屑如麪，多者至數斛，食之與常麪無異。木性如竹，紫黑色，有文理。工人解之，以制弈枰。出九真、交趾。」又太平御覽卷九六〇引嶺表録異：「桄榔樹，枝葉並蕃茂，與棗、檳榔等樹小異。然葉下有鬚如麄馬尾，廣人採之以織巾子。其鬚尤宜鹹水浸漬，即麄脹而肕，故人以此縛舶，不用釘線。木性如竹，紫黑色，有文理而堅，工人解之，以制博弈局。此樹皮中有屑如麪，可爲餅食之。」

〔二〕波斯棗：太平御覽卷九六五引嶺表録異：「波斯棗，廣州郭内見其樹，樹身無閑枝，直聳三四十尺，及樹頂，四向共生十餘枝，葉如海椶。」

〔三〕古散：竹譜（元李衎撰）卷六：「古散竹，節似馬鞭，葉似桐樹而小，皮似栟櫚而柔靭，筍亦可食。建人呼慈竹爲古散者，非。」又本草綱目卷三一「桄榔子」條李時珍曰：「古散亦木名，可爲杖。又名虎散。」

〔四〕椰子：南方草木狀卷下：「椰樹，葉如栟櫚，高六七丈，無枝條。其實大如寒瓜，外有粗皮，次有殼，圓而且堅。」

〔五〕檳榔：南方草木狀卷下：「檳榔，樹高十餘丈，皮似青桐，節如桂竹。下本不大，上枝不小，調直亭亭，千萬若一。森秀無柯，端頂有葉，葉似甘蕉」，「葉下繫數房，房綴數十實，實大如桃李」。

〔六〕莎樹：太平御覽卷九六〇引廣志：「莎樹多枝葉，葉兩邊行列，若飛鳥翼。其麪色白。樹收麪不過一斛，搗篩乃如麪，不則如磨屑，爲飯滑軟。」

〔七〕欀木：文選左太沖吴都賦：「文、欀、楨、橿。」劉淵林注：「欀木，樹皮中有如白米屑者，乾擣之，以水淋之，可作餅，似麵。交趾、盧亭有之。」

〔八〕洛陽伽藍記：隋書經籍志二：「洛陽伽藍記五卷。（後魏楊衒之撰。）」又直齋書録解題卷八：「洛陽伽藍記五卷，後魏撫軍司馬楊衒之撰。專記洛陽城内外寺院。爾朱之亂，城郭丘墟，追述斯記。」

〔九〕昭儀寺有酒樹麵木：洛陽伽藍記卷一：「昭儀尼寺，閹官等所立也，在東陽門内一里御道南」，「堂前有酒樹、麵木」。

〔一〇〕西域記云：四字原作「書云」二字，其引文分明出自大唐西域記，不知何以有此誤，今依例改作「西域記」。按，大唐西域記卷一三十四國縛喝國：「縛喝國東西八百餘里，南北四百餘里，北臨縛芻河。國大都城周二十餘里，人皆謂之小王舍城也」，「城外西南有納縛（唐言新。）僧伽藍，此國先王之所建也」，「伽藍内南佛堂中，有佛澡罐」，「又有佛掃帚，迦奢草作也，長餘二尺，圍可七寸，其把以雜寶飾之」。

〔一一〕縛唱國：大唐西域記作「縛喝國」。季羡林等注：「縛喝國：古大夏國（Bactria）都城 Bactra、Baktra 之對音」，「其故址在今阿富汗境内」。

〔一二〕郭義恭又云：指廣志，但此條今未見他書引用。

〔一三〕陶勝力集記：「陶勝力」即陶弘景。按，梁書本傳：「天監四年，移居積金東澗。善辟穀導引之法，年逾八十而有壯容。深慕張良之爲人，云『古賢莫比』。曾夢佛授其菩提記，名爲勝力菩薩，乃詣鄮縣阿育王塔自誓，受五大戒。」又陶貞白集（金陵叢書本）附録瘞劍履石室磚銘：「華陽隱居幽館，勝力菩薩捨身。釋迦佛陁弟子，太上道君之臣。」「集記」，未詳。

〔一四〕莎樹出麪：齊民要術卷一〇引廣志：「莎樹，多枝葉，葉兩邊行列，若飛鳥之翼。其麪色白，樹收麪，不過一斛。」又同上書同卷引蜀志記：「莎樹出麪，一樹出一石。正白，而味似桄榔。出興古。」

〔一五〕華陽國志：隋書經籍志二：「華陽國志十二卷。（常璩撰。）」又直齋書録解題卷五：「華陽國志二十卷，（許按：當作「十二卷」。）晉散騎常侍常璩道將撰。志巴、蜀地理、風俗、人物及公孫述、劉焉、劉璋、先後主以及李特等事迹。末卷爲序志，云肇自開闢，終乎永和三年。」

〔一六〕郡少穀：華陽國志卷四南中志：「興古郡，建興三年置。屬縣七，户四萬，去洛五千八百九十里。多鳩僚、濮，特有瘴氣。自梁水、興古、西平三郡少穀。有桄榔木，可以作麪，以牛酥酪食之，人民資以爲糧。欲取其木，先當祠祀。」

〔一七〕吴録：隋書經籍志二：「吴紀九卷。（晉太學博士環濟撰。晉「許按：當作「梁」。」有張勃吴録三十卷，亡。）」又舊唐書經籍志上：「吴録三十卷。（張勃撰。）」按，史通卷一二古今正史：「先是，魏時京兆魚豢私撰魏略，事止明帝。其後孫盛撰魏氏春秋，王隱撰蜀記，張勃撰吴録，異聞錯出，其流最多。宋文帝以國志載事傷於簡略，乃命中書郎裴松之兼采衆書，補注其闕。由是世言三國志者，以裴注爲本焉。」

〔一八〕交趾望縣有櫰木：太平御覽卷九六〇引吴録地理志：「交趾望縣有櫰木，其皮中有如白米屑者，乾之，水淋之，似麵，可作餅。郡内皆有之。」

〔一九〕臨海志：即臨海水土異物志，簡稱臨海異物志、臨海志。見卷一「蚺虵牙」條注。按，太平御覽卷七九一引臨海異物志：「桄榔木，生牂柯，外皮有毛，似栟櫚而散生。其木剛，作鋤，利如鐵，中石更利（許按：「石」字原缺，據後漢書南蠻西南夷列傳李賢注引補），唯中蕉根乃致敗耳。皮中有似擣稻米片，又似麥麵，作餅餌。」

〔二〇〕會要又云：今本唐會要中未見記載都句樹，引文末云「出交州」，頗疑「會要又」三字或即「交州記」之訛。按，齊民要術卷一〇引劉欣期交州記：「都句樹，似栟櫚。木中出屑如麵，可啖。」

〔二一〕南史：見卷一「鸚鵡瘴」條注。

〔二二〕扶南國有酒樹：「扶南國」，其地約包括今柬埔寨及老撾、越南南部、泰國東南部。南史夷貊傳上：「扶南國，在日南郡之南，海西大灣中，去日南可七千里，在林邑西南三千餘里」，「珍物寶貨無不有，又有酒樹，似安石榴，采其花汁停甕中，數日成酒」。

〔二三〕兼名苑：見卷一「通犀」條注。

〔二四〕梁天監：梁武帝蕭衍年號（五〇二—五一九）。

〔二五〕雙六賦：此賦已佚。「雙六」即「雙陸」。記纂淵海（宋潘自牧撰）卷八八引類要：「梁王書：『雙陸乃出天竺，涅槃經名爲波羅塞戲。』」按，唐國史補卷下：「今之博戲，有長行最盛。其具有局有子，子有黄黑各十五，擲采之骰有二，其法生於握槊，變於雙陸。」又五雜俎（明謝肇淛撰）卷六：「雙陸，一名握槊，本胡戲也，云胡王有弟一人得罪，將殺之，其弟於獄中爲此戲以上，其意言孤則爲人所擊，以諷王也。曰握槊者，象形也。曰雙陸者，子隨骰行，若得雙六則無不勝也。又名長行，又名波羅塞戲。其法以先歸宫爲勝，亦有任人打子，佈滿他宫，使之無所歸者，謂之『無梁』，不成則反負矣。其勝負全在骰子，而行止之間，貴善用之。」

〔二六〕諸葛融：融字叔長，諸葛瑾少子。性寬容，多技藝。拜騎都尉。其事附見三國志卷五二諸葛瑾傳及裴松之注引吴書。

〔二七〕崔令欽：博陵（今河北安平）人。生當唐玄宗、肅宗朝。著有教坊記。按，四庫全書總目卷一四〇：「教坊記一卷，唐崔令欽撰。是書唐書藝文志著録，又總集類中載令欽注庾信哀江南賦一卷。然均不言令欽何許人。蓋修唐書時，其始末已無考矣。所記多開元中猥雜之事，故陳振孫譏其鄙俗。然其後記一篇，諄諄於聲色之亡國，雖禮爲尊諱，無一語顯斥元宗，而歷引漢成帝、高緯、陳叔寶、慕容熙，其言剴切而著明，乃知令欽此書，本以示戒，非以示勸。唐志列之於經部樂類，固爲失當，然其風旨有足取者，雖謂曲終奏雅，亦無不可，不但所列曲調三百二十五名足爲詞家考證也。」

〔二八〕後魏書：參見卷二「孔雀媒」條注。

〔二九〕世宗以後：「世宗」，指魏世宗宣武帝元恪（四八三—五一五），自景明元年（五〇〇）至延昌四年（五一五）在位。延昌四年當南朝梁武帝天監十四年，與「天監中始來中土」説適相合。按，魏書術藝蔣少游傳：「又有浮陽高光宗善樗蒲。趙國李幼序、洛陽丘何奴並工握槊。此蓋胡戲，近入中國，云胡王有弟一人遇罪，將殺之，弟從獄中爲此戲以上之，意言孤則易死也。世宗以後，大盛於時。」

〔三〇〕婆羅塞戲：亦作「波羅塞戲」，見大涅槃經卷一一。「波羅塞」爲梵文音譯，意譯則爲兵。天台菩薩戒疏卷中：「波羅塞戲者，西國兵戲。二人各使二十玉象，此方亦有畫板爲道，以牙爲子，諍得要路即爲勝也。」

〔三一〕或妄云曹子建爲之：説郛（涵芬樓本）卷一〇引事始：「長行局，魏時曹植字子建始造，雙陸局取兄弟之義。」按，舊唐書經籍志下：「事始三卷。（劉孝孫撰。）」

〔三二〕一名栟櫚也：山海經西山經：「又西六十里，曰石脆之山，其木多椶、枏。」郭璞注：「椶樹高三丈許，無枝條，葉大而員，枝生梢頭，實皮相裹上行，一皮者爲一節，可以爲繩。一名栟櫚。」

紅鹽

恩州有鹽場〔一〕，出紅鹽。色如絳雪，驗之，即由煎時染成，差可愛也。公路記鄭公虔云〔二〕：「琴湖池桃花鹽，色如桃花，隨月盈縮，在張掖西北〔三〕，隋開皇中常進焉①〔四〕。」按鹽有赤鹽、紫鹽、黑鹽、青鹽、黃鹽②，黃鹽，安西城北澗中〔五〕，有色如蕪菁華者③〔六〕，成之自然，國之寶也。夫鹽，本草云〔七〕：「牢肌骨，去毒蟲，明目益氣④。」亦有如虎⑤〔八〕，如印⑥〔九〕，如繖⑦〔一〇〕，如石〔一一〕，如水精狀者⑧〔一二〕。或朝取暮生〔一三〕，又非煮海所致者也。

【原注】

①一云，十五日以前鹽甘，月半以後苦也〔一四〕。

②書抄云〔一五〕：「沈約宋書曰：『虜至彭城，與張暢語〔一六〕，送白氈、赤鹽。』又郭璞鹽池賦曰『爛然漢明〔一七〕，晃爾霞赤』是也。」又虞世南書云〔一八〕：「蔡邕從朔方報羊月書云：『幸得無恙，遂至徙所。自城以西，唯有紫鹽也。』」續漢書云〔一九〕：「天竺出黑鹽〔二〇〕。」又北堂書抄引博物志云〔二一〕：「北胡青鹽，但以味色浮雜爲不同耳。」

③鄭虔亦述。

④戎鹽，即萬畢術累卵是也〔二二〕。

⑤周官〔二三〕。

⑥博物志具。又通典云〔二四〕：「九原歲貢印成鹽〔二五〕，五原貢鹽山四十顆。」又水經云〔二六〕：「龍城池廣千里〔二七〕，皆爲鹽而剛緊〔二八〕。有大鹽，方如巨枕者。」又南史云：「大同中〔二九〕，外國有獻鳴鹽枕者。」

⑦荆楚記具〔三〇〕。

⑧南史：「月支恒水下有真鹽〔三一〕，色正白，如水精。」

【校箋】

〔一〕恩州有鹽場：「恩州」，今廣東恩平北。按，太平御覽卷八六五引嶺表録異：「野煎鹽：廣南煮海，其□無限，商人納榷，計價極微數。内有恩州場、石橋場，俯迩滄溟，去府最遠。商人於所司給一百石榷課，止銷雜貨三二千。及往本場鹽，並無官者給遣商人，但將人力收聚鹹沙，掘地爲坑，坑口稀布竹木，鋪蓬簟，於其上堆沙，潮來投沙，鹹鹵淋在坑内。伺候潮退，以火炬照之，氣衝火滅，則取鹵汁，用竹盤煎之，頃剋而就。竹盤者，以篾細織竹鑊，表裏以牡蠣灰泥之。自收海水煎鹽，謂之野煎，易得如此也。」

〔二〕鄭公虔：即鄭虔。生平見卷一「蛤蚧」條注。此處所引「桃花鹽」條當出自其所撰之胡本草。

〔三〕張掖：今屬甘肅，唐爲甘州治所。元和郡縣圖志卷四〇隴右道下甘州張掖縣：「鹽池在縣北九百三十里。（許按：新唐書地理志四作「北九百里有鹽池」。）其鹽潔白甘美，隨月虧盈，周迴一百步。」

〔四〕隋開皇：隋文帝楊堅年號（五八一—六〇〇）。

〔五〕安西城：即安西府城，今甘肅臨潭東，唐屬洮州。元和郡縣圖志卷三九隴右道上洮州臨潭縣：

「安西府，在縣東四十里。周明帝武成元年，行軍總管博陵公賀蘭祥討吐谷渾，築此城以保據西土，後因置博陵郡。隋又爲縣，屬洮州。貞觀十二年，省縣入臨潭，十三年於此置安西府。」

〔六〕蕪菁華：謂紫赤色。「蕪菁」，亦稱菲、葸菜，即蔓菁。爾雅釋草：「菲，葸菜。」郭璞注：「菲草生下濕地，似蕪菁，華紫赤色，可食。」

〔七〕本草：指神農本草經。隋書經籍志三：「神農本草經三卷。」按，北堂書鈔卷一四六「胡鹽」條引本草經：「大鹽，一名胡鹽、戎鹽，主明目，去病益氣，牢肌骨，去毒蟲。」

〔八〕如虎：指虎形。周禮天官籩人：「朝事之籩，其實麷、蕡、白、黑、形鹽、膴、鮑魚、鱐。」鄭玄注：「築鹽以爲虎形，謂之形鹽。」

〔九〕如印：指印璽形。太平御覽卷七〇引九州記：「樂壽縣有房淵，方三百里。石勒建安二年，水忽變爲赤。燕慕容儁二年，水忽生鹽，如印形。」

〔一〇〕如繖：「繖」同「傘」，指傘形。太平御覽卷八六五引晉太康地記：「梓潼縣出傘子鹽。」

〔一一〕如石：言其細如沙石。太平御覽卷八六五引廣志：「河東有印成鹽，西方有石子鹽，皆生於水。（北海。）胡中有青鹽。五原有紫鹽。波斯國有白鹽，如細石子。」

〔一二〕如水精：言其潔白。太平御覽卷八六五引吴時外國傳：「天竺國有新陶水，水甘美，下有石鹽，白如水精。」

〔一三〕朝取暮生：北堂書鈔卷一四六「朝取暮生」條引三秦記：「蒲阪出鹽池，朝取暮生，民争市之。」

〔一四〕月半以後苦：元和郡縣圖志卷四〇隴右道下伊州：「陸鹽池，在州南六十里。周迴十餘里，無魚。水自生如海鹽，月滿則鹽多而甘，月虧則鹽少而苦。」

〔一五〕書抄：即北堂書鈔。新唐書藝文志三：「虞世南北堂書鈔一百七十三卷。」又直齋書録解題卷一四：「北堂書鈔一百六十卷，唐秘書監虞世南伯施撰。其書成於隋世。」

〔一六〕與張暢語：張暢（四〇八—四五五）字少微，吴郡吴（今江蘇蘇州）人。仕劉宋爲沛郡太守、會稽太守。宋書卷四六、卷五九、南史卷三二並有傳。按，宋書卷四六張邵傳附暢傳：「孝武鎮彭城，暢爲安北長史、沛郡太守。元嘉二十七年，魏主托跋燾南征。」「魏主既至，登城南亞父塜，於戲馬臺立氈屋。」「暢於城上與魏尚書李孝伯語，孝伯問：『君何姓？』答曰：『姓張。』孝伯曰：『張長史乎？』暢曰：『君何得見識？』孝伯曰：『君名聲遠聞，足使我知。』城内有具思者，嘗在魏，義恭使視，知是孝伯，乃開門餉物。魏主又求酒及甘橘，孝武又致螺盃雜物，南土所珍。魏主復令孝伯傳語曰：『魏主有詔借博具。』暢曰：『博具當爲申致，有詔之言，正可施於彼國，何得施之於此？』孝伯曰：『以隣國之臣耳。』孝伯又言：『太尉、鎮軍，久闕南信，殊當憂邑。若遣信，當爲護送。』暢曰：『此中間道甚多，亦不須煩魏。』孝伯曰：『亦知有水路，似爲白賊所斷。』暢曰：『君著白衣，故號白賊也。』孝伯笑曰：『今之白賊，亦不異黄巾、赤眉，但不在江南耳。』又求博具，俄送與。魏主又遣送氈及九種鹽并胡豉，云：『此諸鹽，各有宜。白鹽是魏主所食。黑者療腹脹氣滿，刮取六銖，以酒服之。胡鹽療目痛。柔鹽不用食，療馬脊創。赤鹽、駮鹽、臭鹽、馬齒鹽四種，並不中食。胡豉亦中噉。』」

〔一七〕爛然漢明：北堂書鈔卷一四六「爛然漢明，晃爾霞赤」條引郭璞鹽池賦：「爛然漢明，晃爾霞赤。望之絳蒸，即之雪積。」

〔一八〕虞世南書：當指虞氏所纂北堂書鈔，然此處所引蔡邕從朔方報羊月書，今本北堂書鈔無載。

〔一九〕續漢書：隋書經籍志二：「續漢書八十三卷。（晉祕書監司馬彪撰。）」又新唐書藝文志二：「司馬彪續漢書八十三卷，又録一卷。」按，彪書八志三十卷今附范曄（蔚宗）後漢書以傳，餘則散佚。又彪書郡國志不涉天竺事，所謂「天竺出黑鹽」，今則見於後漢書西域傳。

〔二〇〕天竺出黑鹽：後漢書西域傳：「天竺國一名身毒，在月氏之東南數千里」，「土出象、犀、瑇瑁、金、銀、銅、鐵、鉛、錫，西與大秦通，有大秦珍物。又有細布、好毾㲪、諸香、石蜜、胡椒、薑、黑鹽」。

〔二一〕北堂書抄引博物志：「博物志」，疑當作「廣志」。按，北堂書鈔卷一四六「青鹽」條引廣志：「北胡有青鹽，五原有紫鹽，波斯國有白鹽，如石子。」

〔二二〕萬畢術累卵：「萬畢術」，即淮南萬畢術。見卷一「孔雀媒」條注。按，太平御覽卷八六五引淮南萬畢術：「鹽能累卵。（取戎鹽塗卵，取他卵置其上即累也。）」

〔二三〕周官：即周禮。漢書藝文志：「周官經六篇。」又唐陸德明經典釋文叙録：「王莽時，劉歆爲國師，始建立周官經，以爲周禮。」

〔二四〕通典：新唐書藝文志三：「杜佑通典二百卷。」按，唐會要卷三六修撰：「（建中）十九年二月，淮南節度使杜佑撰通典二百卷，上之。其書凡九門，取食貨十二篇，選舉六篇，職官二十二篇，禮一百篇，樂七篇，兵六篇，刑十七篇，州郡十四篇，邊防十六篇。佑多該涉，尤精歷代之要。修通典，識者知其必登公輔之位。其書既出，遂行於時。」

〔二五〕九原歲貢印成鹽：通典卷六食貨六：「天下諸郡每年常貢」，「（京兆府九原郡）貢野馬胯皮二十一片，白麥麵，印盛鹽。今豐州」，「（五原郡）貢鹽山四十顆。今鹽州」。

〔二六〕水經：此指水經注。隋書經籍志一：「水經四十卷。（酈善長注。）」又直齋書録解題卷八：「水經三卷、水經注四十卷。桑欽撰。後魏御史中尉酈道元善長注。桑欽，不知何人，邯鄲書目以爲漢人，晁公武曰成帝時人，當有所據。」

〔二七〕龍城：水經注河水二：「河水又東，注於泑澤，即經所謂蒲昌海也。水積鄯善之東北，龍城之西南。龍城故姜賴之虚，胡之大國也。蒲昌海溢，盪覆其國，城基尚存而至大，晨發西門，暮達東門。澮其崖岸，餘溜風吹，稍成龍形，西面向海，因名龍城。地廣千里，皆爲鹽而剛堅也。行人所逕，畜産皆布氈卧之，掘發其下，有大鹽，方如巨枕，以次相累，類霧起雲浮，寡見星日，少禽，多鬼怪。西接鄯善，東連三沙，爲海之北隘矣。故蒲昌亦有鹽澤之稱也。」熊會貞注：「漢志：敦煌郡正西關外，有蒲昌海。徐松曰：今回部語謂之羅布淖爾，在吐魯番城西南。」

〔二八〕剛緊：原作「彫緊」，今據水經注河水二改。參見上注。

〔二九〕大同：梁武帝蕭衍年號（五三五—五四六）。按，南史夷貊下高昌國：「梁大同中，子堅遣使獻鳴鹽枕、蒲桃、良馬、氍毹等物。」

〔三〇〕荆楚記：北堂書鈔引作荆州記，此誤。隋書經籍志二：「荆州記三卷。（宋臨川王侍郎盛弘之撰。）」按，北堂書鈔卷一四六「如繖」條引荆州記：「鹽水自凝，生傘子鹽，方寸，中央隆起，形如張傘。」

〔三一〕月支恒水下有真鹽：南史夷貊上中天竺國：「中天竺國，在大月支東南數千里，地方三萬里，一名身毒」，「國臨大江，名新陶，源出崑崙。分爲五江，總名恒水。其水甘美，下有真鹽，色正白如水精」。

米䴵

廣州俗尚米䴵〔一〕，合生熟粉爲之，規白可愛，薄而復明〔二〕，亦食品中珍物也。按梁劉孝威謝官賜交州米䴵四伯屈〔三〕，詳其言「屈」，豈今之數乎？且前朝短書雜説，即有呼食爲頭①，以魚爲𣃚②〔四〕，茗爲薄、爲夾③，筆爲雙、爲床、爲枚④，墨爲螺、爲量、爲丸、爲枚⑤，紙爲番〔五〕、爲幅、爲枚⑥，布爲鼓⑦，錦爲兩⑧，衣爲裁⑨，袈裟爲緣⑩，奴爲頭⑪，麝爲子，蠟爲䴵⑫，檳榔爲口，胡桃爲子、爲口⑬，其事不可備論。今高州多採藷爲麻䴵〔六〕，絶宜人，味極芳美，方言云「人謂藷藇爲儲」是也。又都播國土多百合〔七〕，亦有取根以爲粮者⑭。瓊州溲爲湯餅⑮〔八〕。

【原注】

①梁元帝謝賜功德浄饌一頭云：「瑶器自滿，金鼎流味。漿含都蔗〔九〕，味資石蜜。」又謝賚功德食一頭云：「天廚浄饌，菴羅法果〔一〇〕。」又劉孝威謝賜聖僧餘福果食一頭云〔一一〕：「五杏七桃，美瓜仙棗。」

②梁科律〔一二〕：「生魚若干㪷。」

③温□貢茗一百大薄。又梁科律「薄茗若干夾」云云。

④搜神記云〔一三〕：「益州西有神祠，自稱黄石公〔一四〕。祈禱者持一百紙，一雙筆，一丸墨，先聞石室中有聲，便具吉凶，不見形也。」南朝呼筆四管爲一床，梁簡文帝答徐摛書云〔一五〕：「時設書幌，乍置筆床。」梁令云〔一六〕：「寫書，筆一枚一萬字。」

⑤陸雲與兄書〔一七〕：「今送墨一螺。」婦人集汲太子妻季與夫書云〔一八〕：「致尚書墨十螺。」梁科律：「御墨一量，十二丸。皇后、妃一量，一百丸。」蔡質漢官儀曰〔一九〕：「尚書、令、僕、丞、郎，月賜隃麋大墨一枚，小墨一枚。」宋元嘉中格：「寫書墨一丸，限二十萬字。」

⑥湘東啓上梁武帝：「紙萬幅，筆四百枚。」簡文帝集〔二〇〕：「綱啓：謹奉紅牋二千番。」陸倕有謝安成王賜西蜀牋紙一萬幅〔二一〕。梁簡文帝又云：「特送四色紙三萬枚。」答湘東王〔二二〕。會最云〔二三〕：

「晉、宋間，有一種紙，或一幅長丈餘。言就船中抄之，世謂疊紙。」又云：「張載紙銘並稱紙爲番[二四]。紙字從系，蔡倫作紙從巾。」

⑦梁祖布五丈[二五]，度曰取，薄布一十疋爲一鼓。

⑧王儉云[二六]：「幣錦二端爲一兩[二七]，一兩一疋，二丈爲端也。」左傳云：「歸夫人重錦三十兩[二八]。」注：「錦以二丈雙行，故曰兩，三十疋是也。」

⑨陸倕謝安成王楚越衣二裁，沈約有謝葛衫二裁也[二九]。

⑩梁簡文帝云[三〇]：「蒙賚鬱金泥細納袈裟一緣。忍辱之鎧，安施九種；功德之衣，慙愧八法。」

⑪簡文帝書，言安吉公主餉胡子一頭[三一]，云：「方言異俗[三二]，極有可觀；山高海深，宛在其貌[三三]。」

⑫梁科律文云：「奴一頭，婢一頭。」

⑬麝香如干子，蠟如干辮，齊建武四年事[三四]。

陸倕謝安成王賜檳榔一十口，又謝胡桃一千子。又沈約謝「賜臣交州檳榔千口」云：「龍編嘉實[三五]，厥包遐遠。」

⑭事見會要[三六]。本草云[三七]：「署預，一名山芋。」山海經云[三八]：「景山多藷藇[三九]。江南單呼爲藷，語有輕重也。」其法：採藷，去外皮，磨之，曝乾爲粉。臨用時，別取藷磨，取濕者溲之，他如麵法。

⑮顔之推又云[四〇]：「蒐茨[四一]，令去黑皮以爲粉，作湯餅，甚光滑。」

【校箋】

〔一〕廣州俗尚米𥻆：「俗」，説郛（涵芬樓本）卷二、説郛（四庫本）卷六三上、古今説海卷一三引北户録並作「南」。按，本書卷一「鷓鴣瘴」條：「廣之南，新、勤、春十州，呼爲南道。」「米𥻆」，即糍粑，古稱「餈」。周禮天官籩人：「羞籩之實，糗餌，粉餈。」鄭玄注：「鄭司農云：『糗，熬大豆與米也。粉，豆屑也。茨字或作餈。謂乾餌餅之也。』玄謂此二物皆粉稻米、黍米所爲也，合蒸曰餌，餅之曰餈。」

〔二〕規白可愛薄而復明：説郛（涵芬樓本）卷二引北户録此八字作「白薄而肕」四字，説郛（四庫本）卷六三上、古今説海卷一三引北户録作「白薄而軟」。按，「肕」，集韻震韻：「肕，堅柔也，或從韋。」

〔三〕劉孝威謝官賜交州米𥻆四伯屈：劉孝威（四九六—五四九），彭城（今江蘇徐州）人。劉孝綽六弟。仕梁爲中庶子，兼通事舍人。梁書卷四一、南史卷三九並有傳。「四伯屈」，説郛（四庫本）卷六三上、古今説海卷一三引北户録作「四百屈」。按，通雅（明方以智撰）卷四〇：「曰屈曰頭皆數也。段公路北户録曰劉孝威謝官賜交州米𥻆四百屈，蓋今數也。」

〔四〕㪷：「斗」之俗字。玉篇斗部：「斗，十升曰斗。㪷，俗。」

〔五〕紙爲番：歷代詩話（清吴景旭撰）卷四八：「余因魚爲㪷，喜段公路之言，録之。然於紙爲番，獨無引據。因按魏張揖云：『古之素帛，依書長短，隨事截繙，枚數重沓，即名番。紙故從糸，蓋取繒帛之義。』則謂紙曰番以此也。」

〔六〕高州多採藷爲麻䴵：「高州」，今廣東高州東北。見卷一「緋猨」條注。「藷」，亦稱藷藇、署豫、藷藇，山藥，塊莖可食，亦可入藥。按，太平御覽卷九八九引吴氏本草：「署豫，一名諸署。秦、楚名玉延，齊、越名山羊，鄭、趙名山芋。一名玉延，一名修脆，一名兒草」，「始生，赤莖細蔓。五月，華白。七月，實青黄。八月，熟落。根中白，皮黄，類芋。二月、三月、八月採根」。

〔七〕都播國土多百合：新唐書回鶻傳下：「都播，亦曰都波，其地瀕小海，西堅昆，南回紇，分三部，皆自統制。其俗無歲時。結草爲廬。無畜牧，不知稼穡。土多百合草，掇其根以飯，捕魚鳥獸食之。」又太平廣記卷四八〇「都播」條引神異録：「都播國，鐵勒之别種也。分爲三部，自相統攝。其俗結草爲廬，無牛羊，不知耕稼。多百合，取以爲糧。衣貂鹿之皮，貧者亦緝鳥羽爲服。國無刑罰，偷盜者倍徵其贓。」

〔八〕瓊州溲爲湯餅：「瓊州」，今海南海口。舊唐書地理志四：「瓊州，本隋珠崖郡之瓊山縣。貞觀五年，置瓊州，領瓊山、萬安二縣。其年，又割崖州臨機來屬。十三年，廢瓊州，以屬崖州。尋復置瓊州，領瓊山、容瓊、曾口、樂會、顔羅五縣。天寶元年，改爲瓊山郡。乾元元年，復爲瓊州。」「湯餅」，即今謂之湯麵。釋名釋飲食：「餅，并也，溲麪使合并也。胡餅，作之大漫沍也，亦言以胡麻著上也。蒸餅、湯餅、蝎餅、髓餅、金餅、索餅之屬，皆隨形而名之也。」又名義考（明周祈撰）卷一二：「釋名：『餅，并也，溲麪使合并也。』凡以麪爲食具者，皆謂之餅。以火炕曰爐餅，有巨勝曰胡餅，漢靈帝所嗜者，即今燒餅。以水瀹者曰湯餅，亦曰煮餅，束皙云『玄冬爲最』者，即今切麪。」

〔九〕都蔗：即甘蔗。齊民要術卷一〇「甘蔗」條：「説文曰：『藷，蔗也。』按書傳曰，或爲『芋蔗』，或『干蔗』，或『邯睹』，或『甘蔗』，或『都蔗』，所在不同。」

〔一〇〕菴羅法果：「菴羅」，亦作「菴摩羅」、「阿摩勒」，梵語之音譯，意譯則爲無垢果，即油柑。按，一切經音義卷二八：「阿摩勒果，正言菴磨羅果，其葉似小棗，果如胡桃，味酸而且甜，可入藥分也。」

〔一一〕劉孝威謝賜聖僧餘福果食一頭：藝文類聚卷七二梁劉孝威謝東宮賜聖僧餘饌啓：「齊桓柏寢之器，周穆軒宫之寶。乳糜香飯，素粽糗漿。五杏七桃，靈瓜仙棗。莫不氣馥上天，薰流下界。石崇芳果，金谷僅於萬株；陳湯木滋，杜陵幾於千樹。猶自高謝珍奇，多慙品族。」

〔一二〕梁科律：隋書經籍志二：「梁律二十卷。（梁義興太守蔡法度撰。）」「梁科三十卷。」又舊唐書經籍志上：「梁律三十卷。（蔡法度撰。）梁科二卷。（蔡法度撰。）」

〔一三〕搜神記：見卷一「蛤蚧」條注。

〔一四〕自稱黄石公：文房四譜卷一引搜神記：「益州有神祠，自稱黄石公。祈者持一雙筆及紙墨，則於石室中言吉凶。」按，史記留侯世家記黄石公贈張良太公兵法三卷。

〔一五〕梁簡文帝答徐摛書：「徐摛」，原作「徐瑀」，古今事文類聚别集卷一四引北户録作「徐螭」，今據類説卷一三引北户録改。按，南朝史傳未見有徐瑀其人，而徐摛（四七一—五五四）字士秀，一字士績，東海郯（今山東郯城）人，在梁始終爲蕭綱（梁簡文帝）屬官，深獲寵信，不離左右，官至太子左衛率。梁書卷三〇、南史卷六二並有傳。

〔一六〕梁令：隋書經籍志二：「梁令三十卷。（録一卷。）」又舊唐書經籍志上：「梁令三十卷。（蔡法度撰。）」

〔一七〕陸雲與兄書：初學記卷二一引陸雲與兄書：「一日上三臺，曹公藏石墨數十萬斤，云燒此消復可用，然不。知兄頗見之不？今送二螺。」按，陸雲（二六二—三〇三）字士龍，吴郡吴華亭（今上海松江）人。陸機（字士衡）弟。吴亡，兄弟二人同入洛陽，官至清河内史。其兄官至平原内史。晉書卷五四有傳。

〔一八〕婦人集：隋書經籍志四：「婦人集二十卷。（梁有婦人集三十卷，殷淳撰。又有婦人集十一卷，亡。）」又新唐書藝文志四：「殷淳婦人集三十卷。」

〔一九〕蔡質漢官儀：隋書經籍志二：「漢官典職儀式選用二卷。（漢衛尉蔡質撰。）」又新唐書藝文志二：「蔡質漢官典儀一卷。」按，太平御覽卷六〇五引蔡質漢官：「尚書、令、僕、丞、郎，月賜渝麋大墨一枚，小墨一枚。」

〔二〇〕簡文帝集：隋書經籍志四：「梁簡文帝集八十五卷。（陸罩撰，并録。）」又舊唐書經籍志下：「梁簡文帝集八十卷。」

〔二一〕陸倕：倕（四七〇—五二六）字佐公，吴郡吴（今江蘇蘇州）人。仕齊爲廬陵王法曹行參軍。入梁，累遷太子中庶子，揚州大中正。梁書卷二七、南史卷四八並有傳。

〔二二〕答湘東王：「答」字原闕，今據類説補。按，類説卷一三「墨紙」條引北户録：「簡文帝奉紅緑牋三千番。又云送四色紙三萬枚，答湘東王也。」

〔二三〕會最：本書卷一「紅虵」條，説郛（四庫本）卷六三上、古今説海卷一六引北户録並作「會叢」（或讀「最」爲「菆」之故），未詳具指何書。

〔二四〕張載：載字孟陽，安平武邑（今屬河北）人。仕晉爲中書侍郎，領著作。與弟協、亢並工詩文，時號「三張」。晉書卷五五有傳。

〔二五〕梁祖布五丈：「祖」，疑當作「粗」。

〔二六〕王儉：儉（四五二—四八九）字仲寶，琅邪臨沂（今山東費縣東）人。仕宋爲秘書丞，依漢劉歆七略撰七志四十卷。入齊，遷尚書右僕射，領吏部。官終中書監。南齊書卷二三、南史卷二二並有傳。

〔二七〕幣錦二端爲一兩：左傳昭公二十六年：「夏，齊侯將納公，命無受魯貨。申豐從女賈，以幣錦二兩，縛一如瑱，適齊師。」楊伯峻春秋左傳注：「杜注：『豐、賈二人皆季氏家臣。』古代布帛，皆以古尺二丈爲一端，二端爲一兩。二兩類似今之二匹。錦爲有雜色花紋之厚重絲織物。饋贈品古皆可曰幣，此以錦爲幣。瑱即瑱圭之瑱，亦作鎮。謂此以二兩錦緊縛束爲一，狀如鎮圭，易于懷藏。」

〔二八〕歸夫人重錦三十兩：左傳閔公二年：「歸夫人魚軒，重錦三十兩。」楊伯峻春秋左傳注：「歸讀爲饋」，「魚軒亦猶定九年之犀軒。犀軒，蓋以犀革爲飾者，魚軒則以魚皮爲飾者」，「錦，用各種顏色之絲所織成之綢緞料。重錦，錦之熟細者。三十兩，三十匹。古代布帛，每匹四丈，分爲兩段，兩兩合捲，故謂之兩；若匹偶然，亦謂之匹」。

〔二九〕沈約：約（四四一—五一三）字休文，吴興武康（今浙江湖州）人。仕宋爲尚書度支郎。入齊，累遷五兵尚書，司徒左長史。入梁，累遷尚書令，領太子少傅。宋書卷一〇〇、梁書卷一三、南史卷五七並有傳。

〔三〇〕梁簡文帝：原作「梁文帝」，今據説郛（四庫本）卷六三上、古今説海卷一三引北户録改。參見下注。

〔三一〕言安吉公主餉胡子一頭：「安吉公主」，原作「安吉王」，今據藝文類聚改。參見下注。

〔三二〕方言異俗：藝文類聚卷三五引梁簡文帝答安吉公主餉胡子書：「方言異俗，極有可觀。山高水遠，宛在其邈。不使去來執轡，媲彼青衣；正當出入燒香，還依丹轂。豈直王濟女奴，獨有羅袴；方使樂府行胡，羞論歌舞。垂膝新奇，伏增荷抃。」

〔三三〕宛在其貌：「貌」，藝文類聚卷三五引梁簡文帝答安吉公主餉胡子書作「邈」。見上注。

〔三四〕齊建武四年：即齊明帝蕭鸞建武四年（四九七）。

〔三五〕龍編：治所在今越南北寧仙遊東。元和郡縣圖志卷三八嶺南道五：「龍編縣，本漢縣，屬交趾郡。立縣之始，蛟龍盤編於江津之間，因以爲瑞而名縣也。武德四年，於此置龍州。貞觀元年，州廢，縣屬交州。」

〔三六〕會要：見卷一「蛺蝶枝」條注。

〔三七〕本草：見本卷「紅鹽」條注。

〔三八〕山海經：見卷一「通犀」條注。

〔三九〕景山多藷藇：山海經北山經：「又南三百里，曰景山，南望鹽販之澤，北望少澤，其上多草、藷藇。」郭璞注：「根似羊蹄，可食。曙豫二音，今江南單呼爲藷，音儲，語有輕重耳。」

〔四〇〕顔之推又云：此所謂「顔之推云」，疑指其證俗音字而言。宋史藝文志一：「顔之推證俗音字四卷。」又玉海藝文卷一一小學：「書目：北齊顔之推證俗音字四卷。援諸書爲據，正時俗文字之謬，凡三十五目。」又文獻通考卷一八九經籍考一六：「證俗音字四卷，崇文總目：『齊黄門侍郎顔之推正時俗文字之謬，援諸書爲據，凡三十五目。』」蓋以本書同時引用張推證俗音一書，易與顔之證俗音字相混，或顔書即以撰人代指。

〔四一〕蔄茨：亦稱梟茈，即烏芋，俗稱荸薺。類篇艸部：「蔄，蔄茈，艸名，生下田，根可食。」

食　目

韶州菜有蕪菁〔一〕，郡人採之爲葅〔二〕，脆而且甘，不失北中味也①。愚按顧啓期婁地記曰〔三〕：「薛山者〔四〕，昔爲薛伯道居此山，不知何時人，好稼植，緣海散蕪菁子。今海邊尚有此菜，云伯道所種。」又按司馬相如凡將篇〔五〕，謂爲「苪菁當門」②，小學篇曰「芴③菁」〔六〕。會最又云〔七〕：「以子江南種，變爲菘。菘子黑，蕪菁子紫赤也〔八〕。」又據南朝食品中有芥子醬〔九〕、蘆蔔根〔一〇〕、葅菘之類，是江南爲菘驗也④。今番禺〔一一〕，唯韶州産蕪菁、林檎〔一二〕、木瓜⑤〔一三〕；勤州出栗子⑥〔一四〕；賓州出梨〔一五〕，梨大如拳，有類浙東成家梨，可蒸而食，乃皮厚肉硬，又非哀家梨也⑦。世説云〔一六〕：「桓南郡玄每見人不快，輒嗔曰：『君得哀家梨〔一七〕，當復不蒸不食⑧。』」廣之人食品中，有團油飰⑨〔一八〕，䘓⑩，蟻子醬⑪，老鹹虀⑫，蛤臛⑬，褒牛頭，南人取嫩牛頭火上燂過⑭，復以湯毛去根，再三洗了，加酒、豉、葱、薑煮之，候熟，切如手掌片大，調以蘇膏〔一九〕、椒、橘之類，都内於瓶瓮中，以泥泥過，煻火重燒，其名曰褒。愚曾於衡州食熊蹯〔二〇〕，大約滋味小異而不能及。又按南朝食品中，有奥肉法〔二一〕，奥即褒類也⑮。又有䏺、腤、煎、消法⑯〔二二〕，腤炙〔二三〕，糟肉〔二四〕，範炙〔二五〕，純蒸魚〔二六〕，白瀹肫法⑰〔二七〕，腤雞〔二八〕，腤白肉〔二九〕，蜜純煎魚〔三〇〕，臉臟⑱〔三一〕；下淡奠有蟬臛⑲，薄夜餅⑳〔三二〕，曼頭餅㉑，雀瑞餅㉒〔三三〕，牢丸餅，渾沌餅㉓，夾餅，安寒時㉔；糖蟹法㉕，蒸炙牛肱㉖；經云跳丸炙㉗〔三四〕，皮脯，馬腸，鹿尾尺炙，筒炙〔三五〕，銜炙法〔三六〕，鹿角菜葅〔三七〕，紫菜葅爛畔㉘〔三八〕；葛饡㉙，水溲餅㉚〔三九〕；又果奠合子有寒具㉛，百支，䊤〔四〇〕，截餅〔四一〕，黄方柏餓㉜，白甘脆〔四二〕，赤牒棗，剥棗，胡麻糖，雀頭糖，廉薑〔四三〕，鬼目〔四四〕，蜜檳榔㉝，益智〔四五〕，甘蕉〔四六〕，甘欖〔四七〕，枸緣〔四八〕，楊梅〔四九〕。今瓊、崖、高、潘州以糖煮嫩大腹檳榔〔五〇〕，辯州以蜜漬益智子〔五一〕，食之亦甚美㉞。又有都念子〔五二〕，花似紫蜀葵，實如軟棗。拾遺云〔五三〕：「甚甘美益人。隋朝植於西苑中。」印度出那核婆果〔五四〕，大如冬瓜，熟則果赤，剖之，中有十小果，大如鵪卵，更又破之，其汁黄赤，其味甘美。或在樹枝，如衆果之結實。或在樹根，若茯苓之在土。又波斯卒果〔五五〕，葉長五六尺，果堪食，狀如人手，樹高丈五，葉堪作食簞。又頻那婆果〔五六〕，生樹後，大如八石瓮，味甚甘，食之便醉，九日而蘇㉟。愚又思束晳餅賦「餢飳」㊱、「餚燭」〔五七〕。顔之推云〔五八〕：「今内國餢飳，以油蘇煮之。江南謂蒸餅爲餢飳，未知何者合古腅〔五九〕。」國語云：「主孟啗我〔六〇〕。」字林曰〔六一〕：「腅，肴也。音大濫反。」之推又云：「今内國猶言餅腅。」及按方言〔六二〕，江南有鹿觔腅及臛之類〔六三〕。又韓肉〔六四〕，本法出韓國爲之〔六五〕，如羹而少汁加酢也。媆女〔六六〕，字林曰：「饋女也。音乃管反。」證俗音云〔六七〕：「今謂女嫁後三日餉食爲餪女也〔六八〕。」

【原注】

①方言：「豐蕘〔六九〕，蕪菁也。陳、楚之郊謂之豐，齊、魯之郊謂之蕘，關之東謂之蕪菁，趙、魏之間謂

之大芥。」郭璞注：「蘴，音蜂，江東音菘。」又云：「紫華者謂之蘆菔。」證俗音曰：「葖、蘆菔，蕪菁屬。紫花，大根，俗呼爲雷葖也。」

②證俗音「冥」。

③（芴）音勿。

④證俗音云：「小學章作苾。」

⑤廣志云〔七〇〕：「一名黑琴，似赤柰。」齊民要術曰：「林檎堪爲麨〔七一〕。」爾雅云：「楙，木瓜也。」賈思勰云〔七二〕：「凡書廚中安麝香、木瓜，即無蠹。」

⑥形味俱劣。一年，栗方熟，群鸚鵡至，共啄食幾盡。

⑦縉雲成家出此梨〔七三〕，因以爲名。

⑧舊語「秣陵有哀仲梨〔七四〕，甚大如升，入口便消」，言愚人不別味，得好梨而蒸食也。

⑨凡力足之家有産婦，三日、足月及子孩晬〔七五〕，爲之餄。以煎蝦、魚炙、雞鵝、煮猪羊、雞子羹、餅灌腸、蒸腸菜、粉餈、粔籹、蕉子、薑桂、鹽豉之屬，裝而食之是也。

⑩説文云：「羊凝血也〔七六〕。」音口紺反。今廣人生以五味酢食之。按，證俗音云：「南謂凝牛、羊、鹿血爲䘓，以虀啾之消酒也。」

⑪蚳醢也〔七七〕。今山源間，有蟻于於茅根下爲窠者，收卵爲醬也。

⑫採老菜，以餄和鹽藏之，一如常法，有入蕉心者。其瓮埋於池塘間，至三年，菜色如金，土人所重。

⑬理如常法，蛤即蛙也。周書：「腐草爲蛙〔七八〕。」陶注本草：「青脊者曰土鴨〔七九〕，黑者南人呼爲蛤子。」南史：「卞彬爲螺蟇賦云〔八〇〕：『紆青拖紫，名爲蛤魚。』以諷令僕。」漢書言：「鄠、杜之間，水多蛙魚〔八一〕，人得不飢。」又宋書〔八二〕：「張暢弟爲猘犬所傷〔八三〕，醫云：『食蝦蟇鱠可愈。』而弟有難色，暢先食而弟方食。」果能愈疾，即知前古之人食蛙久矣。又衝波傳：「蝦蟇無腸〔八四〕，龍蛇屬也。」抱朴子云〔八五〕：「千歲者，頷下丹書八字〔八六〕。」南史丘傑列傳又云：「蝦蟇有毒，夢中得三丸藥〔八七〕，後服之，下科斗子數升。」博物志所謂「東南之食水産〔八八〕，有龜蛤螺蚌，以爲殊味，不覺其腥臊〔八九〕。」今按蛙惟性熱，甚補人。人有折其足於瓶中，以水養之，不三五日，其損如故。亦有以蘇煎食者是也。

⑭證俗音：「炙去毛爲燂。似廉反。」

⑮先以宿猪肥者，臘月殺之。以火燒之令黄，煖水梳洗，削刮令浄，刳去五臟。猪肪熘取脂，臠方五寸，令皮肉相兼。著水令淹没，於釜中炒之。肉熟，水盡，更以向所熘肪膏煮肉，脂一斤，酒三升，鹽三升，令脂没肉，緩火煮半日許。漉出瓮中，餘膏瀉肉瓮中令相淹〔九〇〕。食時，水煮令熟，切作大臠子，調和如常肉法，尤宜新韮爛畔。其二歲猪，肉未堅，爛壞不堪作。

⑯方言：「熬、煎、炒、熝，火乾也。」「煎」字，崔寔四民月令作「熵」〔九一〕。古文「熝」字作「㷅」字，訓詁音平力反，書此「熝」字。

⑰（瀹）音藥，煮也。顔之推云：「瀹〔九二〕，白煮肉。爾雅注作『灼』字。」

⑱（臓）盧減反。臉臓法：用猪腸經沸湯出，三寸斷之，決破細切。熬之與水沸，下豉汁、研米、葱、薑、椒、胡芹、蒜，下鹽、醋、蒜子。細切血，將奠與之，早與血則變也。

⑲乃古人爵鷃蜩範之類也〔九三〕。

⑳用雞臛。

㉑齊民要術書上字〔九四〕，束皙餅賦作「饅頭」字。

㉒用酢。

㉓要術書上字〔九五〕。廣雅曰〔九六〕：「餛飩也。」字苑作「餫」〔九七〕。顔之推云〔九八〕：「今之餛飩，形如偃月，天下通食也。」

㉔肉夾有心〔九九〕，羅脂煮者。

㉕周禮〔一〇〇〕：「蟹胥〔一〇一〕。（音素。）」九月中〔一〇二〕，取母蟹著水中，勿令傷損及死。一宿，腹中浄，久則吐黄，吐黄則不佳也。先煮薄飴，（飴，餳也。）著活蟹冷糖中一宿。煮蓼湯，和白鹽極鹹，待冷，瓮盛半汁，取糖中蟹内著鹽蓼汁中，便死。（蓼宜著少，多則爛。）泥封二十日出之，舉蟹臍，著薑末，還復臍如初。内著泔中，百箇一器，還以前鹽蓼汁澆之，令没。密封，勿令漏氣，便成矣，特忌風中，則壞而不美。

㉖（肱）户堅反。老牛肱〔一〇三〕，厚而脆，剗穿，痛蹙令聚，逼火急炙，令上劈裂。然後割之，則脆美。若挽令伸舒，微火遥炙，則薄而且肕。

㉗如彈丸，炙煮之。

㉘盧龍食經云云〔一〇四〕。

㉙説文云：「饡〔一〇五〕，今呼羹，和飰爲之。」

㉚要術云：「立秋，毋食煮餅及水引餅〔一〇六〕，餅唯酒引。餅入水爛，水溲，得水難消也。」

㉛證俗音：「麰䴵〔一〇七〕，内圓，呼爲環餅，亦呼寒具。」鄭玄注周官有寒具〔一〇八〕，未知是麰䴵否？力田反，力走反。

㉜䭜，急就篇「飴餳」〔一〇九〕。説文曰：「熬稻，餦餭也〔一一〇〕。」音散，桑但反。廣雅釋粻䭜也〔一一一〕。證俗音云：「今江南呼䭜飰。已煎米，以糖餅之者，爲粰粻也，音浮流。」

㉝周成雜字曰〔一一二〕：「檳榔，果也，似螺，可食。」

㉞按字苑曰：「雜藏果也。音素感反。」顔之推云：「今以蜜藏雜果爲粽。」

㉟見會最也。

㊱當音「部注」。

【校箋】

〔一〕韶州菜有蕪菁：「韶州」，今廣東韶關南。見本卷「雞毛筆」條注。「蕪菁」，即蔓菁，俗稱大頭菜。南方草木狀卷上：「蕪菁，嶺嶠以南俱無之，偶有士人因官攜種，就彼種之，出地則變爲芥，亦橘種江北爲枳之義也。至曲江方有菘，彼人謂之蓁菘。」

〔二〕採之爲葅：「葅」，同「菹」，醃菜。按，荆楚歲時記：「仲冬之月，采擷霜蕪菁、葵等雜菜，乾之，並爲鹹葅。有得其和者，並作金釵色。今南人作鹹葅，以糯米熬擣爲末，并研胡麻汁和釀之，石笮令熟。葅既甜脆，汁亦酸美。呼其莖爲金釵股，醒酒所宜也。」

〔三〕婁地記：隋書經籍志二：「婁地記一卷。（吴顧啓期撰。）」

〔四〕薛山：至元嘉禾志卷四松江府：「薛山，在府西北二十四里，高九十丈，周迴七里。考證：吴地記云：『薛約道居此，因以爲名。』」按，元至正時嘉禾，即今浙江嘉興，松江府，即今上海松江。

〔五〕凡將篇：隋書經籍志一：「勸學一卷。（蔡邕撰。梁有司馬相如凡將篇、班固太甲篇、在昔篇，崔瑗飛龍篇，蔡邕聖皇篇、黄初篇、吴章篇，蔡邕女史篇，合八卷。）」又舊唐書經籍志上：「凡將篇一卷。（司馬相如撰。）」

〔六〕小學篇：隋書經籍志一：「小學篇一卷。（晉下邳内史王義撰。）」又舊唐書經籍志上：「小學篇一卷。（王義之撰。）」

〔七〕會最：見卷一「紅虵」條注。

〔八〕蕪菁子紫赤：爾雅翼釋草「葑」條：「有人將菘菜北種，初一年，半爲蕪菁，二年，菘種都絶。將蕪菁子南種，亦二年都變，其子亦隨色變。大率菘子黑，蔓菁子紫赤，大小相似。」

〔九〕芥子醬：齊民要術卷八八和齏：「食經作芥醬法：熟擣芥子，細篩取屑，著甌裏，蟹眼湯洗之。

澄去上清，後洗之。如此三過，而去其苦。微火上攬之，少熇，覆甌瓦上，以灰圍甌邊。一宿即成。以薄酢解，厚薄任意。」

〔一〇〕蘆葍根：齊民要術卷九作菹藏生菜法：「菘根蘿葍菹法：浄洗通體，細切長縷，束爲把，大如十張紙卷。暫經沸湯即出，多與鹽。二升暖湯合把手按之。又：細縷切，暫經沸湯，與橘皮和，及暖與則黄壞。料理滿奠。熇菘、葱、蕪菁根悉得用。」

〔一一〕番禺：猶言廣州，唐爲嶺南節度使理所。見本卷「雞毛筆」條注。

〔一二〕林檎：即沙果。證類本草卷二三「林檎」條：「其樹似柰樹，其形圓如柰。六月、七月熟，今在處有之。」

〔一三〕木瓜：即楙。爾雅釋木：「楙，木瓜。」郭璞注：「實如小瓜，酢，可食。」

〔一四〕勤州出栗子：太平御覽卷九六四引嶺表録異：「廣州無栗，唯勤州（許按：原作「勒州」，今據魯迅輯本改。）山中有石栗，一年方熟，皮厚而肉少，味似胡桃人。熟時，或爲群鸚鵡至，啄食略盡。只此石栗，亦甚稀少。」「勤州」，今廣東陽春東北。見卷一「鸚鵡瘴」條注。

〔一五〕竇州：今廣東信宜西南。按，舊唐書地理志四：「竇州，隋永熙郡懷德縣。武德四年，置南扶州及五縣。以獠反，寄瀧州。貞觀元年廢，以所管縣並屬瀧州。二年，獠平，復置南扶州，自瀧州還其故縣。五年復廢，縣隸瀧州。六年復置，以故縣來屬。其年，改南扶爲竇州。天寶元年，改爲懷德郡。乾元元年，復爲竇州。」

〔一六〕世説：見卷一「紅蟹殼」條注。

〔一七〕君得哀家梨：世説新語輕詆：「桓南郡每見人不快，輒嗔云：『君得哀家梨，當復不烝食不？』」劉孝標注：「舊語，秣陵有哀仲家梨，甚美，大如升，入口消釋。言愚人不别味，得好梨，烝食之也。」又南部新書壬集：「長安盛要，哀家梨最爲清珍，諺謂：『愚者得哀家梨，必蒸喫。』今咸陽出水蜜梨尤佳，鄠、杜間亦有之，父老或謂是哀家種。」

〔一八〕團油飰：或以爲即宋人所説「盤遊飯」。按，老學庵筆記卷二：「北户録云：『嶺南俗家富者，婦産三日或足月，洗兒，作團油飯，以煎魚蝦、雞鵝、猪羊灌腸、蕉子、薑、桂、鹽、豉爲之。』據此，即東坡先生所記盤遊飯也。二字語相近，必傳者之誤。」

〔一九〕蘇膏：見本卷「雞骨卜」條注。

〔二〇〕於衡州食熊蹯：「衡州」，今湖南衡陽。見卷一「鷓鴣」條注。「熊蹯」，玉篇足部：「蹯，輔袁切。熊掌也。」左氏傳曰：『宰夫胹熊蹯不熟。』」

〔二一〕奥肉法：「奥」，釋名作「腴」。釋名釋飲食：「腴，奥也。藏肉於奥内，稍出用之也。」又齊民要術卷九作脺奥糟苞：「作奥肉法：先養宿猪令肥，臘月中殺之。攣訖，以火燒之令黄，用暖水梳洗之。削刮令净，刳去五藏。猪肪熘取脂，肉臠方五六寸作，令皮肉相兼，著水令相淹漬，於釜中熘之。肉熟，水氣盡，更以向所熘肪膏煮肉。大率脂一斤，酒二升，鹽三升，令脂没肉，緩火煮半日許乃佳。漉出甕中，餘膏仍瀉肉甕中，令相淹漬。食時，水煮令熟，而調和之如常肉法，尤宜新韭爛拌，亦中炙噉。其二歲猪，肉未堅，爛壞不任作也。」

〔二二〕 脏腤煎消法：此數法見齊民要術卷八，文繁不具録，各摘其一法如下：「脏魚鮓法：先下水、鹽、渾豉、擘葱，次下猪、羊、牛三種肉，腤兩沸，下鮓。打破雞子四枚，瀉中，如瀹雞子法。雞子浮，便熟，食之」，「腤魚法：用鯽魚，渾用。軟體魚不用。鱗治。刀細切葱，與豉、葱俱下，葱長四寸。將熟，細切薑、胡芹、小蒜與之。汁色欲黑，無酢者，不用椒。若大魚，方寸准得用。軟體之魚、大魚不好也」，「勒鴨消：細研熬如餅臛，熬之令小熟。薑、橘、椒、胡芹、小蒜並細切，熬黍米糝。鹽、豉汁下肉中復熬，令似熟，色黑。平滿奠。兔、雉肉次好。凡肉，赤理皆可用。勒鴨之小者，大如鳩、鴿，色白也」，「鴨煎法：用新成子鴨極肥者，其大如雉。去頭，爛治，却腥翠、五藏，又淨洗，細剉如籠肉。細切葱白，下鹽、豉汁炒，令極熟，下椒、薑末食之」。

〔二三〕 脂炙：原作「啗炙」，今據齊民要術改。按，齊民要術卷九炙法：「食次曰：『脂炙：用鵝、鴨、羊犢、麞、鹿、猪肉肥者，赤白半，細研熬之。以酸瓜菹、筍菹、薑、椒、橘皮、葱、胡芹細切，鹽、豉汁，合和肉，丸之，手搦爲寸半方，以羊、猪胳肚臘裹之。兩歧簇兩條簇炙之。簇兩臠，令極熱。奠，四臠。牛、雞肉不中用。』」

〔二四〕 糟肉：齊民要術卷九作脺奥糟苞：「作糟肉法：春夏秋冬皆得作。以水和酒糟，搦之如粥，著鹽令鹹。内捧炙肉於糟中。著屋下陰地。飲酒食飯，皆炙噉之，暑月得十日不臭。」

〔二五〕 範炙：齊民要術卷九炙法：「範炙用鵝、鴨臆肉，如渾，椎令骨碎。與薑、椒、橘皮、葱、胡芹、小蒜、鹽、豉，切，和，塗肉，渾炙之。斫取臆肉，去骨，奠如白煮之者。」

〔二六〕純蒸魚：齊民要術卷八蒸缹法：「裹蒸生魚：方七寸准，又云五寸准。豉汁煮秫米如蒸熊，生薑、橘皮、胡芹、小蒜、鹽，細切，蒸糝。膏油塗箬，十字裹之，糝在上，復以糝屈牖糝之。又云：鹽和糝，上下與。細切生薑、橘皮、葱白、胡芹、小蒜置上。簩箬蒸之。既奠，開箬，褚邊奠上。」

〔二七〕白瀹肫法：齊民要術卷八菹緑：「白瀹豚法：用乳下肥豚。作魚眼湯，下冷水和之，擊豚令浄，罷。若有麤毛，鑷子拔却，柔毛則剔之。茅蒿葉揩洗，刀刮削令極浄。浄揩釜，勿令渝，釜渝則豚黑。絹袋盛豚，酢漿水煮之。繫小石，勿使浮出。上有浮沫，數接去。兩沸，急出之，及熱以冷水沃豚，又以茅蒿葉揩令極白浄。以少許麵，和水爲麵漿；復絹袋盛豚，繫石，於麵漿中煮之，接去浮沫，一如上法。好熟，出，著盆中，以冷水和煮豚麵漿使暖暖，於盆中浸之。然後擘食。皮如玉色，滑而且美。」

〔二八〕腤雞：齊民要術卷八脏腤煎消法：「腤雞：一名缹雞，一名雞臛。以渾。鹽，豉，葱白中截，乾蘇微火炙，生蘇不炙，與成治渾雞，俱下水中，熟煮。出雞及葱，漉出汁中蘇、豉，澄令清。擘肉，廣寸餘，奠之，以暖汁沃之。肉若冷，將奠，蒸令暖。滿奠。」

〔二九〕腤白肉：齊民要術卷八脏腤煎消法：「腤白肉：一名白缹肉。鹽、豉煮，令向熟，薄切長二寸半，廣一寸准，甚薄。下新水中，與渾葱白、小蒜、鹽、豉清。」

〔三〇〕蜜純煎魚：齊民要術卷八脏腤煎消法：「蜜純煎魚法：用鯽魚，治復中，不鱗。苦酒、蜜中半，和鹽漬魚，一炊久，漉出。膏油熬之令赤。渾奠焉。」

〔三一〕臉臘：玉篇肉部、集韻賺韻並作「臉臘」。按，齊民要術卷八羹臛法：「臉臘：（上，力減切；下，初減切。）用猪腸。經湯出，三寸斷之，決破，細切，熬。與水，沸，下豉清、破米汁，葱、薑、椒、胡芹、小蒜、芥，並細切鍛，下鹽、醋。蒜子細切血，將奠與之。早與血則變，大可增米奠。」

〔三二〕薄夜餅：初學記卷二六引晉束皙餅賦：「若夫三春之初，陰陽交際，寒氣既消，温不至熱。于時享宴，則曼頭宜設。炎律方回，純陽布暢，服絺飲冰，隨陰而凉。此時爲餅，莫若薄夜。商風既厲，大火西移，鳥獸氄毛，樹木疏枝。肴饌尚温，則起溲可施。玄冬猛寒，清晨之會，涕凍鼻中，霜凝口外。充虚解戰，湯餅爲最。然皆用之有時，所適者也。苟錯其次，則不能斯善。其可以通冬達夏，終歲常施，四時從用，無所不宜，唯牢丸乎？」按，歸田録（宋歐陽修撰）卷二：「晉束皙餅賦，有饅頭、薄持、起溲、牢丸之號，惟饅頭至今名存，而起溲、牢丸，皆莫曉爲何物。薄持，荀氏又謂之薄夜，亦莫知何物也。」

〔三三〕雀瑞餅：原作「雀喘餅」，今據范汪祠制改。按，北堂書鈔卷一四四引范汪祠制：「夏薦乳餅，秋薦雀瑞餅，冬薦白環餅。」

〔三四〕經云跳丸炙：齊民要術卷九炙法：「食經曰：『作跳丸炙法：羊肉十斤，猪肉十斤，縷切之。生薑三升，橘皮五葉，藏瓜二升，葱白五升，合擣，令如彈丸。别以五斤羊肉作臛，乃下丸炙煮之，作丸也。』」

〔三五〕筒炙：亦稱「擣炙」、「黄炙」。齊民要術卷九炙法：「擣炙：（一名筒炙，一名黄炙。）用鵝、鴨、麞、鹿、猪、羊肉，細研熬和調如『胎炙』。若解離不成，與少麵。竹筒六寸圍，長三尺，削去青皮，節悉净去。以肉薄之，空下頭，令手捉，炙之。欲熟小乾，不著手豎堛中，以雞鴨子白，手灌之。若不均，可再上白。猶不平者，刀削之。更炙，白燥，與鴨子黄；若無，用雞子黄，加少朱，助赤色。上黄用雞鴨翅毛刷之，急手數轉，緩則壞。既熟，渾脱，去兩頭，六寸斷之。促奠二。若不即用，以蘆荻苞之，束兩頭，布蘆間可五分，可經三五日。不爾則壞。與麵則味少，酢多則難著矣。」

〔三六〕銜炙法：「銜」，釋名作「胎」。釋名釋飲食：「胎炙，胎，銜也。銜炙，細密肉和以薑、椒、鹽、豉，已乃以肉銜，裹其表而炙之也。」又齊民要術卷九炙法：「銜炙法：取極肥子鵝一頭，净治，煮令半熟，去骨，剉之。和大豆酢五合，瓜菹三合，薑、橘皮各半合，切小蒜一合，魚醬汁二合，椒數十粒作屑。合和，更剉令調。取好白魚肉細琢，裹作弗，炙之。」

〔三七〕鹿角菜菹：「鹿角菜」，即猴葵。齊民要術卷一〇「菜茹」條引南越志：「猴葵，色赤，生石上。南越謂之鹿角。」

〔三八〕紫菜菹：齊民要術卷九作菹藏生菜法：「紫菜菹法：取紫菜，冷水漬令釋。與葱菹合盛，各在一邊，與鹽、酢。滿奠。」按，釋名釋飲食：「菹，阻也。生釀之，遂使阻於寒温之間，不得爛也。」

〔三九〕水溲餅：北堂書鈔卷一四四引崔寔四民月令：「立秋，無食煮餅及水溲餅。」按，釋名釋飲食：

「餅，并也。溲麪使合并也。胡餅，作之大漫冱也，亦言以胡麻著上也。蒸餅、湯餅、蝎餅、髓餅、金餅、索餅之屬，皆隨形而名之也。」

〔四〇〕糭：粽屬。齊民要術卷九糉糭法：「食次曰：『糭，用秫稻米末，絹羅，水、蜜溲之，如强湯餅麪。手搦之，令長尺餘，廣二寸餘。四破，以棗、栗肉上下著之偏，與油塗竹箬裹之，爛蒸。奠二，箬不開，破去兩頭，解取束附。』」

〔四一〕截餅：齊民要術卷九餅法：「細環餅、截餅：（環餅一名「寒具」，截餅一名「蝎子」。）皆須以蜜調水溲麪。若無蜜，煮棗取汁，牛羊脂膏亦得，用牛羊乳亦好，令餅美脆。截餅純用乳溲者，入口即碎，脆如凌雪。」

〔四二〕甘脆：緯略卷四甘脆：「（高）似孫昔奉祀攢陵，得牙盤食，有所謂薄餌，狀如薄脆而甘脆特甚。後閲范汪祠制：『孟夏祭有甘脆。』又盧諶祭法：『四時祠用安乾特。』束皙餅賦曰：『安乾粔籹之倫。』當是此類也。」

〔四三〕廉薑：亦稱山柰。按，廣雅釋草：「廉薑，葰也。」王念孫疏證：「説文：『葰，薑屬，可以香口』」，「或作『荾』，劉逵吴都賦注引異物志云：『荾，一名廉薑，生沙石中，薑類也。其累大辛而香，削皮，以黑梅并鹽汁漬之，則成也。始安有之』」。又齊民要術卷一〇引食經：「藏薑法：蜜煮烏梅，去滓，以漬廉薑，再三宿，色黄赤如琥珀。多年不壞。」又本草綱目卷一四草部「山柰」條李時珍曰：「山柰生廣中，人家栽之。根葉皆如生薑，作樟木香氣。土人食其根如食薑，切斷暴乾，則皮赤黄色，肉白色。古之所謂廉薑，恐其類也。」

〔四四〕鬼目：齊民要術卷一〇引南方草物狀：（許按：太平御覽卷九七四引作「南方草木狀」，然今本南方草木狀無此條。）「鬼目樹，大者如李，小者如鴨子。二月花色，仍連著實。七、八月熟，其色黄，味酸。以蜜煮之，滋味柔嘉。交趾、武平、興古、九真有之也。」

〔四五〕益智：齊民要術卷一〇引（顧微）廣州記：「益智，葉如蘘荷，莖如竹箭。子從心中出，一枚有十子。子内白滑，四破去之，取外皮，蜜煮爲糝，味辛。」

〔四六〕甘蕉：即芭蕉。按，齊民要術卷一〇引南方異物志：「甘蕉，草類，望之如樹。株大者一圍餘，葉長一丈，或七八尺，廣尺餘。華大如酒盃，形色如芙蓉。莖末百餘子，大名爲房。根似芋魁，大者如車轂。實隨華，每華一闔，各有六子，先後相次。子不俱生，華不俱落。」

〔四七〕甘欖：同橄欖，亦稱餘甘子。按，齊民要術卷一〇引廣志：「橄欖，大如雞子，交州以飲酒。」又太平御覽卷九七二引臨海異物志：「餘甘子，椶形。初入口，舌澀酸，飲水乃甘。又如梅實核，兩頭鋭。呼爲餘甘、橄欖，同一物異名耳。」

〔四八〕枸櫞：亦稱香櫞。按，齊民要術卷一〇引裴淵廣州記：「枸櫞，樹似橘，實如柚大而倍長，味奇酢。皮以蜜煮爲糝。」又嶺表録異卷中：「枸櫞子，形如瓜，皮似橙而金色，故人重之，愛其香氣。京輦豪貴，家釘盤筵，憐其遠方異果。肉甚厚，白如蘿蔔。南中女工競取其肉，雕鏤花鳥，浸之蜂蜜，點以燕脂，擅其妙巧，亦不讓湘中人鏤木瓜也。」

〔四九〕楊梅：太平御覽卷九七二引臨海異物志：「楊梅，其子如彈丸，正赤。五月中熟，熟時似梅，味甘甜酸。」又同上書引食經：「藏楊梅法：取完者一斛，鹽漬之，曝乾。别取杭皮二斤煮，鹽汁漬之，不加蜜漬。梅色如初美好，可留數月。」

〔五〇〕大腹檳榔：太平御覽卷九七一引嶺表録異：「檳榔，交、廣生者，非舶檳榔，皆大腹子也。彼中悉呼爲檳榔，交阯豪士皆家園植之。其樹莖葉根幹與桄榔椰子小異也。安南人自嫩及老，採實啖之，以不婁藤兼之瓦屋子灰，競咀嚼之。自云交州地温，不食此，無以祛其瘴癘。廣州亦噉檳榔，然不甚於安南也。」又同上書引雲南記：「雲南多生大腹檳榔，色青，猶在枝朵上，每朵數百顆。云是彌臣國來。」

〔五一〕辯州：今廣東化州。按，舊唐書地理志四：「辯州下，隋高涼郡之石龍縣。武德五年，置羅州，移治石城。於舊所置南石州，領石龍、陵羅、龍化、羅辯、慈廉、羅肥六縣。貞觀九年，改南石州爲辯州，省慈廉、羅肥二縣。天寶元年，改陵水郡。乾元元年，復爲辯州也。」

〔五二〕都念子：嶺表録異作「倒捻子」。按，太平御覽卷九六一引嶺表録異：「倒捻子，窠叢不大，葉如苦李。花似蜀葵，小而深紫，南中婦女得以染色。有子如軟柹，頭上有四葉如柹蔕，食者必捻其蔕，故謂之倒捻子，或呼爲都念子，蓋語訛也。其子外紫肉赤，無核，食之甜軟，甚暖腹藏，兼益肌肉。」又證類本草卷二三：「石都念子，味酸，小温，無毒，主痰嗽噦氣。生嶺南。樹高丈餘。葉似白楊，花如蜀葵，正赤。子如小棗，蜜漬爲粉，甘美益人。隋朝植於西苑中。」

〔五三〕拾遺：此指隋杜寶大業拾遺録。按，太平御覽卷九六一引大業拾遺録：「十二年四月，南海郡送都念子樹一百株，勑付西苑十六院内種。此樹高一丈許，葉如白楊，枝柯長細。花心金色，花葉正赤，似蜀葵而大。其子小於柿子，甘酸至美，蜜漬爲粽益佳。」

〔五四〕印度出那核婆果：「那核婆」，此屬梵語音譯，疑有誤，酉陽雜俎作「婆那娑樹」，今謂波羅蜜，或即此也。按，酉陽雜俎前集卷一八廣動植之三：「婆那娑樹，出波斯國，亦出拂林，呼爲阿薩嚲。樹長五六丈，皮色青緑。葉極光净，冬夏不凋。無花結實，其實從樹莖出，大如冬瓜，有殼裹之，殼上有刺。瓤至甘甜，可食。核大如棗，一實有數百枚。核中仁如栗黄，炒食之，甚美。」

〔五五〕波斯卒果：疑即佛手柑，枸櫞之一種。按，本草綱目卷三〇「枸櫞」條李時珍曰：「枸櫞産閩、廣間，木似朱欒而葉尖長，枝間有刺，植之近水乃生。其實狀如人手，有指，俗呼爲佛手柑。」

〔五六〕頻那婆果：疑即正法念處經卷一八畜生品所説「婆那娑樹」，彼經原注：「其果如瓮。」按，酉陽雜俎前集卷三貝編引正法念處經作「婆羅娑樹，其實如甕」。

〔五七〕餢飳髓燭：太平御覽卷八六〇引束皙餅賦：「禮：『仲春之月，天子食麥。而朝事之籩，煮麥爲麵。』内則諸饌不説餅，然則雖云食麥，而未有麩。麩之作也，其來近矣。若夫安乾粔籹之倫，豚耳狗舌（許按：原作「糺耳狗后」，今據北堂書鈔卷一四四引束皙餅賦改。）之屬，劍帶案成，餢飳髓燭。或名生於里巷，或法出於殊俗。」「餢飳」，疑即發麵燒餅。齊民要術作「餢飳」，按，齊民要術卷九餅法：「餢飳，（起麵如上法。）盤水中浸劑，於漆盤背上水作者，省脂，亦得十日軟，然久停則堅。乾劑於腕上手挽作，勿著勃。入脂浮出，即急䊢，以杖周正之，但任其起，勿刺令穿。熟乃出之，一面白，一面赤，輪緣亦赤，軟而可愛，久停亦不堅。若待熟始䊢，杖刺作孔者，洩其潤氣，堅硬不好。法須甕盛，濕布蓋口，則常有潤澤，甚佳。任意所便，滑而且美。」

〔五八〕顔之推云：疑指其證俗音字四卷。見本卷「米䴵」條注。

〔五九〕脥：玉篇肉部：「脥，肴也。」

〔六〇〕主孟啗我：國語晉語二：「驪姬告優施曰：『君既許我殺太子而立奚齊矣，吾難里克，奈何！』優施曰：『吾來里克，一日而已。子爲我具特羊之饗，吾以從之飲酒。我優也，言無郵。』驪姬許諾，乃具，使優施飲里克酒。中飲，優施起舞，謂里克妻曰：『主孟啗我，我教茲暇豫事君。』」韋昭注：「大夫之妻稱主，從夫稱也。孟，里克妻字。啗，啖也。」

〔六一〕字林：見卷一「孔雀媒」條注。

〔六二〕方言：隋書經籍志一：「方言十三卷。（漢揚雄撰，晉郭璞注。）」

〔六三〕鹿筋脥及臛：「筋」，玉篇竹部：「筋，俗筋字。」「脥」，廣雅釋器：「脥，肉也。」王念孫疏證：「脥之言啖也。北户録引字林云：『脥，肴也。』又引證俗音云：『今内國猶言餅脥。』」「臛」，肉羹。廣韻沃韻：「臛，羹臛。」

〔六四〕韓肉：釋名釋飲食：「韓羊、韓兔、韓雞，本法出韓國所爲也，猶酒言『宜成醪』、『蒼梧清』之屬也。」

〔六五〕本法出韓國爲之：「法」，原作「注」，今據釋名改。見上注。

〔六六〕嫥女：廣雅釋詁：「嫥，弱也。」王念孫疏證：「曹憲音女寸、而兖二反，即今『嫩』字也」，「考玉篇、廣韻，『嫥』與『嫩』同，弱也」。

〔六七〕證俗音：見卷一「蚺虵牙」條注。

〔六八〕餪女：廣雅釋言上：「餪，餫，饋也。」王念孫疏證：「餪者，温存之意。唐段公路北户録引字林云：『餪，饋女也。音乃管反。』又引證俗音云：『今謂女嫁後三日餉食爲餪女。』各本皆脱『餪』字，集韻、類篇引廣雅『餪、餫，饋也』，今據以補正。餫之言運也。説文：『野饋曰餫。』成五年左傳：『晉荀首如齊逆女，故宣伯餫諸穀。』杜預注云：『運糧饋之。』」

〔六九〕豐蕘：方言卷三：「蘴（舊音蜂，今江東音嵩，字作菘也。）蕘，（鈴鐃。）蕪菁也。陳、楚之郊謂之蘴，魯、齊之郊謂之蕘，關之東西謂之蕪菁，趙、魏之郊謂之大芥，其小者謂之辛芥，或謂之幽芥，其紫華者謂之蘆菔。（今江東名爲温菘，實如小豆。羅匐二音。）東魯謂之菈遝。（洛荅、大合兩反。）」

〔七〇〕廣志云：藝文類聚卷八七引廣志：「林檎，似赤柰，亦名黑檎。廣黑檎似赤柰，一名來禽，言味甘，熟則來禽也。」

〔七一〕林檎堪爲麨：齊民要術卷四柰林檎：「作林檎麨法：林檎赤熟時，擘破，去子、心、蔕，日曬令乾。或磨或擣，下細絹篩；麤者更磨擣，以細盡爲限。以方寸匕投於椀水中，即成美漿。不去蔕則大苦，合子則不度夏，留心則大酸。若乾噉者，以林檎麨一升，和米麨二升，味正調適。」

〔七二〕賈思勰云：「賈思勰」，原作「賈思協」，此下引文實出齊民要術，因據改。按，齊民要術卷三雜説：「（崔寔四民月令）書廚中欲得安麝香、木瓜，令蠹蟲不生。五月濕熱，蠹蟲將生，書經夏不舒展者，必生蟲也。」

〔七三〕縉雲：今屬浙江。元和郡縣圖志卷二六處州：「縉雲縣，萬歲登封元年，分麗水縣東北界、婺州永康縣南界置，因山爲名。」

〔七四〕秣陵：今江蘇南京。舊唐書地理志三：「（潤州）上元，楚金陵邑，秦爲秣陵，吴名建業，宋爲建康。晉分秣陵置臨江縣，晉武改爲江寧。武德三年，於縣置揚州」，「（貞觀）九年，改爲江寧縣」，「上元二年，復爲上元縣，還潤州」。

〔七五〕晬：説文新附日部：「晬，周年也。」

〔七六〕羊凝血也：説文血部：「䘑，羊凝血也。」段玉裁注：「釋名曰：『血䘑，以血作之。』『䘑』即䘑字也。陶氏注本草：『宋帝時，太官作血䘑，庖人削藕皮，誤落血中，遂皆散不凝。』陶所云血䘑，即劉之血䘑。按必系諸羊者，惟羊血供飲食。」

〔七七〕蚳醢：爾雅釋蟲：「蚍蜉，大螘，（俗呼爲馬蚍蜉。）小者，螘。（齊人呼蟻、蟻蛘。）蠪，朾螘。（赤駮蚍蜉。）䗥，飛螘。（有翅。）其子蚳。」郭璞注：「蚳，蟻卵。」邢昺疏：「其子在卵者名蚳，可以作醢。」

〔七八〕腐草爲蛙：「蛙」乃「蠲」之借字，非青蛙義。按，今本逸周書時訓解：「大暑之日，腐草化爲螢。」黄懷信等逸周書彙校集注引王引之（讀書雜誌）説：「腐草化爲螢，『螢』本作『蛙』，後人習聞月令之『腐草爲螢』，故改蛙爲螢耳。」『蛙』即『蠲』之借字。説文：『蠲，馬蠲也。』引明堂月令曰：『腐草爲蠲。』蛙從圭聲，圭、蠲古同聲，故小雅天保『吉蠲惟饎』之『蠲』，（釋文：『蠲，古元反，舊音圭。』）鄭注周官蜡氏、士虞禮記並引作『圭』。腐草爲蠲之『蠲』作『蛙』，亦猶是也。唐段公路北户録引周書正作『腐草爲蛙』。（公路誤解爲蛙黽之蛙，蓋不知爲蠲之借字。）是其明證。乃藝文類聚歲時部上、太平御覽時序部七並作『螢』，蓋本作『蛙』字，後人以月令改之也。（吕氏春秋季夏篇『腐草化爲蚈』，高誘注：『蚈，馬蚿也。』蚈讀如蹊徑之蹊，聲與圭亦相近，即蠲之或體也。而今本吕氏春秋作『腐草化爲螢蚈』，『螢』字亦後人所加，盧氏抱經已辯之。）獨有公路所引，尚足見周書之舊。亦考古者之幸矣。」

〔七九〕土鴨：證類本草卷二二「鼃」（音蛙）條引陶隱居（弘景）云：「凡蜂蟻鼃蟬，其類最多。大而青脊者，俗名土鴨，其鳴甚壯。又一種黑色，南人名爲蛤子，食之至美。」

〔八〇〕卞彬爲螺蟇賦：「螺蟇賦」，南史作「蝦蟆賦」。按，南史卞彬傳：「卞彬字士蔚，濟陰冤句人也」，「後爲南康郡丞。彬頗飲酒，擯棄形骸，仕既不遂，乃著蚤虱、蝸蟲、蝦蟆等賦，皆大有指斥」，「蝦蟆賦云：『紆青拖紫，名爲蛤魚。』世謂比令僕也」。

〔八一〕水多蛙魚：漢書東方朔傳：「土宜薑芋，水多鼃魚，貧者得以人給家足，無飢寒之憂。」顔師古

注：「鼃即蛙字也，似蝦蟆而小，長脚，蓋人亦取食之。」

〔八二〕宋書：見卷一「孔雀媒」條注。

〔八三〕張暢弟爲猘犬所傷：宋書張暢傳：「弟牧嘗爲猘犬所傷，醫云宜食蝦蟆膾，牧甚難之，暢含笑先嘗，牧因此乃食，創亦即愈。」按，廣韻祭韻：「猘，狂犬。」

〔八四〕蝦蟇無腸：酉陽雜俎前集卷一六廣動植之一：「蝦蟆無腸。」

〔八五〕抱朴子：見卷一「通犀」條注。

〔八六〕頷下丹書八字：抱朴子内篇仙藥：「肉芝者，謂萬歲蟾蜍，頭上有角，頷下有丹書八字再重，以五月五日日中時取之，陰乾百日，以其左足畫地，即爲流水，帶其左手于身，辟五兵，若敵人射己者，弓弩矢皆反還自向也。」

〔八七〕夢中得三丸藥：南史丘傑傳：「十四歲遭母喪，以熟菜有味，不嘗於口。歲餘，忽夢見母曰：『死止是分别耳，何事乃爾荼苦。汝噉生菜，遇蝦蟇毒，靈床前有三丸藥，可取服之。』傑驚起，果得甌，甌中有藥，服之下科斗子數升。」

〔八八〕博物志：見卷一「孔雀媒」條注。

〔八九〕不覺其腥臊：太平御覽卷九四一引博物志：「東南之人，食水之産。西北之人，食六畜産。食水産者，龜蛤螺蚌以爲珎味，不覺其腥臊也。食六畜産者，狸兔鼠雀以爲珎味，不覺其膻燋也。」

〔九〇〕餘膏瀉肉瓮中：「瀉」，原作「寫」，今據齊民要術卷九改。見前注。

〔九一〕四民月令：隋書經籍志三：「四人（許按：當作「民」，唐人避諱改。）月令一卷。（後漢大尚書崔寔撰。）」又舊唐書經籍志下：「四人月令一卷。（崔寔撰。）」

〔九二〕瀹：玉篇水部：「瀹，煮也，内菜湯中而出也。」

〔九三〕古人爵鸜蜩範之類：「範」謂「範炙」。見本條前注。

〔九四〕齊民要術書上字：齊民要術卷九餅法繆啓愉校：「唐段公路北户録卷二食目中記載有『曼頭餅』和『渾沌餅』，唐崔龜圖注説：『齊民要術書上字。』這很重要，説明唐本要術中原有如上寫法的二種餅，但今本要術此二餅並無，顯然已佚闕。」

〔九五〕要術書上字：見上注。

〔九六〕廣雅：見卷一「紅蟹殼」條注。

〔九七〕字苑：隋書經籍志一：「要字苑一卷。（宋豫章太守謝康樂撰。）」又舊唐書經籍志上：「括字苑十三卷。（馮幹撰。）」「要用字苑一卷。（葛洪撰。）」其中唯葛書，梁書、南史皆簡稱「葛洪字苑」，疑此處即指葛書。

〔九八〕顔之推云：見本卷「米餅」條注。

〔九九〕肉夾有心：「有」，四庫本作「員」。

〔一〇〇〕周禮：亦稱周官。見本卷「紅鹽」條注。

〔一〇一〕蟹胥：周禮天官庖人：「共祭祀之好羞。」鄭玄注：「謂四時所爲膳食，若荆州之鮝魚，青州之蟹胥，雖非常物，進之孝也。」陸德明經典釋文卷八：「蟹（户買反）胥（息徐反。劉音素。字林先於反），蟹醬也。」又釋名釋飲食：「蟹胥，取蟹藏之，使骨肉解，胥胥然也。」

〔一〇二〕九月中：此下注文當引自齊民要術。按，齊民要術卷八作醬等法：「藏蟹法：九月内，取母蟹，（母蟹臍大圓，竟腹下；公蟹狹而長。）得則著水中，勿令傷損及死者。一宿，則腹中淨。（久則吐黄，吐黄則不好。）先煮薄餹（餹，薄餳），著活蟹於冷餹甕中一宿。煮蓼湯，和白鹽，特須極鹹。待冷，甕盛半汁，取餹中蟹内著鹽蓼汁中，便死，（蓼宜少著，蓼多則爛。）泥封。二十日，出之，舉蟹臍，著薑末，還復臍如初。内著坩甕中，百箇各一器，以前鹽蓼汁澆之，令没。密封，勿令漏氣，便成矣。特忌風裹，風則壞而不美也。」

〔一〇三〕老牛肱：「肱」，即牛百葉。廣韻先韻：「肱，肚肱，牛百葉也。」按，齊民要術卷九炙法：「牛肱炙：老牛肱，厚而脆，剗穿，痛蹙令聚，逼火急炙，令上劈裂，然後割之，則脆而甚美。若挽令舒申，微火遥炙，則薄而且肕。」

〔一〇四〕盧龍食經云云：「食經」，原作「時經」，今據舊唐書改。按，舊唐書經籍志下：「食經三卷。（盧仁宗撰。）」疑「仁宗」即盧龍之字。

〔一〇五〕饡：説文食部：「饡，以羹澆飯也。」段玉裁注：「此飯用引伸之義，謂以羹澆飯而食之也。」

〔一〇六〕立秋毋食煮餅及水引餅：齊民要術卷三雜説：「（崔寔四民月令）夏至先後各十五日，薄滋味，勿多食肥醲。距立秋，無食煮餅及水引餅。（夏月食水時，此二餅得水即堅强難消，不幸便爲宿食傷寒病矣。試以此二餅置水中，即見驗。唯酒引餅，入水即爛矣。）」

〔一〇七〕 麰䴬：即饊子。按，五總志（宋吴炯撰）：「干寶司徒儀曰：『祭用麰䴬。』晉制呼爲𥿋餅，又曰寒具。今曰饊子。」

〔一〇八〕 鄭玄注周官有寒具：周禮天官籩人：「籩人掌四籩之實。朝事之籩，其實麷、蕡、白、黑、形鹽、膴、鮑魚、鱐。」鄭玄注：「鄭司農云：『朝事謂清朝，未食先進寒具，口實之籩。故麥曰麷，麻曰蕡，稻曰白，黍曰黑。築鹽以爲虎形，謂之形鹽。故春秋傳曰鹽虎形。』玄謂以司尊彝之職參之，朝事謂祭宗廟，薦血腥之事。形鹽，鹽之似虎者。膴，膴生魚爲大臠。鮑者，於楅室中糗乾之，出於江淮也。鱐者析乾之，出東海。王者備物，近者腥之，遠者乾之，因其宜也。」

〔一〇九〕 急就篇：漢書藝文志：「急就一篇。（元帝時黄門令史游作。）」又隋書經籍志一：「急就章一卷。（漢黄門令史游撰。）」又四庫全書總目卷四一：「急就章四卷，漢史游撰。漢書藝文志注稱游爲元帝時黄門令，蓋宦官也，其始末則不可考矣。是書漢志但作『急就一篇』，而小學類末之叙録，則稱『史游作急就篇』。故晉夏侯湛抵疑稱『鄉曲之徒，一介之士，曾諷急就，通甲子』。北齊書稱『李鉉九歲入學，書急就篇』。或有『篇』字，或無『篇』字，初無一定。隋志作『急就章一卷』。魏書崔浩傳亦稱『人多託寫急就章』，是改『篇』爲『章』在魏以後。然考張懷瓘書斷曰：『章草者，漢黄門令史游所作也。』王愔云（案：此蓋引王愔文字志之語。）『漢元帝時，史游作急就章，解散隸體，漢俗簡惰，漸以行之』是也。然則所謂章草者，正因游作是書，以所變草法書之，後人以其出於急就章，遂名章草耳。今本每節之首，俱有『章第幾』字，知急就章乃其本名，或稱急就篇，或但稱急就，乃偶然異文也。其書自始至終，無一複字，文詞雅奧，亦非蒙求諸書所可及。」「飴餳」，急就篇卷二：「棗杏瓜棣饊飴餳。」顔師古注：「因説衆果，遂及口實也」，「饊之言散也，熬稻米飯使發散也。古謂之張皇，亦目其開張而大也。以蘗消米取汁而煎之，渜弱者爲飴，言其形怡怡然也；厚强者爲餳，餳之言洋也，其洋洋然也」。

〔一〇〕餦餭：説文食部：「饊，熬稻，粻餭也。」段玉裁注：「楚辭、方言皆作餦餭，古字葢當作張皇。招魂有『餦餭些』，王曰：『餦餭，餳也。』方言曰：『餳謂之餦餭。』郭云：『即乾飴也。』諸家渾言之，許析言之。熬，乾煎也。稻，稌也。稌者，今之稉米，米之黏者。鬻稉米爲張皇，張皇者，肥美之意也。既又乾煎之，若今煎粢飯然，是曰饊。飴者，熬米成液爲之，米謂禾黍之米也。饊者，謂乾熬稻米之張皇爲之。兩者一濡一小乾，相盉合則曰餳。此許意也。楊、王、郭以餳飴釋餦餭，渾言之也。」

〔一一〕粖饊：廣雅釋器：「粰粖、糈，饊也。」王念孫疏證：「説文：『饊，熬稻，張皇也。』急就篇：『棗杏瓜棣饊飴餳。』顔師古注：『饊之言散也，熬稻米飯使發散也。』粰粖之言浮流，糈之言疏，皆分散之貌也。」北户録注引證俗音云：『今江南呼饊飯。已煎米，以糖餅之者爲粰粖。』」

〔一二〕周成雜字：隋書經籍志一：「雜字解詁四卷。（魏掖庭右丞周氏撰。梁有解文字七卷，周成撰。）」又舊唐書經籍志上：「解字文七卷。（周成撰。）」

睡　菜

睡菜[一]，五、六月生於田塘中。葉類茨菰，根如藕梢。其性冷，土人採根爲鹽葅[二]，食之或云好睡。郭子横云[三]：「五味草[四]，初生味甘，花時酢，食之不使人睡，亦名却睡草。」又神異經云[五]：「四味木[六]，一名如之何。其實有核，形如棗子，長五寸。金刀割則苦，竹刀割則飴，水刀割則酸，蘆刀割則辛。」此説小類五味草也①。

【原注】

①又御覽顧凱之啓蒙記曰[七]：「如何隨刀而改味也。」

【校箋】

[一]睡菜：亦稱綽菜、瞑菜、睡草。南方草木狀卷上：「綽菜，夏生於池沼間。葉類茨菰，根如藕條。南海人食之，云令人思睡，呼爲瞑菜。」又述異記卷下：「桂林有睡草，見之則令人睡。一名醉草，亦呼爲懶婦箴。又出海南地記。」

[二]鹽葅：説郛（涵芬樓本）卷二引北户録作「鹹葅」。

[三]郭子横：見卷一「通犀」條注。

〔四〕五味草：别國洞冥記卷三：「有五味草，初生味甘，花時味酸，食之使人不眠，名曰却睡草。末多國獻此草。此國人長四寸，織麟毛爲布，以文石爲牀，人形雖小，而室宇崇曠。織鳳毛錦，以錦爲帷幕也。」

〔五〕神異經：見卷一「乳穴魚」條注。

〔六〕四味木：神異經作「刀味核」。按，神異經：「刀味核生南荒中，樹形高五十丈，實如棗，長五尺。金刀剖之則甜，若竹刀剖之則飴，木刀剖之則酸，蘆刀剖之則辛。食之，地仙，不畏水火、白刃。」按，酉陽雜俎前集卷一八廣動植之三：「祁連山上有仙樹實，行旅得之，止饑渴。一名四味木。其實如棗，以竹刀剖則甘，鐵刀剖則苦，木刀剖則酸，蘆刀剖則辛。」

〔七〕顧凱之啓蒙記：太平御覽卷九六一先引神異經：「南方荒中如何之樹，三百歲作華，九百歲作實，有核，形如棗子，長五尺。金刀割之則飴，非則辛。食之得地仙。」後引顧凱之啓蒙記曰：「如何隨刃而改味。」

水韭

生於池塘中，葉似韭〔一〕，有二三尺者，五、六月堪食，不葷而脆，得非龍爪薤乎①〔二〕？字林云〔三〕：「荵②〔四〕，水中野韭也。」又「荶」③〔五〕，見字林：「似蒜，生水中。」鄭虔云〔六〕：「薤，味辛，生河西，長二尺。塞北山谷間多孝文韭〔七〕，軍人食之④。如滑水源諸葛亮韭〔八〕，亦諸葛所種也。」酈善長又云〔九〕：「平樂村五六里，至東亭村北〔一〇〕，山甚高峻，上合下空，東西廣二丈許，高起如屋，中有石床，傍生野韭，人往乞者，神許則風必偃之，方可揃也。如過越不偃而揃者，有咎⑤。」

【原注】

①郭子横云：「龍爪薤，有長七尺者。」

②（葰）音嚴。

③（莶）音吟。

④魏孝文帝所植〔一一〕。

⑤盛弘之荆州記亦具〔一二〕，文小異。

【校箋】

〔一〕葉似韭：西陽雜俎前集卷一九廣動植之四：「水韭，生於水湄，狀如韭而葉細長，可食。」

〔二〕龍爪薤：别國洞冥記卷三：「烏哀國有龍爪薤，長九尺，色如玉。煎之有膏，以和紫桂爲丸，服一粒，千歲不饑，故語曰：『薤和膏，身生毛。』」

〔三〕字林：見卷一「孔雀媒」條注。

〔四〕薟：集韻嚴韻：「薟，字林：『水中野韭。』」又本草綱目卷二六「山韭」條李時珍曰：「呂忱字林云：『薟，音嚴，水韭也。野生水涯，葉如韭而細長，可食。』」

〔五〕莟：玉篇艸部：「莟，牛金切，似蒜，生水中。」又集韻侵韻：「莟，菜名。似蒜，生水中。」

〔六〕鄭虔云：虔之生平已見卷一「蛤蚧」條注，據新唐書藝文志三，鄭虔撰有胡本草七卷，此處引文或當出此書。

〔七〕孝文韭：證類本草卷六四十六種陳藏器餘「孝文韭」條：「孝文韭，味辛温，無毒，主腹内冷，脹滿，泄痢，腸澼，温中補虚。生塞北山谷，如韭，人多食之能行。云昔後魏孝文帝所種，以是爲名。又有山韭，亦如韭，生山間，主毛髮。又有石蒜，生石間；又有澤蒜，根如小蒜，葉如韭，生平澤，並温補下氣。又滑水源又有諸葛亮韭而長，彼人食之，是蜀魏時諸葛亮所種也。」

〔八〕滑水源：「滑水」，原作「渭水」，今據證類本草改。見上注。

〔九〕酈善長又云：指酈道元（字善長）所著水經注。按，水經注夷水：「夷水又東逕佷山縣故城南」，「縣東十許里至平樂村，又有石穴，出清泉，中有潛龍。每至大旱，平樂左近村居，輦草穢著穴中。龍怒，須臾水出，蕩其草穢，傍側之田，皆得澆灌。從平樂順流五六里，東亭村北，山甚高峻，上合下空，空竅東西廣二丈許，起高如屋，中有石牀，甚整頓，傍生野韭。人往乞者，神許，則風吹別分，隨偃而輸，（許按：「輸」字誤，當從本書作「揄」。又太平御覽卷九七六引作「拔」，下同。）不得過越，不偃而輸，輒凶。往觀者去時特平，曁處自然恭肅矣」。

〔一〇〕至東亭村北：「村」，原作「杜」，今據水經注改。見上注。

〔一一〕魏孝文帝：即北魏孝文帝元宏（四六七—四九九），獻文帝拓跋弘長子。皇興五年（四七一）即帝位，改元延興元年。太和十七年（四九三），由平城（今山西大同東北）遷都洛陽（今河南洛陽東），推行漢化。二十三年，親征齊，死於行宫。魏書卷七、北史卷三並有傳。

〔一二〕盛弘之荆州記：見本卷「紅鹽」條注。按，太平御覽卷九引荆山圖：「佷山縣山下有石床，傍生野蕹。人往乞者，神許，則風吹制其分齊，隨偃而翦，不得過越。」又事類賦注卷二引荆山圖，悉同御覽。倘段公路以「荆山圖」爲據，而謂「盛弘之荆州記亦具，文小異」，則顯屬誤記。

蕹菜

葉如柳〔一〕，三月生，性冷味甜。土人織葦簰〔二〕，長丈餘，闊三四尺，植於水上。其根如萍，寄水上下，可和畦賣也。陳藏器又云〔三〕：「蕹菜，味苦平，無毒，主解胡蔓草毒，胡蔓即冶葛也①。先食蕹菜，後食野葛，二物相伏，自然無苦。取汁滴野葛苗，當時萎死②。」愚按，廣之菜有蕁③〔四〕、東風④〔五〕、蓝⑤〔六〕、葯⑥之類〔七〕，無足奇者，是不復遍録。吴志曰〔八〕：「孫皓時〔九〕，有蕢⑦菜生，高四尺，厚三寸分，如琵琶形，兩邊生葉。皓以爲平慮郎〔一〇〕。」晉安帝紀曰〔一一〕：「義熙二年〔一二〕，有苦蕢菜生揚州⑧。」國初，建達國獻佛土菜〔一三〕，一莖五葉，花赤，中心正黄，而蔬紫色。泥婆羅國獻波稜菜，類紅藍，實似蒺藜，火熟之能益食味。又醋菜，狀似慎火，葉闊而長，味如美酢，絶宜人，味極美。

【原注】

①本草云：「鈎吻〔一四〕，又名冶葛，用羊血土漿解之。」南州異物志曰〔一五〕：「俚賊呼野葛爲鈎挽〔一六〕。」鄭廣文又曰〔一七〕：「人自來求死者，取一二葉，手挼汁出飲之，半日死。羊食苗大肥，亦如巴豆，鼠食則肥，乃物有相伏如此者。」

②廣州記曰〔一八〕：「菜水生，以爲葅，土人重之。」

③字林：「𦼮〔一九〕，辛菜也。」

④廣州記〔二〇〕：「菜陸生，置肥肉作羹，味如酪，香氣似馬蘭。」又左思吴都賦「東風扶留」是也〔二一〕。

⑤（蔬）音戢。風土記曰〔二二〕：「蔬，香菜，根似菜根，蜀人所謂葅香也。」越絶書〔二三〕：「蕺山，越王勾踐種蕺處。」

⑥（莉）音皛。蒠茨苗也。東觀漢記〔二四〕：「王莽末，南方枯旱，民餓，群入野澤，掘蒠茨而食〔二五〕。」

⑦（蕒）音買。

⑧中興書曰〔二六〕：「草妖也。是後歲歲征伐，民人積苦〔二七〕。苦蕒者，買苦也。」

【校箋】

〔一〕葉如柳：南方草木狀卷上：「蕹，葉如落葵而小，性冷，味甘。南人編葦爲筏，作小孔，浮於水上。種子於水中，則如萍根浮水面。及長，莖葉皆出於葦筏孔中，隨水上下，南方之奇蔬也。冶葛有大毒，以蕹汁滴其苗，當時萎死。世傳魏武能啖冶葛至一尺，云先食此菜。」又本草綱目卷二七「蕹菜」條李時珍曰：「蕹菜，今金陵及江夏人多蒔之，性宜濕地，畏霜雪。九月藏入土窖中，三四月取出，壅以糞土，即節節生芽，一本可成一畦也。幹柔如蔓而中空，葉似菠薐及錾頭形。味短，須同猪肉煮，令肉色紫乃佳。」段公路北户録言其『葉如柳』者，誤矣。按嵇含草木狀云：『蕹菜，葉如落葵而小。南人編葦爲筏，作小孔，浮水上。種子於水中，則如萍根浮水面。及長成，莖葉皆出於葦筏孔中，隨水上下，南方之奇蔬也。』則此菜水陸皆可生之也。」

〔二〕葦䉶：蘆葦筏。「䉶」，同「簰」。廣雅釋水：「簰，筏也。」王念孫疏證：「方言：『泭謂之簰，簰謂之筏。筏，秦、晉之通語也。』衆經音義卷三云：『筏，通俗文作橃，韻集作橃，編竹木浮於河以運物也。』南土名䉶，北人名筏。」

〔三〕陳藏器又云：此當指陳藏器本草拾遺。按，證類本草卷二九「雍菜」條：「雍菜，味甘平，無毒，主解野葛毒，煮食之，亦生擣服之。嶺南種之，蔓生，花白，堪爲菜。雲南人先食蕹菜，後食野葛，二物相伏，自然無苦。又取汁滴野葛苗，當時菸死，其相殺如此。張司空云：『魏武帝噉野葛至一尺，應是先食此菜也。』」雍菜即蕹菜。

〔四〕䕛：原作「棹」，南方草木狀謂棹爲樹木，非菜茹，今據字林改。按，南方草木狀卷中：「棹樹，榦葉俱似椿，以其葉鬻汁漬果，呼爲棹汁果。若以棹汁雜彘肉，食者即時爲雷震死。棹，出高涼郡。」又太平御覽卷九八〇引字林：「䕛，辛菜也。」

〔五〕東風：亦作「冬風」。齊民要術卷一〇「菜茹」條引廣州記：「冬風菜，陸生，宜配肉作羹也。」又同上書引廣州記：「東風，華葉似落娠婦，莖紫。宜肥肉作羹，味如酪，香氣似馬蘭。」

〔六〕蕺：即魚腥草。本草綱目卷二七「蕺」條李時珍曰：「蕺字，段公路北户録作『蕺』，音戢。秦人謂之葅子。葅、蕺音相近也。其葉腥氣，故俗呼爲魚腥草。」

〔七〕葯：即荸薺。廣韻篠韻：「葯，同芍。」按，爾雅釋草：「芍，鳧茈。」郭璞注：「生下田，苗似龍須而細，根如指頭，黑色，可食。」

〔八〕吴志：三國志吴書之略稱。按，四庫全書總目卷四五：「三國志六十五卷，晉陳壽撰，宋裴松之注。壽事蹟具晉書本傳，松之事蹟具宋書本傳。凡魏志三十卷，蜀志十五卷，吴志二十卷。」

〔九〕孫皓：即孫皓。皓（二四二—二八三）字元宗，吴大帝孫權孫，史稱吴末帝。永安元年（二五八），封烏程侯。七年，即帝位，改元元興。天紀四年（二八〇），晉軍攻吴，出降，賜號歸命侯。後死於洛陽。三國志卷四八有傳。

〔一〇〕皓以爲平慮郎：「郎」字原闕，今據三國志補。按，三國志吴書三嗣主傳（孫皓傳）：「有鬼目菜生工人黄耇家，依緣棗樹，長丈餘，莖廣四寸，厚三分。又有買菜生工人吴平家，高四尺，厚三分，如枇杷形，上廣尺八寸，下莖廣五寸，兩邊生葉緑色。東觀案圖，名鬼目作芝草，買菜作平慮草，遂以耉爲侍芝郎，平爲平慮郎，皆銀印青綬。」又宋書五行志三：「吴孫皓天紀三年八月，建業有鬼目菜生工黄狗家，依緣棗樹，長丈餘。莖廣四寸，厚三分。又有蕒菜生工吴平家，高四尺，如枇杷形，上圓，徑一尺八寸，下莖廣五寸，兩邊生葉，緑色。東觀案圖，名鬼目作芝草，蕒菜作平慮，遂以狗爲侍芝郎，平爲平慮郎，皆銀印青綬。干寶曰：『明年晉平吴，王濬止船正得平渚，姓名顯然，指事之徵也。黄狗者，吴以土運承漢，故初有黄龍之瑞。及其季年，而有鬼目之妖託黄狗之家。黄稱不改，而貴賤大殊，天道精微之應也。』」

〔二〕晉安帝紀曰：太平御覽卷九八〇引晉書安帝紀：「義熙二年，有苦買菜生楊州營，莖高四尺六寸，廣二尺二寸。是後歲多征伐，人民積苦。故苦買者，買苦也。」按，此事不見於今本晉書安帝紀，而見於晉書、宋書二書五行志。晉書五行志中：「義熙二年九月，揚武將軍營士陳蓋家有苦蕒菜，莖高四尺六寸，廣三尺二寸。厚三寸，亦草妖也。此殆與吴終同象。識者以爲苦蕒者，買勤苦也。自後歲歲征討，百姓勞苦。是買苦也。十餘年中，姚泓滅，兵始戢，是苦蕒之應也。」又宋書五行志三：「晉安帝義熙二年九月，揚州營揚武將軍營士陳蓋家有苦蕒菜，莖高四尺六寸，廣三尺二寸。此殆與吴終同象也。」

〔三〕義熙二年：即晉安帝司馬德宗義熙二年（四〇六）。

〔三〕建達國獻佛土菜：太平御覽卷九七六引唐書：「太宗時，健達獻佛土菜，一莖五葉，花赤，中心正黄，而蘂子紫色。泥婆羅獻波稜菜，葉類紅藍，實如蒺蔾，火熟之，能益食味。又有酢菜，狀似芹而味香；渾提葱，其狀猶葱，而甘辛。」又新唐書西域傳下：「貞觀後，遠小國君遣使者來朝獻，有司未嘗參考本末者，今附之左方：曰火辭彌，與波斯接。貞觀十八年，與摩羅游使者偕朝。二十一年，有健達王獻佛土菜，莖五葉，赤華紫須。」按，「健達」或即「健馱羅」，在今巴基斯坦旁遮普邦以北地區。「泥婆羅」或即「尼波羅」，指尼泊爾。「火辭彌」或即「忽似密」，位於中亞阿姆河下游。

〔一四〕鈎吻：亦稱冶葛（野葛）、胡蔓草。南方草木狀卷上：「冶葛，毒草也。蔓生，葉如羅勒，光而厚，一名胡蔓草。寘毒者，多雜以生蔬進之。悟者速以藥解，不爾，半日輒死。山羊食其苗，即肥而大，亦如鼠食巴豆，其大如㹠。蓋物類有相伏也。」又嶺表録異卷中：「野葛，毒草也，俗呼胡蔓草。誤食之，則用羊血漿解之。或説此草蔓生，葉如蘭香，光而厚。其毒多著於生葉中，不得藥解，半日輒死。山羊食其苗，則肥而大。」又證類本草卷一〇「鈎吻」條引唐本注：「野葛，生桂州以南，村墟閭巷間皆有。彼人通名鈎吻，亦謂苗名鈎吻，根名野葛，蔓生。人或誤食其葉者，皆致死，而羊食其苗大肥，物有相伏如此，若巴豆，鼠食則肥也。」

〔一五〕南州異物志：見卷一「通犀」條注。

〔一六〕鈎挽：太平御覽卷七八五引南州異物志：「廣州南有賊曰『俚』，此賊在廣州之南蒼梧、鬱林、合浦、寧浦、高涼五郡中央，地方數千里。往往别村各有長帥，無君主，恃在山險，不用王，自古及今，彌歷年紀。民俗惷愚，唯知貪利，無有仁義道理。土俗不愛骨肉，而貪寶貨及牛犢。若見賈人有財物、水牛者，便以其子易之。夫或鬻婦，兄亦賣弟。若隣里有負其家債不時還者，其子弟中愚者謂其兄曰：『我爲汝取錢，汝但當善殯葬我耳。』其處多野葛，爲鈎挽數寸，徑到債家門下，謂曰：『汝負我錢不肯還，我今當自殺。』因食野葛而死債家門下。其家便稱宛宗族人衆往債家曰：『汝不還我錢，而殺我子弟，今當擊汝！』債家慙懼，因以牛犢財物謝之數十倍。死家乃自收死者罷去，不以爲恨。」

〔一七〕鄭廣文：即前文所引「鄭虔」、「鄭公虔」。唐玄宗特置廣文館，以虔爲博士，時稱「廣文先生」。新唐書卷二〇二有傳。鄭虔撰有胡本草七卷，此處引文或出此書。

〔一八〕廣州記：廣州記有裴淵、顧微兩家，按太平御覽卷九八〇引廣州記：「蕹菜，生水，以爲菹。」又説郛（四庫本）卷六一下引顧微廣州記：「蕹菜，生水中，可以爲菹也。」則此處「廣州記」應爲顧書。顧書不見于史志著録，然齊民要術已有徵引，其書當出自隋前人之手。

〔一九〕蕣：原作「椁」，今據字林改。太平御覽卷九八〇引字林：「蕣，辛菜也。」按，證類本草卷八二十二種陳藏器餘作「猼」，本草綱目卷二六「蕣菜」條李時珍曰：「陳藏器本草有蒪菜，云辛菜也，南人食之，不著形狀。今考唐韻、玉篇並無蒪字，止有蕣字，云辛菜也，則蒪乃蕣字之訛爾。」

〔二〇〕廣州記：太平御覽卷九八〇引廣州記：「冬風菜，陸生，宜肥肉作羹。二者微味，人甚重之。」又本草綱目卷二七「東風菜」條李時珍曰：「按裴淵廣州記云：『東風菜，花葉似落妊娠，莖紫。宜肥肉作羹食，香氣似馬蘭，味如酪。』」則此「廣州記」乃裴書。裴淵其人於史不顯，而其書則爲水經注、齊民要術徵引，推其時代，或略早於顧微，大抵南朝晉、宋間人。

〔二一〕扶留：即扶留藤。文選左太沖吴都賦：「石帆水松，東風扶留。」劉淵林注：「東風，亦草也，出九真。扶留，藤也，緣木而生，味辛，可食。」又齊民要術卷一〇「扶留」條引顧微廣州記：「扶留藤，緣樹生。其花實即蒟也，可以爲醬。」

〔二二〕風土記：見本卷「雞卵卜」條注。

〔二三〕越絶書：隋書經籍志二：「越絶記十六卷。（子貢撰。）」又直齋書録解題卷五：「越絶書十六卷，無撰人名氏，相傳以爲子貢者，非也。其書雜記吴、越事，下及秦、漢，直至建武二十八年。蓋戰國後人所爲，而漢人又附益之耳。越絶之義曰：『聖人發一隅，辯士宣其辭；聖文越於彼，辯士絶於此。』故題曰『越絶』。雖則云然，而終未可曉也。」

〔二四〕東觀漢記：見卷一「通犀」條注。

〔二五〕掘鳧茨而食：太平御覽卷四八六引東觀漢記：「王莽末，南方枯旱，民多飢餓，群盜入野澤，掘鳧茨而食之。」

〔二六〕中興書：即晉中興書。見卷一「蚺虵牙」條注。

〔二七〕民人積苦：「積」，原作「稍」，今據晉書五行志改。見前注。

斑皮竹笋

湘源縣十二月食斑皮竹笋〔一〕，滋味與北中七八月笋牙小類，但甜脆過之，諸笋無以及之。吴録云〔二〕：「馬援至荔浦〔三〕，見冬笋名曰苞笋，其味美於春夏笋也①。」博物志曰〔四〕：「斑皮竹〔五〕，洞庭之山，堯帝之二女，以涕揮竹，竹盡斑也。」爾雅曰：「笋，竹之萌〔六〕。」説文云：「笋，竹胎〔七〕。」詩義疏〔八〕：「笋皆四月生也〔九〕。巴竹笋，八月生。篃②竹笋〔一〇〕，冬夏生。」永嘉記〔一一〕：「含隨竹笋〔一二〕，六月生。」竹譜〔一三〕：「棘竹笋〔一四〕，落人鬚髮。」愚按，山海經〔一五〕：「竹生花〔一六〕，其年便枯。六十年一易根。必結實而枯死，實落土復生，六年還成町也。」竹譜曰「竹不剛不柔〔一七〕，非草非木」，「箹必六十〔一八〕，簆亦六年」是也。凡種竹，正、二月劚取西南根，東北角種之〔一九〕，竹性向西南引也，齊民要術曰「諺云：東家種竹，西家治地」故也。南中有以竹爲刀、錯子者，錯子即篦簩〔二〇〕，竹皮爲之，錯指甲，利勝於鐵。機巧李衙推昉云〔二一〕：「如小鈍，復以漿水洗之，如初。」刀子竹，裴淵廣州記云：「石林竹勁利〔二二〕，削爲刀，切截象皮，如截芋也。」公路襄州宜城縣木香村有莊〔二三〕，咸通初〔二四〕，忽生異竹③，作深梔黄色。每節及枝上，並抹緑鮮澄〔二五〕，其笋甚美。按戴凱之譜中，亦無説處。異苑曰：「東陽留道德〔二六〕，元嘉四年〔二七〕，筋竹林忽生連理〔二八〕，野人無知，謂爲禍祟，伐煞之。」公路乾符初〔二九〕，經過夏口時〔三〇〕，有人獻合歡笋於韋公尚書者，自一本分爲兩岐，長二尺餘，乃笋之瑞也。公命公路爲七字句歌之，詞繁不載。愚傳聞貞元五年秋〔三一〕，番禺有海户犯鹽禁者，避罪於羅浮山〔三二〕，深入至第十三嶺④，遇巨竹百千萬竿，連亘巖谷。竹圍二十一寸，有三十九節，節長二丈，即由梧類也〔三三〕。海户因破之爲篾。會羆，吏捕逐，遂挈而歸。時有軍人獲一篾，以爲奇者，後獻於刺史李復〔三四〕，復命陸子羽圖而記之〔三五〕，亦資耳目之事，一也。舊記云，李公顧謂門生廣州桑苧翁曰：「夫視聽之外，經籍未録，不合有而有者，不知其極，況兹竹載在圖記，不足奇也。漢太尉許慎説文，有節竹，謂之笭⑤〔三六〕，得非羅浮山龍鍾之義耶〔三七〕？」桑苧翁前席而言曰：「頃天寶末〔三八〕，有韋長史虚舟寓於廬山瀑布泉〔三九〕。時夏月多雨，見瀑布之中，流出一桃葉，闊五寸，長一尺二寸。至德初〔四〇〕，徐正字凝於海鹽縣白塔山沙渚之上〔四一〕，得一桃核片，可貯一升。則知草木在山海之間，有異形殊狀者多矣。又若決明〔四二〕、慎火〔四三〕，在中原爲蘇〔四四〕；藜葵莧之屬，若生嶺嶠南山澗〔四五〕，無非高樹；蕨有十歲者，經二尺圍，與彼不異。」

【原注】

①即雞脛竹笋〔四六〕。

②（篃）音媚。

③第一年生九竿，第二年生七竿，爾來歲歲有也。

④山有十五嶺，四百三十二峰，九百八十三飛泉洞府也。

⑤（笂）音鐘。一本作鐘。

【校箋】

〔一〕湘源縣：今廣西全州西。元和郡縣圖志卷二九江南道五：「湘源縣，本漢洮陽縣地，至隋，改置湘源縣，屬永州。」

〔二〕吴録：見本卷「桄榔炙」條注。

〔三〕馬援至茘浦：太平御覽卷九六三引東觀漢記：「馬援好事，（許按，「好事」二字據御覽卷九六六引東觀漢記補。）至茘浦，見冬筍名苞筍，上言：『禹貢「厥苞橘柚」，疑謂是也。其味美於春夏筍。』」按，東觀漢記，東漢李珍等撰，成書早於吴録。又馬援（前一四—四九）字文淵，嘗以伏波將軍出兵交趾。後漢書卷二四有傳。茘浦，今廣西茘浦北。

〔四〕博物志：見卷一「孔雀媒」條注。

〔五〕斑皮竹：齊民要術卷一〇引博物志：「洞庭之山，堯帝之二女常泣，以其涕揮竹，竹盡成斑。（下雋縣有竹，皮不斑，即刮去皮，乃見。）」按，今本博物志卷八有此條，文字略異，云：「堯之二女，舜之二妃，曰湘夫人。舜崩，二妃啼，以涕揮竹，竹盡斑。」

〔六〕竹之萌：爾雅釋草：「筍，竹萌。」郭璞注：「初生者。」

〔七〕竹胎：説文竹部：「筍，竹胎也。」段玉裁注：「胎言其含苞也。」

〔八〕詩義疏：即毛詩義疏。見卷一「孔雀媒」條注。

〔九〕笋皆四月生也：齊民要術卷五種竹引詩義疏：「筍皆四月生，唯巴竹筍八月生，盡九月，成都有之。篃，冬夏生，始數寸，可煮，以苦酒浸之，可就酒及食。又可米藏及乾，以待冬月也。」按，詩大雅韓奕：「其蔌維何，維筍及蒲。」鄭注：「筍，竹也。」孔穎達疏引陸璣疏：「筍，竹萌也，皆四月生，唯巴竹筍，八月、九月生。始出地，長數寸，鬻以苦酒，豉汁浸之，可以就酒及食。」

〔一〇〕篃竹笋：竹譜：「篃亦箘徒，概節而短。」自注：「山海經云，其竹名篃。生非一處，江南山谷所饒也。故是箭竹類，一尺數節，葉大如履，可以作篷，亦中作矢，其筍冬生。」

〔一一〕永嘉記：太平御覽卷首經史圖書綱目有鄭緝之永嘉記，鄭爲南朝宋人，齊民要術、藝文類聚、初學記、太平御覽皆引此書，又稱永嘉郡記。

〔一二〕含墮竹笋：「含墮」，永嘉記作「含隋」，西陽雜俎作「箘墮」。按，齊民要術卷五種竹引永嘉記：「含隋竹筍，六月生，迄九月，味與箭竹筍相似。凡諸竹筍，十一月掘土取皆得，長八九寸。長澤民家，盡養黄苦竹。永寧南漢更年上筍，大者一圍五六寸。明年應上今年十一月筍，土中已生，但未出，須掘土取，可至明年正月出土訖。五月方過，六月便有含隋筍。含隋筍迄七月、八月。九月已有箭竹筍，迄後年四月，竟年常有筍不絶也。」又西陽雜俎前集卷一八廣動植之三：「箘墮竹，大如脚指，腹中白幕攔隔，狀如濕麪。將成竹而筒皮未落，輒有細蟲齧之，隕籜後，蟲齧處呈赤跡，似繡畫可愛。」

〔一三〕竹譜：隋書經籍志二：「竹譜一卷。」又舊唐書經籍志下：「竹譜一卷。（戴凱之撰。）」又四庫全書總目卷一一五：「竹譜一卷，舊本題晉戴凱之撰。晁公武郡齋讀書志云：『凱之字慶預，武昌人。』又引李淑邯鄲圖書志云，謂不知何代人。案隋書經籍志譜系類中有竹譜一卷，不著名氏，舊唐書經籍志載入農家，始題戴凱之之名，然不著時代。左圭百川學海題曰晉人，而其字則曰慶豫，預、豫字近，未詳孰是」，「其書以四言韻語，記竹之種類，而自爲之注，文皆古雅。所引黄圖一條，今本無之，與徐廣注史記所引黄圖均爲今本不載者，其事相類，亦足證作是書時，黄圖舊本猶未改修矣」。按，書中引有徐廣雜記，而廣卒於元嘉二年（四二五），則戴凱之應爲南朝宋人。

〔一四〕棘竹笋：齊民要術卷五種竹引竹譜：「棘竹筍，味淡，落人鬢髮。」又酉陽雜俎前集卷一八廣動植之三：「棘竹，一名笆竹。節皆有刺，數十莖爲一叢。南夷種以爲城，卒不可攻。或自崩根出，大如酒甕，縱横相承，狀如繅車。食之，落人髮。」

〔一五〕山海經：見卷一「通犀」條注。

〔一六〕竹生花：太平御覽卷九六二引山海經：「竹生花，其年便枯。六十年一易根，易根必經結實而枯死。實落土復生，六年還成町。」

〔一七〕竹不剛不柔：竹譜：「植類之中，有物曰竹。不剛不柔，非草非木。」

〔一八〕竹必六十：竹譜：「竹必六十，復亦六年。」自注：「竹六十年一易根，易根輒結實而枯死。其實落土復生，六年遂成町。竹謂死爲篘。篘音紂。」

〔一九〕東北角種之：齊民要術卷五種竹：「宜高平之地，黄白軟土爲良。正月、二月中，斸取西南引根並莖，芟去葉，於園内東北角種之，令坑深二尺許，覆土厚五寸。（竹性愛向西南引，故於園東北角種之。數歲之後，自當滿園。諺云：『東家種竹，西家治地。』爲滋蔓而來生也。其居東北角者，老竹，種不生，生亦不能滋茂，故須取其西南引少根也。）」

〔二〇〕錯子即篤簩：南方草木狀卷下：「篤簩竹，皮薄而空多，大者徑不過二寸。皮粗澀，以鎊犀象，利勝於鐵。出大秦。」又嶺表録異卷下：「篤簩竹，皮薄而空多，大者徑不逾二寸。皮上有麤澀文。可爲錯子，錯甲，利勝於鐵。若鈍，以漿水洗之，還復快利。」

〔二一〕李衙推昉：李昉其人於史無徵。「衙推」乃唐代軍府或州郡屬官。見新唐書百官志四下。

〔二二〕石林竹勁利：太平御覽卷三四五引裴淵廣州記：「石林竹勁利，削爲刀，切象皮如纖茅。」按，南方草木狀卷下：「石林竹，似桂竹，勁而利，削爲刀，割象皮如切芋。出九真、交趾。」

〔二三〕襄州宜城縣木香村有莊：「襄州」，今湖北宜城。「襄州」原誤作「裴州」，「宜城縣」唐時屬襄州，今據元和志改。按，元和郡縣圖志卷二一山南道二襄州：「襄州，今爲襄陽節度使理所」，「宜城縣，（北至州九十五里。）本漢邔（音忌）縣地也。城東臨漢江，古諺曰『邔無東』，言其東逼漢江，其地短促也。宋孝武帝大明元年，以胡人流寓者，立華山郡理之。後魏改爲宜城。周改宜城爲率道縣，屬武泉郡。隋開皇三年罷郡，屬襄陽。皇朝因之，天寶元年改爲宜城縣」。又太平寰宇記卷一四五襄州宜城縣：「木香村。段成式别業於此村，村生異竹，成式圖送徐商，商爲稱謝。」

〔二四〕咸通：唐懿宗李漼年號（八六〇—八七四）。

〔二五〕並抹緑鮮澄：「鮮澄」，原作「解鐙」，今據四庫本改。

〔二六〕東陽留道德：藝文類聚卷八九引異苑：「東陽留道德家中筋竹林，忽生連理。」一作「留道先」。太平御覽卷九六三引異苑：「東陽留道先，元嘉四年，筋竹林忽生連理。野人無知，謂爲禍祟，斫殺之。」按，今本異苑卷二作「留道先」。

〔二七〕元嘉四年：即宋文帝劉義隆元嘉四年（四二七）。

〔二八〕筋竹：亦作「簕竹」。按，太平御覽卷九六三引竹譜：「筋竹，長二丈許，圍數寸，至堅利，出日南、九真，南方以爲矛。其筍未成竹時，堪爲弩絃，見徐衷南中奏。（許按：徐衷有南方記。）」

〔二九〕乾符：唐僖宗李儇年號（八七四—八七九）。

〔三〇〕夏口：今湖北武漢。按，舊唐書地理志三鄂州：「江夏，漢郡名。本漢沙羨縣地，屬江夏郡。晉改沙羨爲沙陽。江、漢二水會於州西，春秋謂之夏汭，晉、宋謂之夏口。宋置江夏郡，治於此。隋不改。武德四年，改爲鄂州，取漢縣名。」

〔三一〕貞元五年：即唐德宗李适貞元五年（七八九）。

〔三二〕避罪於羅浮山：「羅浮山」，即今廣東增城東羅浮山。按，嶺表録異卷中：「唐貞元中，有鹽户犯禁，逃於羅浮山，深入第十三嶺。（南越志云：「本只羅山，忽海上有山，浮來相合，是謂羅浮山。有十五嶺，二十二峰，九百八十瀑泉洞穴，諸山無出其右也。曾有詩曰：『四百餘崖海上排，根連蓬島蔭天台。百靈若爲移中土，嵩華都爲一小堆。』」）遇巨竹萬千竿，連亘巖谷。竹圍皆二丈餘，有三十九節，二丈許。逃者遂取竹一竿，破以爲篾。會赦宥，遂挈以歸。有人得一篾，奇之，獻于太守李復，乃圖而紀之。予嘗覽竹譜曰：『雲丘帝竹，（帝陵上所生竹。）一節爲船。』又何偉哉！南海以竹爲甑者，類見之矣，皆羅浮之竹也。」

〔三三〕由梧：齊民要術卷一〇「竹」條引南方草物狀：「由梧竹，吏民家種之。長三四丈，圍一尺八九寸，作屋柱。出交阯。」

〔三四〕李復：復（七三八—七九七）字初陽，唐宗室。貞元三年（七八七）五月，以容管經略使爲廣州刺史、嶺南節度使。舊唐書卷一一二、新唐書卷七八並有傳。

〔三五〕陸子羽：即陸羽（七三三？—八〇四？），自號「桑苧翁」，著有茶經，後人尊稱「茶聖」。新唐書卷一九六有傳。按，太平御覽卷八六七引唐史：「竟陵僧有於水濱得嬰兒者，育爲弟子。稍長自筮，遇蹇之漸，繇曰：『鴻漸于陸，羽可用爲儀。』乃姓陸氏，字鴻漸，名羽。羽有文學，多意思，耻一物不盡其妙，茶術最著。鞏縣爲瓷偶人，號陸鴻漸，買十器得一鴻漸。市人沽茗不利，輒灌之。羽於江湖稱竟陵人，於南越稱桑苧翁。貞元末卒。」

〔三六〕謂之笿：「笿」，原作「苎」，今據説文逸字改。按，清鄭珍説文逸字卷上：「段公路北户録稱説文有『長節竹謂之笿』，自注『音鐘』，謂即羅浮山之龍鍾竹。按玉篇、廣韻訓同，集韻引字林：

『笐，無節筒竹。』考南越志説龍鍾竹，節長一二丈，云『無節』，即長節也。」

〔三七〕龍鍾之義：齊民要術卷一〇引南越志：「羅浮山生竹，皆七八寸圍，節長一二丈，謂之龍鍾竹。」

〔三八〕天寶：唐玄宗李隆基年號（七四二—七五六）。

〔三九〕韋長史虚舟寓於廬山：「韋長史虚舟」，即韋虚舟，京兆萬年（今陝西西安）人。虚心季弟。舊唐書卷一〇一、新唐書卷一一八並有傳。按，舊唐書本傳：「季弟虚舟，亦以舉孝廉，自御史累至户部、司勳、左司郎中。歷荆州長史，洪、魏州刺史兼採訪使，多著能政。入爲刑部侍郎，終大理卿。」「廬山」，在今江西九江南。

〔四〇〕至德：唐肅宗李亨年號（七五六—七五八）。

〔四一〕徐正字凝於海鹽縣：「徐正字凝」，即徐凝，時任秘書省正字。按，全唐詩卷四七四小傳：「徐凝，睦州人。元和中，官至侍郎。」「海鹽縣」，今屬浙江。

〔四二〕決明：指草決明。證類本草卷七「決明子」條引圖經本草：「決明子，生龍門川澤，今處處有之，人家園圃所蒔。夏初生苗，高三四尺許。根帶紫色，葉似苜蓿而大。七月有花，黄白色。其子作穗，如青菉豆而鋭。」

〔四三〕慎火：即景天。證類本草卷七「景天」條引圖經本草：「景天，生泰山山谷，今南北皆有之。人家多種於中庭，或以盆盎植於屋上，云以辟火，謂之慎火草。春生苗，葉似馬齒而大，作層而上，莖極脆弱。夏中開紅紫碎花，秋後枯死，亦有宿根者。」

〔四四〕在中原爲蘇：「蘇」，猶言柴草。史記淮陰侯列傳：「樵蘇後爨，師不宿飽。」集解：「漢書音義曰：『樵，取薪也。蘇，取草也。』」

〔四五〕嶺嶠：指五嶺。資治通鑑卷七秦紀二始皇帝三十三年：「以謫徙民五十萬戍五嶺，與越雜處。」胡三省注：「晉志曰：『自北徂南，入越之道，必由嶺嶠，時有五處，故曰五嶺。』師古曰：『嶺者，西自衡山之南，東窮於海，一山之限耳，而别標名，則有五焉。』裴氏廣州記曰：『大庾、始安、臨賀、桂陽、揭陽爲五嶺。』鄧德明南康記曰：『大庾嶺，一也；桂陽騎田嶺，二也；九真都龐嶺，三也；臨賀萌渚嶺，四也；始安越城嶺，五也。』師古以裴説爲是。」

〔四六〕雞脛竹笋：竹譜（元李衎撰）卷四：「雞頸竹，又名雞脛竹，篁之類。大者不過指許，疏葉黄皮，强脆無所堪施。筍美，有青斑，色緑，沿江山崗之所饒也。」

北户録校箋卷三

無核荔枝

南方果之美者，有欐支①。梧州火山者〔一〕，夏初先熟，而味小劣。其高、潘州者最佳〔二〕，五六月方熟，有無核類雞卵大者。其肪瑩白〔三〕，不減水精，性熱〔四〕，液甘，乃奇實也。又有蠟荔支，作青黄色，亦絶美。南越志云〔五〕：「荔枝洲〔六〕，有焦核、黄蠟者，爲優。」故廣州記曰〔七〕：「荔枝如雞卵大，殼朱肉白，五六月熟，核若雞舌香。」陳藏器曰〔八〕：「荔枝樹，冬青〔九〕，實如雞子，核黄黑，似熟蓮子。實白如肪，甘而多汁，百鳥食之爲肥，極宜人。」廣志云〔一〇〕：「焦核、胡偈〔一一〕，此最美，次有鼈卵焉。」其樹自合抱至數圍，大者材中梁棟，其堅即佉陁等木無以加也〔一二〕。嶺中荔枝纔盡，龍眼子方熟，大如彈丸，皮褐肉白，而味過甜，俗呼爲荔枝奴〔一三〕，非虚語耳②。又西京雜記曰〔一四〕：「尉佗獻高祖鮫魚、欐枝〔一五〕，高祖報以蒲桃錦四疋。」

【原注】

①衛洪七開曰〔一六〕：「蒲桃龍目，椰子欐支。」作此字。

②修文殿御覽云〔一七〕：「龍眼子，一名龍目〔一八〕。」左思蜀都賦云「旁挺龍目〔一九〕，側生荔枝」也。

【校箋】

〔一〕梧州火山：在今廣西梧州南。梧州，參見卷二「鵝毛脡」條注。按，太平御覽卷九七一引嶺表録異：「荔支，南中之珍果也。梧州江前有火山，上有荔支，四月先熟，（以其地熱，故曰火也。）核大而味酸。其高、新州與南海産者最佳，五六月方熟。（黔中亦出荔支，余曾得一嘗，一似火山者。）形若小雞子，近蔕稍平，皮殻殷紅，肉瑩寒玉。又有焦核者，性熱液甘，食之過度，即蜜漿制之。又有蝪荔支，黄色，味稍劣於紅者。」

〔二〕高潘州：嶺表録異作「高新州」。見上注。按，「高州」，今廣東高州東北。見卷一「緋猨」條注。「潘州」，今廣東高州。同前見卷一「緋猨」條注。「新州」，今廣東新興。見卷一「鷓鴣瘴」條注。

〔三〕其肪瑩白：齊民要術卷一〇「荔支」條引廣志：「荔枝，樹高五六丈，如桂樹，緑葉蓬蓬，冬夏鬱茂。青華朱實，實大如雞子，核黄黑，似熟蓮子。實白如肪，甘而多汁，似安石榴，有甜酢者。夏至日將已時，翕然俱赤，則可食也。一樹下子百斛。」

〔四〕性熱：證類本草卷二三「荔枝子」條引食療本草：「微温，食之通神益智，健氣及顔色，多食則發熱。」

〔五〕南越志：見卷一「鷓鴣」條注。

〔六〕荔枝洲：太平寰宇記卷一四七嶺南道一廣州南海縣：「江南洲。南越志：『江南洲，周迴九十里。東有荔枝洲，上有荔枝，冬夏不凋。』」又方輿勝覽卷四三廣州路廣州南海：「荔支洲，在南海東四十五里，周迴五十里，（南漢）劉氏創昌華苑於上。」按，廣東通志卷五八古跡志：「（南海縣）昌華苑，即顯德園，亦五代南漢故址。在荔枝灣，廣袤數十里，今盡爲民居。」

〔七〕廣州記：以此名書者，有裴淵、顧微兩家，此處所引不知究爲何者。

〔八〕陳藏器曰：當指陳著本草拾遺。見卷一「孔雀媒」條注。按，證類本草卷二三「荔支」條引陳藏器曰：「味酸，子如卵。廣州記云：『荔枝精者，子如雞卵大，殼朱肉白，核如雞舌香。』廣志曰：『荔枝，冬青，實如雞子，核黄黑，似熟蓮子。實白如肪脂，甘而多汁，美極益人也。』」

〔九〕冬青：原作「如冬青」，「如」字蓋涉下「實如雞子」句而衍，今據陳藏器引廣志删。見上注。

〔一〇〕廣志：見卷一「通犀」條注。

〔一一〕焦核胡偈：齊民要術卷一〇「荔支」條引廣志：「犍爲僰道、南廣荔支熟時，百鳥肥。其名之曰『焦核』，小次曰『春花』，次曰『胡偈』，此三種爲美。次（許按：原作「似」，今據太平御覽卷九七一引廣志改。）『鼈卵』，大而酸，以爲醢和，率生稻田間。」又太平御覽卷九七一引竺法真登羅山疏：「荔支，冬青，夏至日子始赤，六七日可食，甘酸宜人。其細核者，謂之焦核，荔支之最珍也。」

〔一二〕佉陁等木：「佉陁」，梵文音譯亦稱「朅地羅」。遼希麟續一切經音義卷八：「朅地羅：上褰孽反。梵語西方木名，無正翻對，類此方苦練木也。爲堅硬，堪爲橜釘也。舊云佉陁羅木是也。」

〔一三〕荔枝奴：南方草木狀卷下：「龍眼，樹如荔枝，但枝葉稍小。殼青黄色，形圓如彈丸，核如木梡子而不堅。肉白而帶漿，其甘如蜜，一朵五六十顆，作穗如蒲萄然。荔枝過即龍眼熟，故謂之荔枝奴，言常隨其後也。」又太平御覽卷九七三引嶺表録異：「龍眼子，樹如荔支，葉小。殼青黄色，形圓如彈丸大，核如木梡子而不堅。肉白帶漿，其甘如蜜，一朵恒三二十顆。荔枝方過而龍眼即熟，南人謂之荔支奴。（以其常隨後也。）」

〔一四〕西京雜記：隋書經籍志二：「西京雜記二卷。」又新唐書藝文志二：「葛洪西京雜記二卷。」

〔一五〕尉佗獻高祖鮫魚欐枝：西京雜記卷三：「尉佗獻高祖鮫魚、荔枝，高祖報以蒲桃錦四匹。」按，「尉佗」即趙佗（？—前一三七），真定（今河北正定）人。秦末爲南海尉，故亦稱尉佗。漢初，自立爲南越國王。史記卷一一三、漢書卷九五並有傳。

〔一六〕衛洪七開：「七開」，原作「七聞」，今據四庫本改。按，太平御覽卷八六一引衛洪七開：「馨羹芬臛，凝色生華。」

〔一七〕修文殿御覽：見卷一「紅蟹殼」條注。

〔一八〕龍目：本草綱目卷三一「龍眼」條李時珍曰：「龍眼、龍目，象形也。吴普本草謂之龍目。」

〔一九〕旁挺龍目：文選左太沖蜀都賦：「於是乎邛竹緣嶺，菌桂臨崖，旁挺龍目，側生荔枝。」吕向注：「龍目、荔枝，皆果木名。」

變柑

新州出變柑〔一〕，有苞大於升者，但皮薄如洞庭之橘〔二〕，餘柑之所弗及。傳云本自高要移植〔三〕，不數百里，形味俱變，因以爲名。論其美，真所謂「厥苞橘柚，精者柑」①〔四〕。亦如踰淮爲枳〔五〕，乃水土異也。愚按吕氏春秋：「果之美者，江浦之橘〔六〕」，「箕山之東〔七〕，青鳥之所〔八〕，有櫨橘焉〔九〕」。説文：「櫨〔一〇〕，橘，夏孰也。」郭璞曰：「蜀中有給客橙〔一一〕，即櫨橘，冬夏花實相繼。」風土記〔一二〕：「柑有黄者、赭者，赭者謂之胡柑〔一三〕。」今人多引江陵千樹橘爲木奴事〔一四〕，此漢書云：「其人與千户侯等。」且襄陽記〔一五〕：「李衡爲丹陽太守〔一六〕，衡密遣十人，於武陵龍陽洲上作宅，種柑千樹。臨死，勑兒曰：『汝母惡吾治家〔一七〕，固窮如是。吾州里有千頭木奴，不責汝衣食，歲上一疋絹，亦足用耳。』吴末，衡柑成，歲得絹數千疋。」據此，非橘明矣②。愚又按，諺云：「木奴千〔一八〕，無凶年。」要術云：「蓋言果實可以市易五穀。」此即木奴之號，果之都稱者也〔一九〕。

【原注】

①見郭璞讚文。馬援好事〔二〇〕，至荔浦，見冬笥名苞笥，上言：「禹貢：『厥苞橘柚。』疑即此也。」

②據雜書，如翰林〔二一〕、要海〔二二〕、御覽〔二三〕、賈思勰，皆列在黄柑門中。

【校箋】

〔一〕新州：今廣東新興。見卷一「鸚鵡瘴」條注。

〔二〕洞庭之橘：白居易集卷二一輕肥：「鐏罍溢九醖，水陸羅八珍。果擘洞庭橘，鱠切天池鱗。」按，雲麓漫鈔（宋趙彦衛撰）卷一〇：「洞庭有山水之分，吴中太湖内，乃洞庭山，産柑橘，香味勝絶，韋蘇州、吴融、王維、蘇子美詩序，皆指山爲言。楚之洞庭乃湖，連亘數州，邊湖亦産柑橘。襄陽記：『李叔平敕子曰：「龍陽洲有千頭木奴。」』龍陽洲在洞庭側傍。張華云：『橘在湘水側。』劉瑾云：『寄生於南楚。』謝惠連甘賦：『傾予節兮湖之區。』皆言湖邊，初不指湖爲言。今湖南多云鼎甘，亦此義。洞庭名同，其别如此。」

〔三〕高要：今屬廣東。元和郡縣圖志卷三四嶺南道一端州：「高要縣，本漢舊縣，屬蒼梧郡，有鹽官。隋開皇十一年，置端州，割屬焉。」

〔四〕厥苞橘柚精者柑：藝文類聚卷八七引晉郭璞柚贊：「厥苞橘柚，精者曰甘。實染繁霜，葉鮮翠藍。屈生嘉歎，以爲美談。」按，尚書禹貢：「厥包橘柚，錫貢。」僞孔傳：「小曰橘，大曰柚。其所包裹而致者。錫命乃貢，言不常。」孔穎達疏：「橘柚二果，其種本别，以實相比，則柚大橘小，故云小曰橘，大曰柚，猶詩傳云大曰鴻，小曰鴈，亦别種也。此物必須裹送，故云其所包裹而送之。以須之有時，故待錫命乃貢，言不常也。」

〔五〕踰淮爲枳：周禮冬官考工記序：「橘踰淮而北爲枳，鸜鵒不踰濟，貉踰汶則死，此地氣然也。」按，説文木部：「枳，木，似橘。」

〔六〕江浦之橘：吕氏春秋卷一四本味載「果之美者」有：「江浦之橘，雲夢之柚。」高誘注：「浦，濱也，橘所生也。生江北則爲枳。雲夢，楚澤，出柚。」

〔七〕箕山之東：吕氏春秋卷一四本味載「果之美者」有：「箕山之東，青鳥之所，有甘櫨焉。」高誘注：「箕山，許由所隱也，在潁川陽城之西。青鳥，崑崙山之東。二處皆有甘櫨之果。」按，山海經大荒東經「箕山」作「綦山」，「青鳥」作「青馬」。又太平御覽卷九六六引吕氏春秋「青鳥」亦作「青馬」。

〔八〕青鳥之所：「鳥」，原作「島」，今據吕氏春秋改。見上注。

〔九〕櫨橘：亦作「盧橘」。史記司馬相如列傳：「(上林賦)於是乎盧橘夏孰，黄甘橙楱。」索隱：「案，廣州記云：『盧橘皮厚，大小如甘，酢多，九月結實正赤，明年二月更青黑，夏孰。』吴録云：『建安有橘，冬月樹上覆裹，明年夏色變青黑，其味甚甘美。』盧即黑是也。」

〔一〇〕櫨：説文木部：「櫨，欂櫨也。从木，盧聲。伊尹曰：『果之美者，箕山之東，青鳧之所，有甘櫨焉，夏孰也。』」段玉裁注：「語見吕覽本味篇，『𪇆』作『𪁏』，不言『夏𦦨』」，「依文選作『青鳥』爲長。蓋即山海經之三青鳥，疑『𪁏』、『𪇆』皆『鳥』之誤也」，「相如用『盧橘夏孰』，太沖猶譏其不實，後人以給客橙、枇杷等當之，繆甚」。

〔一一〕蜀中有給客橙：史記司馬相如列傳：「（上林賦）於是乎盧橘夏孰，黄甘橙榛。」集解：「郭璞曰：『今蜀中有給客橙，似橘而非，若柚而芬香，冬夏華實相繼，或如彈丸，或如拳，通歲食之，即盧橘也。』」

〔一二〕風土記：見卷二「雞卵卜」條注。

〔一三〕胡柑：亦作「壺甘」。齊民要術卷一〇「甘」條引風土記：「甘，橘之屬，滋味甜美特異者也。有黄者，有頳者，謂之壺甘。」

〔一四〕江陵千樹橘：史記貨殖列傳：「安邑千樹棗，燕、秦千樹栗，蜀、漢、江陵千樹橘，淮北、常山已南，河、濟之間千樹萩，陳、夏千畝漆，齊、魯千畝桑麻，渭川千畝竹，及名國萬家之城，帶郭千畝畝鍾之田，若千畝卮茜，千畦薑韭，此其人皆與千户侯等。」又漢書貨殖傳與此略同。

〔一五〕襄陽記：水經注淯水引有「郭仲産襄陽記」，記晉尚書令樂廣故宅事，然隋、唐史志著録郭仲産（産一作彦）所撰地志，列舉湘州記、南雍州記、荆州記，惟不見有襄陽記，推其原因，或以其書流傳不廣，或以其書已併入他書所致。按，直齋書録解題卷八：「襄沔記三卷，唐吴從政撰。

删宗懔荆州歲時記、盛宏之荆州記、鄒閎甫楚國先賢傳、習鑿齒襄陽耆舊傳、郭仲産襄陽記、鮑堅南雍州記集成此書，其紀襄、漢事詳矣。景龍中人，號棲閑子。」

〔一六〕李衡爲丹陽太守：三國志吴書三嗣主傳（孫休傳）：「又詔曰：『丹楊太守李衡，以往事之嫌，自拘有司。夫射鉤斬袪，在君爲君，遣衡還郡，勿令自疑。』」裴松之注引襄陽記：「衡字叔平，本襄陽卒家子也，漢末入吴爲武昌庶民。聞羊衜有人物之鑒，往干之，衜曰：『多事之世，尚書劇曹郎才也。』是時校事吕壹操弄權柄，大臣畏偪，莫有敢言。衜曰：『非李衡無能困之者。』遂共薦爲郎。權引見，衡口陳壹姦短數千言，權有愧色。數月，壹被誅，而衡大見顯擢。後常爲諸葛恪司馬，幹恪府事。恪被誅，求爲丹楊太守。時孫休在郡治，衡數以法繩之。妻習氏每諫衡，衡不從。會休立，衡憂懼，謂妻曰：『不用卿言，以至于此。』遂欲奔魏。妻曰：『不可。君本庶民耳，先帝相拔過重，既數作無禮，而復逆自猜嫌，逃叛求活，以此北歸，何面見中國人乎？』衡曰：『計何所出？』妻曰：『琅邪王素好善慕名，方欲自顯於天下，終不以私嫌殺君明矣。可自囚詣獄，表列前失，顯求受罪。如此，乃當逆見優饒，非但直活而已。』衡從之，果得無患，又加威遠將軍，授以棨戟。衡每欲治家，妻輒不聽，後密遣客十人於武陵龍陽汜洲上作宅，種甘橘千株。臨死，敕兒曰：『汝母惡我治家，故窮如是。然吾州里有千頭木奴，不責汝衣食，歲上一匹絹，亦可足用耳。』衡亡後二十餘日，兒以白母，母曰：『此當是種甘橘也，汝家失十户客來七八年，必汝父遣爲宅。汝父恒稱太史公言：「江陵千樹橘，當封君家。」吾答曰：「且人患無德義，不患不富，若貴而能貧，方好耳，用此何爲！」』吴末，衡甘橘成，歲得絹數千匹，家道殷足。晉咸康中，其宅址枯樹猶在。」

〔一七〕汝母惡吾治家：「母」，原作「毋」，今據三國志裴注引襄陽記改。見上注。

〔一八〕木奴千：齊民要術卷四種梅杏：「按杏一種，尚可賑貧窮，救飢饉，而況五果蓏菜之饒，豈直助糧而已矣？諺曰：『木奴千，無凶年。』蓋言果實可以市易五穀也。」

〔一九〕果之都稱：「都稱」，猶總稱。按，王氏農書（元王禎撰）卷五種植篇：「古人云：『木奴千，無凶年。』木奴者，一切樹皆是也。」

〔二〇〕馬援好事：見卷二「斑皮竹笋」條注。

〔二一〕翰林：疑指翰林論。按，隋書經籍志四總集類：「翰林論三卷。（李充撰。梁五十四卷。）」

〔二二〕要海：疑爲要録之誤。按，隋書經籍志四類書類：「要録六十卷。」

〔二三〕御覽：見卷一「蚺蛇牙」條注。

山橘子

山橘子〔一〕，冬熟，有大如土瓜者〔二〕，次如彈丸者。皮薄，下氣，普寧多之〔三〕。南人以蜜漬，和皮而食，作琥珀色，滋味絶佳，豈比漢人之吴，合皮啖橘，以爲笑也？其葉煎之，和酒飲，亦療氣神驗。愚憶沈瑩臨海異物志曰〔四〕：「雞橘子〔五〕，如指頭大，味甘，永寧界中有之〔六〕。」又裴淵廣州記〔七〕：「羅浮山有橘〔八〕，夏熟，實大如李。」又云羅浮有壺橘十種〔九〕，豈其一歟①？今有枸櫞皮煎〔一〇〕、椰子煎〔一一〕，皆奇味也②。

【原注】

①廣州記又云〔一二〕：「荔枝、壺橘，南之二珍。」

②異物志〔一三〕：「枸櫞，實似橘〔一四〕，皮不香。」椰子，去其外皮及殼，有白膚，食之如北中生胡桃味。又有白漿如乳，人亦食之。異物志曰：「椰子有如兩眼，俗人謂之越王頭〔一五〕。」南人取爲瓶子、杓子等器。枸櫞子即交州黄淡子〔一六〕，橘柚類也。

【校箋】

〔一〕山橘子：太平御覽卷九六六引嶺表録異：「山橘子，大者冬熟如土瓜，次者如彈丸。其實金色而葉緑，皮薄而味酸，偏能破氣。容、廣之人帶枝葉藏之，入膾醋，尤加香美。」按，本草綱目卷三〇「金橘」條李時珍曰：「此橘生時青盧色，黄熟則如金，故有金橘、盧橘之名。盧，黑色也。或云，盧，酒器之名，其形肖之故也。」「此橘夏冬相繼，故云夏熟，而裴淵廣州志謂之夏橘。給客橙者，其芳香如橙，可供給客也。」

〔二〕土瓜：亦稱王瓜。本草綱目卷一八「王瓜」條李時珍曰：「王瓜，其根作土氣，其實似瓜也。或云根味如瓜，故名土瓜，『王』字不知何義。瓜似雹子，熟則色赤，鴉喜食之，故俗名赤雹、老鴉瓜。一葉之下一鬚，故俚人呼爲公公鬚。」

〔三〕普寧：今廣西容縣。見卷一「赤白吉了」條注。

〔四〕沈瑩臨海異物志：見卷一「蚺蛇牙」條注。

〔五〕雞橘子：齊民要術卷一〇「果蓏」條引臨海異物志：「雞橘子，大如指，味甘。永寧界中有之。」

〔六〕永寧：今浙江温州。舊唐書地理志三江南東道：「（温州）永嘉，後漢分章安縣之東甌鄉置永寧縣，屬會稽郡。晉置永寧郡，隋改爲永嘉。上元二年，置温州，治於此縣。」

〔七〕裴淵廣州記：見卷一「紅蝙蝠」條注。

〔八〕羅浮山有橘：齊民要術卷一〇「橘」條引裴淵廣州記：「羅浮山有橘，夏熟，實大如李。剥皮噉則酢，合食極甘。又有壺橘，形色都是甘，但皮厚氣臭，味亦不劣。」

〔九〕壺橘：即盧橘。齊民要術卷一〇「橘」條引廣州記：「盧橘，皮厚，氣色大如甘，酢多。九月結實，正赤。（許按：「結實正赤」四字原有脱誤，今據史記索隱補正。）至二月，漸變爲青，至夏熟，味亦不異冬時。土人呼爲壺橘，其類有七八種，不如吴會橘。」參見本卷「變柑」條注。

〔一〇〕枸櫞皮煎：齊民要術卷一〇「枸櫞」條引裴淵廣州記：「枸櫞，樹似橘，實如柚大而倍長，味奇酢。皮以蜜煮爲糝。」參見卷二「食目」條注。

〔一一〕椰子煎：齊民要術卷一〇「椰」條引異物志：「椰，樹高六七丈，無枝條。葉如束蒲，在其上。實如瓠，繫在於巔，若掛物焉。實外有皮如胡盧。核裏有膚，白如雪，厚半寸，如豬膚，食之美於胡桃味也。膚裏有汁升餘，其清如水，其味美於蜜。食其膚，可以不饑。食其汁，則愈渴。」

〔二〕廣州記：太平御覽卷九七一引廣州記：「荔支、壺橘，南珍之上，菱、蓮、椑、柿爲其次。」

〔三〕異物志：見卷一「蚺虵牙」條注。

〔四〕實似橘：齊民要術卷一〇「枸櫞」條引異物志：「枸櫞，似橘，大如飯筥，皮不香，（許按：「皮不香」，繆啓愉齊民要術校釋改作「皮有香」，而太平御覽卷九七二引異物志作「皮不香」，今仍其舊。）味不美，可以浣治葛、苧，若酸漿。」

〔五〕越王頭：南方草木狀卷下：「椰樹，葉如栟櫚，高六七丈，無枝條。其實大如寒瓜，外有粗皮，次有殼，圓而且堅，剖之有白膚，厚半寸，味似胡桃而極肥美。有漿，飲之得醉。俗謂之越王頭，云昔林邑王與越王有故怨，遣俠客刺得其首，懸之於樹，俄化爲椰子。林邑王憤之，命剖以爲飲器，南人至今效之。當刺時，越王大醉，故其漿猶如酒云。」又齊民要術卷一〇「椰」條引異物志：「又有如兩眼處，俗人謂之『越王頭』。」

〔六〕黄淡子：證類本草卷二三「橘柚」條引陳藏器曰：「橘柚本功，外中實冷，酸者聚痰，甜者潤肺。皮堪入藥，子非宜人。其類有朱柑、乳柑、黄柑、石柑、沙柑，橘類有朱橘、乳橘、塌橘、山橘、黄淡子，此輩皮皆去氣調中，實總堪食，就中以乳柑爲上。」按，橘録（宋韓彦直撰）卷中：「陳藏器補本草，謂橘之類有朱橘、乳橘、塌橘、山橘、黄淡子，今類見之。」

橄欖子

橄欖子〔一〕，八九月熟，其大如棗。廣志云〔二〕：「有大如雞子者〔三〕，南人重其真味。」一説香口絶勝雞舌香①〔四〕。亦堪煮飲，飲之能銷酒②。其樹聳拔，其柯不喬。有野生者，高不可梯，但刻其根，方數寸，内少許鹽於中〔五〕，一夕子皆落矣。今高涼有銀坑橄欖子③〔六〕，細長多味，美於諸郡産者，其價亦貴於常者數倍也。愚按，南越志〔七〕：「博羅縣有合成樹〔八〕，樹去地二丈，爲三衢④：東向一衢爲木威〔九〕，南向一衢爲橄欖，西向一衢爲玉文⑤〔一〇〕。」廣志書此「橄欖」字，南州異物志作此「橄䰉」字〔一一〕。陳藏器云：「其木主䰽魚毒〔一二〕。此木作檝，撥著䰽魚，皆浮出，其相畏如此。人中䰽魚肝、子毒者，必死也。」

【原注】

①詩義疏〔一三〕：「梅亦可含而香口〔一四〕。」又廣州薑亦可香口。

②煎法，剉去兩頭，煨過煮之，甚香美。

③生於銀坑之側。相傳是馮盎之家〔一五〕，昔掘地遇銀於此。

④山海經云「四衢」〔一六〕。

⑤顧微廣州記曰〔一七〕：「木威，高大，子如橄欖而堅，削去皮，以爲粽。」

【校箋】

〔一〕橄欖子：南方草木狀卷下：「橄欖，樹身聳，枝皆高數丈。其子深秋方熟，味雖苦澀，咀之芬馥，勝含雞舌香。吴時歲貢，以賜近侍。本朝自泰康後亦如之。」又齊民要術卷一〇「橄欖」條引南方草物狀：（許按，後漢書西南夷列傳李賢注引作「徐衷南方草物狀」。）「橄欖子，大如棗，大如雞子。二月華色，仍連著實。八月、九月熟。生食味酢，蜜藏仍甜。」

〔二〕廣志：見卷一「通犀」條注。

〔三〕有大如雞子者：齊民要術卷一〇「橄欖」條引廣志：「橄欖，大如雞子，交州以飲酒。」

〔四〕香口絶勝雞舌香：嶺表録異卷中：「橄欖，樹身聳枝，皆高數尺。其子深秋方熟，閩中尤重此味，云咀之香口，勝含雞舌香。生喫及煮飲，悉解酒毒。」「鷄舌香」，即丁香。證類本草卷一二「雞舌香」條引唐本草：「雞舌，樹葉及皮並似栗，花如梅花，子似棗核。此雌樹也，不入香用。其雄樹，雖花不實，採花釀之以成香。出崑崙及交、愛以南。」按，唐代的外來文明第十章香料丁香：「『丁香的較爲古老的名稱叫做『雞舌香』，所謂『雞舌香』是指尚未完全綻開的乾燥花蕾的外形來説的，它的更近代的名稱叫『丁香』。」「唐朝的雞舌香是從印度尼西亞進口的。」「去除口臭是雞舌香的一種古老的、表示敬重的用途。這種用法可以追溯到漢代，漢朝的郎官在向天子奏事時必須在口中含少許雞舌香。」

〔五〕内少許鹽：太平御覽卷九七二引嶺表録異：「（橄欖）有野生者。子繁樹峻，不可梯緣，但刻其根下方寸許，内鹽於其中，一夕，子皆自落。」又證類本草卷二三「橄欖」條引海藥本草：「謹按（楊孚）異物志云：『（橄欖）生南海浦嶼間，樹高丈餘，其實如棗，二月有花生，至八月乃熟，甚香。橄欖木高大難採，以鹽擦木身，則其實自落。』」

〔六〕高涼：今廣東高州東北。見卷一「緋猨」條注。

〔七〕南越志：見卷一「鷓鴣」條注。

〔八〕博羅縣有合成樹：齊民要術卷一〇「橄欖」條引南越志：「博羅縣有合成樹，十圍，去地二丈，分爲三衢。東向一衢，木威，葉似楝，子如橄欖而硬，削去皮，南人以爲糝。南向一衢，橄欖。西向一衢，三丈。三丈樹，嶺北之猴□也。」按，太平御覽卷九七二引南越志，前半文字與此同，後半則作「南向一衢，橄欖。西向一衢，橄欖」。「博羅縣」，今屬廣東。元和郡縣圖志卷三四嶺南道一循州：「博羅縣，本漢舊縣，屬南海郡。隋開皇十年，改屬循州。二漢縣立名不一，自吴以後，復爲博羅。」按，金樓子卷五志怪：「有樹名獨根，分爲二枝，其東向一枝，是木威樹；南向一枝，是橄欖樹。扶南國今衆香皆共一木，根是旃檀，節是沈香，花是雞舌，葉是霍香，膠是薰陸。」又西陽雜俎續集卷一〇支植下：「橄欖子，獨根樹，東向枝曰木威，南向枝曰橄欖。」

〔九〕木威：即烏欖。齊民要術卷一〇「木威」條引廣州記：「木威，樹高大，子如橄欖而堅，削去皮，以爲粽。」按，太平御覽卷九七四引顧微廣州記：「木威，高丈餘，子如橄欖而堅，削去皮，以爲粽。」

〔一〇〕玉文：齊民要術引南越志作「三丈」（見前注），二者皆不知爲何物，疑有錯字。

〔一一〕南州異物志作此橄榴字：「南州異物志」，太平御覽引作「南州草木狀」。御覽卷九七二引南州草木狀：（許按：當作「南方草物狀」。見下文。）「橄榴子，大如棗。二月華，八九月熟，生食味酢，蜜藏乃甜美。交阯、武平、興古、九真有之。」按，御覽卷首經史圖書綱目列有「徐哀南方草木狀」，並無「南州草木狀」，惟「徐哀南方草木狀」撰人書名實雙誤，當依後漢書西南夷列傳李賢注作「徐衷南方草物狀」爲是。齊民要術卷一〇「橄欖」條引南方草物狀：「橄欖子，大如棗，大如雞子。二月華色，仍連著實。八月、九月熟。生食味酢，蜜藏仍甜。」其「橄欖子」三字，唐本當作「橄榴子」，今字乃後人所改。

〔一二〕其木主䱀魚毒：證類本草卷二〇二十三種陳藏器餘：「䱀魚，肝及子有大毒，入口爛舌，入腹爛腸。肉小毒。人亦食之，煮之不可近鐺，當以物懸之。一名鶘夷魚，以物觸之即嗔，腹如氣毬，亦名嗔魚。腹白，背有赤道，如印魚。目得合，與諸魚不同。江海中並有之，海中者大毒，江中者次之。人欲收其肝、子毒人，則當反被其噬，爲此，人皆不録。唯有橄欖木及魚茗木解之，次用蘆根、烏蓲草根汁解之。此物毒疾，非藥所及。」又同上書卷二三「橄欖」條：「橄欖，味酸，甘温，無毒。主消酒，療鯸鮐毒。人誤食此魚肝迷悶者，可煮汁服之，必解。其木作檝，撥著魚，皆浮出，故知物有相畏如此也。」按，爾雅翼釋魚：「䱀，今之河豚。狀如科斗，腹下白，背上青黑，有黄文。眼能開能閉。觸物輒嗔，腹張如鞠，浮于水上。一名嗔魚。」

〔一三〕詩義疏：即毛詩義疏。見卷一「孔雀媒」條注。

〔一四〕梅亦可含而香口：太平御覽卷九七〇引詩義疏：「梅，杏類也，樹及葉皆如杏而黑。煮而乾爲蘇，（許按：一説「蘇」當依説文作「蕛」，乾梅也。）置羹、臛、齏中。又可含以香口。」

〔一五〕馮盎：盎（？——六四六）字明達，高州良德（今廣東高州東北）人。仕隋爲漢陽太守。隋亡，還嶺表，破高、新二州賊帥高法澄、洗寶徹等，據有番禺、蒼梧、朱崖等地，自號總管。武德五年（六二二），以地歸唐，授高州總管，封耿國公。貞觀五年（六三一）入朝，俄爲先鋒，擊平羅、竇諸洞獠叛。卒，贈左騎衛大將軍、荆州都督。舊唐書卷一〇九、新唐書卷一一〇並有傳。

〔一六〕山海經云四衢：「四衢」，枝柯四出。山海經中山經：「又東五十五里，曰宣山。淪水出焉，東南流注於視水，其中多蛟。其上有桑焉，大五十尺，其枝四衢，其葉大尺餘，赤理、黄華、青柎，名曰帝女之桑。」郭璞注：「言枝交互四出。」

〔一七〕顧微廣州記：見本條前注。按，隋、唐史志不載顧書，而齊民要術卷一〇「鬼目」、「芭蕉」、「扶留」、「藤」、「緗」、「木堇」、「古度」諸條，皆引作「顧微廣州記」，則顧微其人或當是南朝宋人。

山胡桃

山胡桃〔一〕，皮厚底平，狀如檳榔。其大如扶留頭〔二〕，味次陰平、樂遊胡桃〔三〕。别作杏膏香，但不耐停耳。廣志云〔四〕：「陰平胡桃，皮脆，急投之即碎。」其蝦蟆背〔五〕，見沈約爲柳世隆謝樂遊苑胡桃啓云〔六〕：「胡羯奔逃，吉之先見者也。」鄭虔又云〔七〕：「山胡桃無穰〔八〕，實心，磨之可爲印子。」據説即非南山中胡桃也〔九〕。

【校箋】

〔一〕山胡桃：「胡桃」即核桃。博物志卷六物名考：「張騫使西域還，乃得胡桃種。」又太平御覽卷九七一引嶺表録異：「山胡桃，皮厚而堅，大於北府。底平如檳榔，多肉少穰，亦與北中者相似，以斧碓之方破。或取之自底磨平，以爲印子，其隔屈曲，類篆文也。」

〔二〕扶留頭：指扶留藤之漿果蒟子。齊民要術卷一〇「扶留」條引顧微廣州記：「扶留藤，緣樹生。其花實即蒟也，可以爲醬。」按，「蒟」，一作「枸」。史記西南夷列傳：「南越食蒙蜀枸醬。」集解：「徐廣曰：『枸，一作蒟，音窶。』駰案：漢書音義曰：『枸木似穀樹，其葉如桑葉。用其葉作醬酢，美，蜀人以爲珍味。』」索隱：「蒟，案：晉灼音矩。劉德云：『蒟樹如桑，其椹長二三寸，味酢，取其實以爲醬，美。』又云：『蒟緣樹而生，非木也。今蜀土家出蒟，實似桑椹，味辛似薑，不酢。』」

〔三〕陰平樂遊胡桃：證類本草卷二三「胡桃」條引圖經本草：「此果本出羌胡，漢張騫使西域還，始得其種，植之秦中，後漸生東土。故曰：『陳倉胡桃，薄皮多肌。陰平胡桃，大而皮肥，急捉則碎。』江表亦嘗有之，梁沈約集有謝賜樂遊園胡桃啓，乃其事也。」

〔四〕廣志：藝文類聚卷八七引廣志：「陳倉胡桃，薄皮多肌。陰平胡桃，大而皮脆，急捉則碎。」按，「陳倉」，今陝西寶雞東。元和郡縣圖志卷二關内道二：「（鳳翔府寶雞縣）陳倉故城，在今縣東二十里，即秦文公所築。」「陰平」，西漢置陰平道，治所在今甘肅文縣西。東漢改爲陰平縣。華陽國志卷二漢中志：「陰平縣，郡治，漢曰陰平道也。」

〔五〕蝦蟆背：當指山胡桃品種，今存沈約爲柳世隆謝賜樂遊胡桃啓殘句中未見此説。

〔六〕見沈約爲柳世隆謝樂遊苑胡桃啓：原作「見柳世隆謝樂遊苑胡桃」，誤以作者沈約爲柳世隆，大謬，今據藝文類聚補「沈約爲」和「啓」四字。按，藝文類聚八七引梁沈約爲柳世隆謝賜樂遊胡桃啓：「挺自禁園，味逾井絡。動物迴衹，在微必應。此乃胡羯奔逃，吉之先見者也。」又按，柳世隆（四四二—四九一），字彦緒，河東解（今山西解縣）人。仕宋爲尚書右僕射，入齊，出爲南兗州刺史。南齊書卷二四、南史卷三八並有傳。

〔七〕鄭虔：按，此處所引「山胡桃」條當出鄭所著胡本草。

〔八〕穰：同「瓤」。正字通禾部：「穰，果實孚，凡果實中之子曰孚穰。與瓤通。」

〔九〕非南山：「非」字疑當作「中」，中南山即終南山。史記夏本紀：「終南、敦物至於鳥鼠。」正義：「括地志云：『終南山，一名中南山，一名太一山，一名南山，一名橘山，一名楚山，一名秦山，一名周南山，一名地肺山，在雍州萬年縣南五十里。』」

白楊梅

楊梅〔一〕，葉如龍眼，樹如冬青，一名杭①〔二〕。潘州有白色者，甜而絶大。鄭公虔云〔三〕：「越州客山有白熟楊梅〔四〕。」兼名苑云〔五〕：「東興縣有大如雞卵楊梅〔六〕。」博物志云〔七〕：「地有『章』名〔八〕，則多楊梅。」得非誤耶？南越志：「安章縣白蜀里多楊梅〔九〕。求之白蜀，去章遠矣②。」

【原注】

①（杭）音求。

②吴興記曰〔一〇〕：「故章縣北有石槨山〔一一〕，出楊梅，常以貢御。」張華所謂地名「章」必生楊梅，蓋謂此也。

【校箋】

〔一〕楊梅：史記司馬相如列傳：「（上林賦）樗棗楊梅。」索隱：「荆楊異物志：『其實外肉著核，熟時正赤，味甘酸。』」又南方草木狀卷下：「楊梅，其子如彈丸，正赤，五月中熟，熟時似梅。其味甜酸。陸賈南越行紀曰：『羅浮山頂有湖，楊梅、山桃繞其際，海人時登採拾，止得於上飽啖，不得持下。』東方朔林邑記曰：『林邑山楊梅，其大如杯碗，青時極酸，既紅，味如崖蜜。以醖酒，號梅香酎，非貴人重客，不得飲之。』」又藝文類聚卷八七引臨海異物志：「楊梅，其子大如彈丸，正赤。五月中熟，熟時似梅，其味甜酸。」

〔二〕一名杭：此説蓋誤，杭指山樝，非楊梅。爾雅釋木：「杭，繫梅。」郭璞注：「杭樹狀似梅，子如指頭，赤色，似小㮈，可食。」又本草綱目卷三〇「山樝」條李時珍曰：「山樝味似樝子，故亦名樝。世俗皆作『查』字，誤矣。查（音槎）乃水中浮木，與樝何關？郭璞注爾雅云：『杭樹如梅，其子大如指頭，赤色，似小柰，可食。』此即山樝也，世俗作『梂』字，亦誤矣。梂乃櫟實，於杭何關？」

〔三〕鄭公虔：即鄭虔。生平見卷一「蛤蚧」條注。此處所引「白熟楊梅」條當出鄭著胡本草。

〔四〕越州客山：「越州」，今浙江紹興。元和郡縣圖志卷二六江南道二越州：「隋平陳，改東揚州爲吴州，大業元年，改爲越州。武德四年，討平李子通，置越州總管。六年，陷輔公祏。七年，平定公祏，改總管爲都督。」「客山」，疑即木客山。吴越春秋勾踐伐吴外傳：「越王使人如木客山，取允常之喪，欲徙葬琅邪。」原注：「木客山，去會稽縣十五里。」

〔五〕兼名苑：見卷一「通犀」條注。

〔六〕東興縣：今江西南城。三國時分南城縣置，隋開皇中廢。唐武德五年（六二二）復置，七年，廢入南城縣。按，舊唐書地理志三：「撫州中，隋臨川郡。武德五年，討平林士弘，置撫州，領臨川、南城、邵武、宜黄、崇仁、永城、東興、將樂八縣。七年，省東興、永城、將樂三縣，以邵武隸建州。」

〔七〕博物志：見卷一「孔雀媒」條注。

〔八〕地有章名：藝文類聚卷八七引博物志：「地有章名，則生楊梅，無章名亦有耳，有章名無之也。」「章」，證類本草陳藏器説引作「瘴」。證類本草卷二三「楊梅」條引陳藏器曰：「止渴。張司空云：『地瘴，無不生楊梅者。』信然矣。」又本草綱目卷三〇「楊梅」條：「陳藏器曰：『張華博物志言地瘴處多生楊梅，驗之信然。』」疑作「瘴」是。

〔九〕安章縣白蜀里多楊梅：「安章縣」，諸史地志無此地名，藝文類聚、太平御覽引南越志並作「熙安縣」。按，藝文類聚卷八七引南越志：「熙安縣多楊梅。」又太平御覽卷九七二引南越志：「熙安縣白蜀里多楊梅。張公以爲『名章則多楊梅』，此偶以所聞而命書，後好事改地就之耳。求之白蜀，去之遠矣。」熙安縣，南朝宋文帝時置，治所在今廣東廣州西北。南朝梁廢。按，宋書符瑞志中：「元嘉四年十一月己丑，甘露降南海熙安，廣州刺史江桓以聞。」

〔一〇〕吴興記：隋書經籍志二：「吴興記三卷。（山謙之撰。）」按，山謙之，南朝宋人。宋書徐爰傳：「先是元嘉中，使著作郎何承天草創國史，世祖初，又使奉朝請山謙之、南臺御史蘇寶生踵成之。六年，又以爰領著作郎，使終其業。」

〔一一〕故章縣北有石郴山：「故章縣」，即「故鄣縣」，西漢時以鄣縣爲名，治所在今浙江安吉西北，隋開皇中廢。按，藝文類聚卷八七引吴地記：「故章縣北有石郭山，上生楊梅，常以貢御。」又太平御覽卷九七二引吴興記：「故章縣縣北有石槨山，出楊梅，常以貢御。張華所謂地名章，必生楊梅，蓋謂此也。」

偏核桃

占卑國出偏核桃〔一〕，形如半月狀，波斯人取食之〔二〕。絶香美，極下氣力〔三〕，比於中夏桃仁，療疾不殊。會最云〔四〕：「偏桃仁，勃律國尤多〔五〕，花殷紅色。郎中解忠順使安西〔六〕，以蘿蔔插接之而生。桃仁肥大，其桃皮不堪食①。」又吐谷渾有桃如一石甕大者〔七〕，貞觀二十一年三月十一日〔八〕，以遠夷各貢方物，其草木雜物有異於常者，詔所司詳録焉。葉護獻馬乳蒲桃一房〔九〕，長二尺，子亦稍大〔一〇〕，其色紫。康國又獻金、銀桃〔一一〕，詔令植於苑圃。

【原注】

①解忠順郎中使安西，以異木枝插蘿蔔，至此皆活。

【校箋】

〔一〕占卑國出偏核桃：太平御覽卷九六七引嶺表録異：「偏核桃，出占卑國，肉不堪食，胡人多收其核遺漢官，以稱珎異。其形薄而尖，頭偏，如雀觜。破之，食其桃仁，味酷似新羅松子。性熱，入藥，分與北地桃仁無異。」「占卑國」，大唐西域記卷一〇謂之「瞻波國」，爲古印度十六大國之一，位於今印度比哈爾邦巴迦爾普爾（Bhagalpur）附近。按，大唐西域記卷一〇：「瞻波國周四千餘里，國大都城北背殑伽河，周四十餘里。土地墊濕，稼穡滋盛。氣序温暑，風俗淳質。」「偏核桃」，亦稱「偏桃」，即巴旦（擔）仁。酉陽雜俎前集卷一八廣動植之三：「偏桃，出波斯國，波斯國呼爲『婆淡』。樹長五六丈，圍四五尺，葉似桃而闊大。三月開花，白色。花落結實，狀如桃子而形偏，故謂之偏桃。其肉苦澁，不可噉。核中仁甘甜，西域諸國並珍之。」

〔二〕波斯：今伊朗。舊唐書西戎波斯國傳：「波斯國，在京師西一萬五千三百里，東與吐火羅、康國接，北鄰突厥之可薩部，西北拒拂菻，正西及南俱臨大海。」

〔三〕極下氣力：飲膳正要（元忽思慧撰）卷三：「八擔仁，味甘，無毒，止欬下氣，消心腹逆悶。（其果出回回田地。）」

〔四〕會最：見卷一「紅虵」條注。

〔五〕勃律國：今克什米爾吉爾吉特河流域。舊唐書西戎傳：「又有勃律國，在罽賓、吐蕃之間。開元中頻遣使朝獻。」

〔六〕郎中解忠順使安西：解忠順其人，在兩唐書中止一見，言其以侍御史出使蘇禄，他則未詳。按，舊唐書突厥傳下：「蘇禄者，突騎施别種也，頗善綏撫，十姓部落漸歸附之，衆二十萬，遂雄西域之地，尋遣使來朝。開元三年，制授蘇禄爲左羽林軍大將軍、金方道經略大使，進爲特勤，遣侍御史解忠順齎璽書册立爲忠順可汗。」「安西」，即安西都護府。舊唐書地理志三：「安西大都護府，貞觀十四年，侯君集平高昌，置西州都護府，治在西州。顯慶二年十一月，蘇定方平賀魯，分其地置濛池、崑陵二都護府。分其種落，列置州縣。於是西盡波斯國，皆隸安西都護府，仍移安西都護府理所於高昌故地。三年五月，移安西府於龜兹國，舊安西府復爲西州。龍朔元年，西域吐火羅款塞，乃於于闐以西、波斯以東十六國，皆置都督，督州八十，縣一百一十，軍將一百二十六，仍立碑於吐火羅以志之。」

〔七〕吐谷渾有桃如一石甕大者：「吐谷渾」，古部族名，唐時在今青海西北、新疆東南地區。舊唐書西戎傳：「吐谷渾，其先居於徒河之清山，屬晉亂，始度隴，止於甘松之南、洮水之西，南極白蘭，地數千里」，「吐谷渾自晉永嘉之末，始西渡洮水，建國於群羌之故地，至龍朔三年爲吐蕃所滅，凡三百五十年」。按，太平廣記卷四一〇「一石桃」條引洽聞記：「吐谷渾桃，大如石甕。」又墨莊漫録（宋張邦真撰）卷一：「王黼將明盛時，搜求四方瓌奇之物，以充玩好。有人以核桃半枚來獻，中容米三四斗，其間題詠之字滿矣。李之儀端叔題云：『觀此桃，則退之所謂「華山十丈蓮」，信有之矣。』今不知存否也。予嘗觀洽聞記云：『吐谷渾桃，大如六石甕。』豈非此桃也耶？」

〔八〕貞觀二十一年：即六四七年。「貞觀」是唐太宗李世民年號（六二七—六四九）。按，唐會要卷一〇〇雜録：「（貞觀）二十一年三月十一日，以遠夷各貢方物，其草木雜物有異於常者，詔所司詳録焉。葉護獻馬乳葡萄一房，長二尺，子亦稍大，其色紫。摩伽國獻菩提樹，一名波羅，葉似白楊。康國獻黄桃，大如鵝卵，其色如金，亦呼金桃。」

〔九〕葉護：指突厥。「葉護」本是突厥官名。周書異域下：「（突厥）大官有葉護，次設，次特勤，次俟利發，次吐屯發，及餘小官凡二十八等，皆世爲之。」後常代指突厥。

〔一〇〕子亦稍大：「稍」，原作「稱」，今據唐會要改。見前注。

〔一一〕康國：今烏兹别克斯坦撒馬爾罕區域。按，舊唐書西戎傳：「康國，即漢康居之國也。其王姓温，月氏人。先居張掖祁連山北昭武城，爲突厥所破，南依葱嶺，遂有其地。枝庶皆以昭武爲姓氏，不忘本也。其人皆深目高鼻，多鬚髯，丈夫翦髮或辮髮。」「隋煬帝時，其王屈术支娶西突厥葉護可汗女，遂臣於西突厥。武德十年，屈术支遣使獻名馬。貞觀九年，又遣使貢獅子，太宗嘉其遠至，命秘書監虞世南爲之賦，自此朝貢歲至。十一年，又獻金桃、銀桃，詔令植之於苑囿。」

紅　梅

嶺南之梅，小於江左〔一〕。居人採之，雜以豆蔻花①〔二〕、枸橼子、朱槿之類②，和鹽曝之，梅爲槿花所染，其色可愛，今嶺北呼爲「紅梅」是也〔三〕。又有選大梅，刻鏤瓶罐結帶之類，取棹汁漬之③〔四〕，亦甚甘脆。按鄭公虔云〔五〕：「婆弄迦木〔六〕，出烏萇國〔七〕。發地叢生，葉大如掌，花白而細，絶芳香，子如升大。花披之時，人即雕畫瓦罐承花，候其子長滿罐中，即破而取之，文彩彬焕，與畫罐相類，便以獻王。」亦猶中國鏤梅，諸國所無也。

【原注】

①漏蔻花，白色，穗尖微紅。南方草物狀曰〔八〕：「漏蔻樹〔九〕，子大如李實，二月花，七月熟。出興古。」書此字。又劉欣期交州記作「竇蔻」〔一〇〕，廣志作「豆莯」字也〔一一〕。

②顔之推云：「枸櫞子，似橘，大如飯筐〔一二〕。」字林音矩櫞。又按梁朝上饌，糁奠合子内有枸櫞是也。又朱槿〔一三〕，四時常有花，可食。此蕣木也〔一四〕。一名堇，一名櫬〔一五〕，莊子云「朝菌」〔一六〕。張華云〔一七〕：「君子國多蕣華之草，朝生夕死。」

③棹，木名。烹其葉，呼爲棹汁。按梅有紫花梅〔一八〕、同心梅、麗枝梅〔一九〕，品第絶多。

【校箋】

〔一〕江左：猶言「江東」，即今江蘇蘇州。江左紅梅，以吴中爲盛。按，兼明書（五代丘光庭撰）卷五「江東」條：「今人言項羽起於江東者，多以爲浙江之東。明曰：按古人稱江東，皆謂楚江之東也，以其江自西南而下，江南、江東隨江所向而呼也。項羽起於江東，即蘇州也。故漢書稱項羽避仇於吳中，其論用兵之道，吳中士大夫皆出其下。尋羽之行止，無入浙東之文也。或曰：羽殺會稽守賈守通，會稽非浙東乎？答曰：秦并天下，分置三十六郡，江東爲會稽郡，其治所在吳，吳即今蘇州也。羽殺賈守通之後，起吳中子弟八千人，非蘇州而何！」又同上書同卷「江左」條：「晉、宋、齊、梁之書，皆謂江東爲江左。」

〔二〕豆蔻花：南方草木狀卷上：「豆蔻花，其苗如蘆，其葉似薑。其花作穗，嫩葉卷之而生。花微紅，穗頭深色，葉漸舒，花漸出。舊説此花食之，破氣消痰，進酒增倍。泰康二年，交州貢一篚，上試之有驗，以賜近臣。」

〔三〕今嶺北呼爲紅梅是也：此「紅梅」當指紅鹽草果。按，桂海虞衡志志果：「紅鹽草果，取生草豆蔻，入梅汁，鹽漬，令色紅，暴乾，以薦酒。」

〔四〕棹汁：南方草木狀卷中：「棹樹，榦葉俱似椿，以其葉鬻汁漬果，呼爲棹汁果。若以棹汁雜彘肉，食者即時爲雷震死。棹，出高涼郡。」按，「鬻汁」，謂煮葉取汁。

〔五〕鄭公虔：即鄭虔，前已見。此處所引「婆弄迦木」條當出自胡本草。

〔六〕婆弄迦木：「婆弄迦」應是梵文音譯，未詳意譯確爲何樹。

〔七〕烏萇國：亦稱鄔荼、烏仗那，在今克什米爾斯瓦特河上游。魏書西域傳：「烏萇國，在賒彌南。北有葱嶺，南至天竺。」

〔八〕南方草物狀：原作「南方草木狀」，齊民要術卷一〇、太平御覽卷九七一並引作「南方草物狀」，今據改。見下注。按，嵇含南方草木狀卷上雖有「豆蔻花」條，但所記僅爲草豆蔻，未及肉豆蔻，而此處所記漏蔻樹則屬肉豆蔻。

〔九〕漏蔻樹：「樹」，原作「附」，今據南方草物狀改。按，齊民要術卷一〇「豆蔻」條引南方草物狀：「豆蔻樹，〔子〕大如李。二月花色，仍連著實，子相連累。其核（根）〔極〕芬芳，成殼。七月、八月熟。曝乾，剥食，核味辛香，五味。出興古。」又太平御覽卷九七一引南方草物狀：「漏蔻樹，子大如李實，二月華，七月熟。出興古。」按，本草綱目卷一四「豆蔻」條李時珍曰：「按楊雄方言云：『凡物盛多曰蔻。』豆蔻之名，或取此義，豆象形也。南方異物志作『漏蔻』，蓋南人字無正音也。」

〔一〇〕劉欣期交州記作賨蔻：諸書所引交州記，今已悉改「賨蔻」爲「豆蔻」。按，齊民要術卷一〇「豆蔻」條引劉欣期交州記：「豆蔻，似杬樹。」又太平御覽卷九七一引劉欣期交州記：「豆蔻，似杬樹，味辛，堪綜合檳榔嚼，治斷齒。」

〔一一〕廣志作豆菽字也：此七字原誤入正文，將「雜以豆蔻花、枸櫞子、朱槿之類」一句從中阻斷，驗諸上下文意，實當屬崔龜圖注語，今即移入原注，亦可與上文作「漏蔻」、「賨蔻」事相接。至於「廣志作豆菽字」，原書佐證佚失，權以集韻爲據。集韻侯韻：「蔻菽，豆蔻，草實，生交阯。或作『菽』。」

〔一二〕大如飯筩：以上關乎枸櫞三句，此稱「顏之推云」，實則東漢楊孚異物志已先言之。按，齊民要術卷一〇「枸櫞」條引異物志：「枸櫞，似橘，大如飯筥。皮有香，味不美，可以浣治葛苧，若酸漿。」「筩」，同「筥」，圓形竹筐。按，急就篇卷三顏師古注：「竹器之盛飯者，大曰篅，小曰筥。筥一名箱，受五升。」

〔一三〕朱槿：嶺表録異卷中：「嶺表朱槿花，莖葉皆如桑樹，葉光而厚。南人謂之佛桑。樹身高者，止於四五尺，而枝葉婆娑。自二月開花，至於中冬方歇。其花深紅色，五出，如大蜀葵。有蕊一條，長於花葉，上綴金屑，日光所爍，疑有焰生。一叢之上，日開數百朵。雖繁而有豔，且近而無香，暮落朝開，插枝即活，故名之槿。俚女亦採而鬻，一錢售數十朵。若微此花，紅梅無以資其色。」

〔一四〕此蕣木也：以上數句實出自顧微廣州記。按，齊民要術卷一〇「木堇」條引顧微廣州記：「平興縣有花樹，似堇，又似桑。四時常有花，可食。甜滑，無子。此蕣木也。」

〔一五〕一名櫬：爾雅釋草：「櫬，木槿。」郭璞注：「似李樹，華朝生夕隕，可食。或呼日及，亦曰王蒸。」邢昺疏：「詩鄭風：『顏如舜華。』陸璣疏云：『舜，一名木槿，一名櫬，一名椴，齊魯之間謂之王蒸，今朝生暮落者是也。』郭氏云：『可食。亦呼日及。』五月始華，故月令仲夏云：『木堇榮。』」

〔一六〕莊子云朝菌：莊子逍遥遊：「朝菌不知晦朔。」郭慶藩集釋：「朝菌者，謂天時滯雨，於糞堆之上熱蒸而生，陰濕則生，見日便死，亦謂之大芝，生於朝而死於暮，故曰朝菌。月終謂之晦，月旦謂之朔。假令逢陰，數日便萎，終不涉三旬，故不知晦朔也。」

〔一七〕張華：此即張華博物志而言。按，博物志卷二外國：「君子國，人衣冠帶劍，使兩虎，民衣野絲，好禮讓不争。土千里，多薰華之草，民多疾風氣，故人不番息，好讓，故爲君子國。」按，博物志此説當出自山海經。山海經海外東經：「君子國在其北，衣冠帶劍，食獸，使二大虎在旁。其人好讓不争。有薰華草，朝生夕死。」郝懿行箋疏：「木堇見爾雅（釋草），堇一名蕣，與薰聲相近。吕氏春秋仲夏紀云：『木堇榮。』高誘注云：『木堇朝榮莫落，是月榮華可用作蒸。雜家謂之朝生，一名蕣，詩（有女同車）云「顔如蕣華」是也。』藝文類聚八十九卷引外國圖云：『君子之國，多木槿之華，人民食之。去琅邪三萬里。』」

〔一八〕梅有紫花梅：西京雜記卷一上林名果異樹：「初修上林苑，群臣遠方，各獻名果異樹」，「梅七：朱梅、紫葉梅、紫花梅、同心梅、麗枝梅、燕梅、猴梅」。

〔一九〕麗枝梅：「枝」（支），原作「文」，今據西京雜記改。

五色藤筌蹄

瓊州出五色藤合子、書囊之類〔一〕，花多織走獸飛禽，細於錦綺，亦藤工之妙手也。次盧亭①〔二〕，紉白藤爲茶器，新州作五色藤筌臺〔三〕，皆一時之精絶。昔梁劉孝儀謝太子五色藤筌蹄一枚云〔四〕：「炎州采藤〔五〕，麗窮綺縟。」得非「筌臺」與「筌蹄」語訛歟〔六〕？按侯景纂位〔七〕，著白鈔帽而尚青袍，或牙梳插髻，牀上常設胡牀及筌蹄②。今海豐歲貢五色藤鏡匣一、筌臺一是也〔八〕。又本行經云〔九〕：「可龍女名尼連茶耶，上太子寶筌提，太子坐之。食乳糜已，擲鉢河中。天帝取歸忉利供養，以立鉢節③。」

【原注】

①盧亭，即盧循之苗裔也。

②大業記〔一〇〕：「帝九月自北塞還東都〔一一〕，賜文武官各有差；改胡牀爲交牀〔一二〕，改胡瓜爲白露黄瓜，改茄子爲崑崙紫瓜也。」

③佛經又云：「太子第七日，據筌蹄坐，受與耶輸陁羅指印環云云〔一三〕。」

【校箋】

〔一〕瓊州：今海南海口。參見卷二「米䴵」條注。按，新唐書地理志七上嶺南道記循州（今廣東惠州東北）、振州（今海南三亞）土貢，皆有「五色藤盤、鏡匣」，瓊州恐亦如此。

〔二〕盧亭：太平御覽卷九四二引嶺表録異：「盧亭者，盧循遺類也。循昔據廣州，既敗，餘黨（許按：黨，原作「言」，據魯迅輯校本改。）奔於海島野居。唯食蠔蠣，壘殼爲牆壁。」又廣東通志（清郝玉麟監修）卷五七：「盧亭，亦曰盧餘，在廣州城東南百里。以採藤、蠣爲業。男女皆椎結于頂，婦女許人及嫁始結胸帶。相傳爲盧循遺種，故名。」按，盧循（？—四一一）字于先，范陽涿（今河北涿州）人，仕晉爲永嘉太守。元興三年（四〇四），浮海攻番禺，號平南將軍，即被用爲廣州刺史。義熙六年（四一〇），自廣州起兵，北上勤王，佔領豫章，直逼建康，爲劉裕所敗，回師轉戰交州，被殺。晉書卷一〇〇有傳。

〔三〕新州：見卷一「鸚鵡瘴」條注。

〔四〕劉孝儀：即劉潛（四八四—五五〇），字孝儀，彭城（今江蘇徐州）人。劉孝綽三弟。舉秀才，累遷都官尚書、豫章内史。梁書卷四一、南史卷三九並有傳。

〔五〕炎州采藤：「炎州」，疑當作「炎洲」。藝文類聚卷八〇引廣志：「火洲在南海中，火燃洲，其木不死更鮮。」

〔六〕得非筌臺與筌蹄語訛歟：按，通雅（明方以智撰）卷三四：「筌蹄謂魚笱與兔蹄也，後人合稱之，遂以名籃。得兔者忘蹄，得魚者忘筌。筌，笱也。有逆鬚蹄、係蹄也。戰國策魏魁謂建信君曰：『人有置係蹄者而得虎，虎没環寸之蹯而走。』兔蹄亦以機繩縻兔者也。段公路北户録曰：『新州作五色藤筌臺』，『梁劉孝儀謝太子五色藤筌蹄一枚』。按此乃借筌蹄之稱，其實則織藤爲籃也。『筌臺』又『筌蹄』之訛也，廣人呼『蹄』爲『臺』。」

〔七〕侯景篡位：侯景（五〇三—五五二）字萬景，懷朔鎮（今内蒙古固陽西南）人。羯族。仕東魏爲司徒、南道行臺，擁衆十萬，專制河南。後降梁，受封河南王。太清二年（五四八）叛亂，攻陷梁朝都城，先後立蕭綱、蕭棟爲帝，既而自立，國號漢，改元太始，梁元帝等討平之。梁書卷五六、南史卷八〇並有傳。按，梁書本傳：「自篡立後，時著白紗帽，而尚披青袍，或以牙梳插髻。牀上常設胡牀及筌蹄，著靴垂脚坐。」

〔八〕海豐：指海豐郡，唐天寶元年（七四二）以循州改置，治所在歸善（今廣東惠陽東北）。乾元元年（七五八），復循州。按，新唐書地理志七上：「循州海豐郡，下。本龍川郡，天寶元年更名。土貢：布，五色藤盤、鏡匣，蚺蛇膽，甲煎，鮫革，荃臺，綬草。」

〔九〕本行經：即佛本行集經。按，佛本行集經卷二五向菩提樹品：「爾時彼河尼連禪主，有一龍女，名尼連荼耶（隋言不寡），從地踴出，手執莊嚴天妙筌提，奉獻菩薩。菩薩受已，即坐其上。坐其上已，取彼善生村主之女所獻乳糜，如意飽食，悉皆浄盡。菩薩既食彼乳糜已，緣過去世行檀福報業力熏故，身體相好，平復如舊，端正可喜，圓滿具足，無有缺減。爾時菩薩食彼糜訖，以金鉢器棄擲河中。時海龍王生大希有奇特之心，復爲菩薩難現世故，執彼金器，擬欲供養，將向自宮。是時天主釋提桓因即化其身，作金翅鳥金剛寶嘴。從海龍邊奪取金鉢，向忉利宮三十三天，恒自供養。於今彼處三十三天立節。名爲供養菩薩金鉢器節。從彼已來，至今不斷。」

〔一〇〕大業記：即大業雜記，亦稱大業拾遺録。按，新唐書藝文志二：「杜寶大業雜記十卷。」又崇文總目卷二雜史類：「大業拾遺十卷。杜寶撰。」又郡齋讀書志（衢本）卷六：「大業雜記十卷，右唐杜寶撰。起隋仁壽四年煬帝嗣位，止越王侗皇泰三年王世充降唐事。」又直齋書録解題卷五：「大業雜記十卷，唐著作郎杜寶撰。紀煬帝一代事，序言貞觀修史，未盡實録，故爲此書，以彌縫闕漏。」

〔一一〕帝九月自北塞還東都：「九月」，即大業三年（六〇七）九月。按，隋書煬帝紀上：「八月壬午，車駕發榆林」，「九月己未，次濟源。幸御史大夫張衡宅，宴享極歡。己巳，至于東都」。

〔一二〕改胡牀爲交牀：太平御覽卷九七七引杜寶大業拾遺録：「（大業）四年，改胡牀爲交牀，改胡瓜爲白露黄瓜，改茄子爲崑崙紫瓜。」

〔一三〕耶輸陁羅：原作「耶輸陁」，今據佛本行集經改。按，佛本行集經卷一二捔術争婚品上：「爾時太子六日已過，至第七日，於先出在王宫門前，據筌蹄坐。是時城内，一切諸女，皆以種種雜寶瓔珞各嚴其身，來集宫門，欲見太子，後欲受取種種諸寶無憂之器。是時太子見諸女來，即持種種寶器，施與彼等諸女。從四方來見太子者，以是太子威德大故，諸女不能正看太子，但取寶器，各各低頭，速疾而過，寶器盡已。最後有一婆私吒族釋種大臣摩訶那摩，其女名爲耶輸陁羅，前後侍從衆多婢媵，圍遶而來。遥見太子，峨峨注睛，舉目雅步，瞻觀直眄，目不斜闚。漸進前趍，來近太子，如舊相識，曾無愧顔，即白太子，作如是言：『太子，今可與我雜寶無憂器來。』太子報言：『汝來既遲，皆悉施盡。』彼女復更白太子言：『我有何過，汝今欺我不與寶器？』太子答言：『我不欺汝，但汝後來自不及耳。』是時太子指邊，有一所著印環，價直百千，從指脱與耶輸陀羅。耶輸陀羅白太子言：『我於汝邊，可止直於爾許物耶？』太子報言：『我之所著，自餘瓔珞，任意所取。』彼女白言：『我今豈可剥脱太子，只可莊嚴於太子身。』語於太子，作是言已，心不喜歡，即迴還去。」

香皮紙

羅州多棧香〔一〕，樹身如柜柳〔二〕，其華繁白，其葉似橘。皮堪擣爲紙，土人號爲香皮紙〔三〕，作灰白色，文如魚子牋。今羅、辯州皆用之①〔四〕，小不及桑根、竹膜紙②〔五〕，松皮紙③〔六〕，側理紙也④。又嘗讀謝康樂山居賦云〔七〕：「剥芨⑤巖椒〔八〕。」言芨皮可爲紙，未詳其木也⑥。其香，即會最云〔九〕：「沉香、青木、雞骨、馬蹄、棧香、黄熟香，同是一樹〔一〇〕。如一木五香，根檀，節沉，子雞舌，葉藿，膠薰陸也⑦。」又真誥經云〔一一〕：「屢燒香左右〔一二〕，令人魄正。」故隱居云：「沉香、薰陸，夏月常燒此二物。」梁簡文時〔一三〕，扶南傳有沉香一婆羅丁〔一四〕，云婆羅丁五百六十斤也。案，浴佛功德經云〔一五〕：「牛頭旃檀、芎藭、鬱金、龍腦、沉、麝、丁等以爲湯，置浄器中，次第浴之。」及旃檀云〔一六〕：「王有疾，醫須旃檀汁，旃檀枝葉根莖，除一切疾⑧。」又無名詩集武舍人中行云〔一七〕：「胡從何等來？氍毹、毾㲪、五木香⑨，迷迭⑩、艾納⑪、及都梁⑫。」唯南州異物志曰〔一八〕：「蜜香，欲取先斷其根，經年外皮爛，中心及節堅黑者，置水中則沉，是謂沉香。次有置水中不沉，與水面平者，名棧香。其最小麤者，名曰㪷香。」佛經所謂沉水者也。又南越志謂之香木〔一九〕，出日南也〔二〇〕。

【原注】

①三輔故事云〔二一〕：「衛太子以紙蔽鼻〔二二〕。」前漢已有之，非蔡倫造也〔二三〕。此蓋言其著，不云創也。又和熹鄧后貢獻悉斷〔二四〕，歲時但供紙筆而已。然則其用久矣，但不知何物爲之。按王隱晉書曰〔二五〕：「王隱答華恒云：『魏太和六年〔二六〕，河間張揖上古今字詁〔二七〕，其中部云：「紙，今帋也。」古以素帛，依書長短，隨事截之，其數重沓，即名幡。紙字從系，此形聲也。貧者無之，故路温舒截蒲寫書也。和帝元興元年，中常侍蔡倫剉擣故布網，造作帋，字從巾義。是其聲雖同，系、巾則殊，不得言古（帋）〔紙〕爲今帋。』」又山謙之丹陽記曰〔二八〕：「平準署有紙官，造帋。」古以縑素爲書記，又以竹爲簡牘，其貧諸生，或用蒲爲牒也。瑶山玉彩亦具〔二九〕。

②睦州出之〔三〇〕。

③日本國出〔三一〕。

④側理，陟釐也〔三二〕，後人訛呼陟釐爲側理，即苔也。事見張華〔三三〕。又爾雅曰：「苔〔三四〕，石衣也。」郭璞注：「水苔也。一名石髮，江東食之。」又瑶山玉彩載薛道衡詠苔紙詩云〔三五〕：「昔時應春色，引緑泛清流。今來承玉管，布字轉銀鈎。」

⑤（芨）音及。

⑥又扶桑國〔三六〕，在中國之東二萬里，其土多扶桑木，故以爲名。扶桑葉似桐，初生如笋，國人食之。實如梨而赤績。其皮爲布，以爲衣，亦以皮爲帋。齊永元二年〔三七〕，其國有沙門慧深，來至荆州者。

⑦金樓子云〔三八〕：「衆香共是一樹。」又俞益期牋曰〔三九〕：「衆香共一木。」

⑧本草云：「白檀〔四〇〕，消風熱腫。」

⑨證俗音云〔四一〕：「氍㲣，毛席也〔四二〕。」書此字。又通俗云〔四三〕：「織毛褥也。」魏略云〔四四〕：「大秦國以野繭織成青黄赤白黑緑紫絳紺碧十種氍毹。」又通俗文曰〔四五〕：「氍毹細者，謂之毾㲪〔四六〕。」又書云：「毾㲪施大床之前，小榻之上也。」又異苑云〔四七〕：「沙門法存有八赤沉香板床〔四八〕，又有八赤毾㲪，百種形象。」

⑩迷迭香〔四九〕，大秦出〔五〇〕。魏文帝曰：「余挂迷迭於中庭〔五一〕，喜其揚條吐秀，馥有香芳。」又陳琳賦曰〔五二〕：「方果葉之阿那，鋪緑葉之蜿蟺。」

⑪艾納出驃國〔五三〕。此香燒之斂香氣，能令不散直上，似細艾也〔五四〕。

⑫都梁香〔五五〕，荆州記〔五六〕：「都梁縣有小山〔五七〕，山上清水淺，中生蘭草，俗謂之『都梁』，即以縣名焉。」

【校箋】

〔一〕羅州多棧香：「羅州」，今廣東化州。見卷一「孔雀媒」條注。「棧香」，即伽南香。按，太平御覽卷九八二引嶺表録異：「廣管羅州多棧香，樹身似柳，其花白而繁，其葉如橘。皮堪作紙，名爲香皮紙，灰白色，有紋如魚子牋。其紙慢而弱，沾水即爛，遠不及楮皮者，又無香氣。或云沉香、雞骨、黄熟、棧香同是一樹，而根幹枝節各有分别者也。」又同上書同卷引南州異物志：「沉木香，出日南。欲取當先斫壞樹，著地積久，外皮朽爛，其心至堅者，置水則沉，名沉香。其次在心白之間，不甚堅精，置之水中不沉不浮，與水面平者，名曰棧香。其最小麄白者，名曰槧（許按：原作「繫」，今據法苑珠林卷三六華香篇「沈香」條引南州異物志改。）香。」

〔二〕柜柳：「柜」，同「櫸」。按，本草綱目卷三五「櫸」條李時珍曰：「其樹高舉，其木如柳，故名。山人訛爲鬼柳。郭璞注爾雅作柜柳，云似柳，皮可煮飲也。」

〔三〕香皮紙：亦稱蜜香紙。按，南方草木狀卷中：「蜜香紙，以蜜香樹皮葉作之。微褐色，有紋如魚子，極香而堅韌，水漬之，不潰爛。泰康五年，大秦獻三萬幅。帝以萬幅賜鎮南大將軍當陽侯杜預，令寫所撰春秋釋例及經傳集解以進。未至而預卒，詔賜其家，令藏之。」

〔四〕辯州：「辯」，原作「辨」，今據舊唐書改。「辯州」，今廣東化州。見卷二「食目」條注。

〔五〕桑根竹膜紙：「桑根」，文房四譜紙譜：「雷孔璋曾孫穆之，猶有張華與其祖書，所書乃桑根紙也。」「竹膜紙」，宛陵集（宋梅堯臣撰）卷五五得王介甫常州書詩：「斜封一幅竹膜紙，上有文字十七行。」

〔六〕松皮紙：説郛（涵芬樓本）卷一八引負暄雜録（宋顧文薦撰）：「唐中國紙未備，多取于外夷，故唐人詩中多用『蠻箋』字，亦有謂也。高麗歲貢蠻紙，書卷多用爲襯。日本國出松皮紙，又南蕃出香皮紙，色白，紋如魚子。」

〔七〕謝康樂山居賦：「謝康樂」，即謝靈運（三八五—四三三），陳郡陽夏（今河南太康）人。謝玄孫。襲封康樂公。仕晉爲秘書郎。入宋，遷太子左衛率，出爲永嘉太守。宋書卷六七、南史卷一九並有傳。「山居賦」，宋書謝靈運傳：「靈運父祖並葬始寧縣，并有故宅及墅，遂移籍會稽，修營別業，傍山帶江，盡幽居之美。與隱士王弘之、孔淳之等縱放爲娱，有終焉之志。每有一詩至都邑，貴賤莫不競寫，宿昔之間，士庶皆徧，遠近欽慕，名動京師。作山居賦并自注，以言其事。」

〔八〕剥芨巖椒：宋書謝靈運傳載山居賦：「慕椹高林，剥芨巖椒。」謝靈運自注：「椹音甚，味似菰菜而勝，刊木而作之，謂之慕。芨音及，採以爲紙。」

〔九〕會最：見卷二「紅虵」條注。

〔一〇〕同是一樹：證類本草卷一二「沉香」條：「唐本注：『沉香、青桂、雞骨、馬蹄、煎香等同是一樹，葉似橘葉，花白，子似檳榔，大如桑椹，紫色而味辛。樹皮青色，木似欅柳。』臣禹錫等謹按陳藏器云：『沉香枝葉並似椿，蘇云如橘，恐未是也。其枝節不朽，最緊實者爲沈香，浮者爲煎香，以次形如雞骨者爲雞骨香，如馬蹄者爲馬蹄香，細枝未爛緊實者爲青桂香。其馬蹄、雞骨只是煎香，蘇乃重云，深覺煩長，並堪熏衣去臭，餘無別功。』」

〔一一〕真誥：舊唐書經籍志下：「真誥十卷。（陶弘景撰。）」又直齋書録解題卷一二：「真誥十卷，梁華陽隱居陶弘景撰。述楊羲、許邁、許玉斧遇仙真，傳受經文等事。」

〔一二〕屢燒香左右：真誥卷六甄命授二：「數遊心山澤，託景仙真者，靈氣將慜子之遠樂，山神將欣子之向化，是故百疾不能干，百邪不得犯。屢燒香左右者，令人魂魄正，而恒聞芳風之氣，久久乃覺之耳。覺之則入道，入道則得仙，得仙則成真。」

〔一三〕梁簡文：見卷二「雞骨卜」條注。

〔一四〕扶南：見卷二「桄榔炙」條注。

〔一五〕浴佛功德經：即佛説浴像功德經，一卷，唐釋義净譯。按，佛説浴像功德經：「（世尊）我今爲汝説浴像法，諸供養中最爲殊勝。善男子，若欲沐像，應以牛頭栴檀、紫檀、多摩羅香、甘松、芎藭、白檀、鬱金、龍腦、沈香、麝香、丁香，以如是等種種妙香，隨所得者，以爲湯水，置净器中。先作方壇，敷妙床座，於上置佛，以諸香水，次第浴之。用諸香水周遍訖已，復以净水於上淋洗。其浴像者各取少許洗像之水，置自頭上，燒種種香以爲供養。」

〔一六〕及旃檀云：此下至「除一切疾」數句，佛説浴像功德經無之，不知出自何典。

〔一七〕又無名詩集武舍人中行云：此十一字讀來似文從字順，實則有誤。按下引詠香詩句今止三句，而唐釋道世法苑珠林卷三六華香篇「艾納香」條引樂府歌：「行胡從何來，列國持何來？氍毹㲪㲪五木香，迷迭艾納及都梁。」分明爲四句。又太平御覽卷九八二先引廣志：「艾納香出剽國。」接引樂府歌，其文字與法苑珠林一字無别。他如藝文類聚卷八一引「樂府歌詩」、樂府詩集卷七七引「樂府古辭」、能改齋漫録卷一五引「古樂府」、詩話總龜卷二引「古詩」等，或全取四句，或止末二句，文字亦與法苑珠林略同。據此，「又無名詩集武舍人中行云」十一字或當是全部四句之題目及首句，若連下而讀，則原文應作：「又無名詩：『行胡從何來，列國持何來？氍毹毾㲪五木香，迷迭艾納及都梁。』」「集武舍人中行云」七字恐屬後人妄改。惟北户録諸本悉錯訛如此，無他本可校，姑從舊。

〔一八〕南州異物志：原作「交州異物志」，今據法苑珠林卷三六華香篇、太平御覽卷九八二引南州異物志改。按，法苑珠林卷三六華香篇「沈香」條引南州異物志（三國吴丹陽萬震撰）：「木香，（許按：太平御覽卷九八二引南州異物志作「沉木香」。）出日南。欲取當先斫壞樹，著地積久，外自朽爛，其心至堅者，置水則沈，名曰沈香。其次在心白之間，不甚堅精，置之水中，不沈不浮，與水平者，名曰棧香。其最小麤白者，名曰槧香。」太平御覽卷九八二引南州異物志已見前。

〔一九〕南越志謂之香木：太平御覽卷九八二引南越志：「交州有蜜香樹，欲取先斷其根，經年後外皮朽爛，木心與節堅黑沉水者，爲沉香。與水面平，爲雞骨。最麄者，爲棧香。」

〔二〇〕日南：隋、唐之日南郡，在今越南境内。按，舊唐書地理志四：「驩州，隋日南郡。武德五年，置南德州總管府，領德、明、智、驩、林、源、景、海八州。南德州領六縣。八年，改爲德州。貞觀初，改爲驩州，以舊驩州爲演州。二年，置驩州都督府，領驩、演、明、智、林、源、景、海八州。十二年，廢明、源、海三州。天寶元年，改爲日南郡。乾元元年，復爲驩州也。」

〔二一〕三輔故事：隋書經籍志二：「三輔故事二卷。（晉世撰。）」又玉海藝文校證卷一七典故：「隋志地理類：三輔故事二卷，晉世撰。」「儒林傳『石渠閣』，師古引三輔故事。班固傳注、文選注皆引之。唐禮志賈曾議引三輔故事『祭於圓丘，上帝、后土位皆南面』。」

〔二二〕衛太子以紙蔽鼻：北堂書鈔卷一〇四「太子紙蔽鼻」條引三輔故事：「衛太子大鼻，武帝病，太子入省，江充曰：『上惡大鼻，當持紙蔽其鼻而入。』帝怒。」按，「衛太子」即戾太子劉據（前一二八—前九一），漢武帝太子。武帝末年多病，疑因親近巫蠱所致，戾太子以此爲江充所誣。元狩元年（前一二二），戾太子舉兵誅江充，與丞相劉屈氂戰於長安，兵敗自殺。史稱「巫蠱之禍」。事見漢書卷六三武五子傳。

〔二三〕蔡倫：倫（?——一二一）字敬仲，桂陽（今湖南郴州）人。宦官。建中初，爲小黄門。和帝即位，轉中常侍，加尚方令。元初元年（一一四），封龍亭侯。後漢書卷七八有傳。按，後漢書本傳：「自古書契多編以竹簡，其用縑帛者謂之爲紙。縑貴而簡重，並不便於人。倫乃造意，用樹膚、麻頭及敝布、魚網以爲紙。元興元年奏上之，帝善其能，自是莫不從用焉，故天下咸稱『蔡侯紙』。」又太平御覽卷六〇五引董巴記：「東京有『蔡侯紙』，即倫也。用故麻，名麻紙；木皮，名穀紙；用故魚網作紙，名網紙也。」

〔二四〕和熹鄧后：即漢和帝皇后鄧綏。按，後漢書皇后紀：「（永元）十四年夏，陰后以巫蠱事廢，后請救不能得，帝便屬意焉。后愈稱疾篤，深自閉絶。會有司奏建長秋宫，帝曰：『皇后之尊，與朕同體，承宗廟，母天下，豈易哉！唯鄧貴人德冠後庭，乃可當之。』至冬，立爲皇后。辭讓者三，然後即位。手書表謝，深陳德薄，不足以充小君之選。是時，方國貢獻，競求珍麗之物，自后即位，悉令禁絶，歲時但供紙墨而已。」

〔二五〕王隱晉書：見卷二「紅鰕盃」條注。

〔二六〕魏太和六年：即魏明帝曹叡太和六年（二三二）。按，太平御覽卷六〇五引王隱晉書：「魏太和六年，博士河間張揖上古今字詁，其巾部：『紙，今〔帋〕（許按：此字原闕，今據清湯球九家舊晉書輯本補。下同。）也。其字從巾。古之素帛，依舊長短，隨事截〔之〕。絹枚數重沓，即名幡。紙字從系，此形聲也。後和帝元興中，中常侍蔡倫，以故布擣剉作紙，故字從巾。是其聲雖同，系、巾爲殊，不得言古紙爲今紙。』」

〔二七〕張揖：原作「張楫」，今據王隱晉書改。見上注。按，四庫全書總目卷四〇：「廣雅十卷，魏張揖撰。揖字稚讓，清河人。太和中，官博士。其名或從木作『楫』，然證以『稚讓』之字，則爲揖讓之『揖』審矣。」

〔二八〕山謙之丹陽記：山謙之，南朝宋、齊間人，隋書經籍志二著録吴興記三卷、南徐州記二卷，皆其所撰。按，文房四譜（宋蘇易簡撰）卷四引丹陽記：「江寧縣東十五里有紙官署，齊高帝於此造紙之所也。常造凝光紙，賜王僧虔。（一云銀光紙也。）」

〔二九〕瑶山玉彩：舊唐書高宗紀上：「（龍朔三年二月）太子弘撰瑶山玉彩成，書凡五百卷。」又同上書高宗中宗諸子孝敬皇帝弘傳：「孝敬皇帝弘，高宗第五子也」，「龍朔元年，命中書令、太子賓客許敬宗，侍中兼太子右庶子許圉師，中書侍郎上官儀，太子中舍人楊思儉等，於文思殿博採古今文集，摘其英詞麗句，以類相從，勒成五百卷，名曰瑶山玉彩，表上之。制賜物三萬段，敬宗已下加級、賜帛有差」。

〔三〇〕睦州：今浙江建德。元和郡縣圖志卷二五江南道一睦州：「隋平陳，廢新安郡，析新安縣置睦州，後又改爲遂安郡。隋氏喪亂，陷於寇賊。武德四年討平汪華，改爲州，取『俗阜人和，内外輯睦』爲義。萬歲通天二年，又自新安東移一百六十五里，理建德，即今州理是。」

〔三一〕日本國：今日本列島。舊唐書東夷傳：「日本國者，倭國之別種也。以其國在日邊，故以日本爲名。或曰倭國自惡其名不雅，改爲日本。或云日本舊小國，併倭國之地。其人入朝者，多自矜大，不以實對，故中國疑焉。又云其國界東西南北各數千里，西界、南界咸至大海，東界、北界有大山爲限，山外即毛人之國。」按，日本出松皮紙，見本條前注。

〔三二〕陟釐：證類本草卷九「陟釐」條引唐本注：「此物乃水中苔，今取以爲紙，名苔紙。青黄色，體澁。」

〔三三〕事見張華：證類本草卷九「陟釐」條引王子年拾遺記：「張華撰博物志上，晉武帝嫌繁，命削之，賜華側理紙萬張。子年云：『陟釐紙也，此紙以水苔爲之，溪人語訛，謂之側理也。』」又太平御覽卷六〇五引拾遺記：「張華獻博物志，賜側理紙萬番，南越獻也。漢人言『陟釐』，（許按：太平廣記卷二三一「張華」條引王子年拾遺記作「陟釐」。）與『側理』相亂，南人以海苔爲紙，其理縱橫衺側，因以爲名。」

〔三四〕苔：爾雅釋草：「薄，石衣。」郭璞注：「水苔也，一名石髮，江東食之。或曰薄，葉似䪥而大，生水底，亦可食。」邢昺疏：「案：本草有陟釐，別本注云：『此即古石髮也，色類似苔，而麤澀爲異。』」

〔三五〕薛道衡詠苔紙詩：初學記卷二一隋薛道衡詠苔紙詩：「昔時應春色，引淥泛清流。今來承玉管，布字改銀鉤。」按，薛道衡（五四〇—六〇九）字玄卿，河東汾陰（今山西萬榮西南）人。初仕北齊爲中書侍郎，仕北周爲内史舍人兼散騎常侍。入隋，累遷吏部尚書。隋書卷五七、北史卷三六並有傳。

〔三六〕扶桑國：其說不一，一說即今墨西哥，一說即今俄羅斯之薩哈林島（庫頁島）。參見呂思勉兩晉南北朝史第十六章晉南北朝四裔情形。按，梁書諸夷傳：「扶桑國者，齊永元元年，其國有沙門慧深來至荆州，説云：『扶桑在大漢國東二萬餘里，地在中國之東，其土多扶桑木，故以爲名。扶桑葉似桐，而初生如筍，國人食之，實如梨而赤，績其皮爲布以爲衣，亦以爲綿。作板屋，無城郭。有文字，以扶桑皮爲紙。（中略）其俗舊無佛法，宋大明二年，罽賓國嘗有比丘五人遊行至其國，流通佛法、經像，教令出家，風俗遂改。』」

〔三七〕齊永元二年：即五〇〇年。梁書諸夷傳作「永元元年」。永元乃南齊東昏侯蕭寶卷年號（四九九—五〇一）。

〔三八〕金樓子：見卷一「蚺虵牙」條注。按，金樓子卷五志怪篇：「扶南國今衆香皆共一木，根是旃檀，節是沈香，花是雞舌，葉是藿香，膠是薰陸。」

〔三九〕俞益期牋：即俞益期與韓康伯牋。按，水經注鬱水：「豫章俞益期，性氣剛直，不下曲俗，容身無所，遠適在南。與韓康伯書曰：『惟檳榔樹，最南遊之可觀，但性不耐霜，不得北植，不遇長者之目，令人恨深。』嘗對飛鳥戀土，深思寄意，謂此鳥『其背青，其腹赤，丹心外露，鳴情未達，終日歸飛，飛不十千，路餘萬里，何由歸哉』！」又江西通志（清謝旻等修）卷六六：「俞益期，豫章人。性氣剛直，不下曲俗，遠適交州。與豫章守韓康伯書，論檳榔以寄況。著交州牋，傳于世。」

〔四〇〕白檀：證類本草卷一二「檀香」條引陶隱居曰：「白檀，消熱腫。」又本草綱目卷三四「檀香」條李時珍曰：「楞嚴經云：『白旃檀塗身，能除一切熱惱。』今西南諸番酋，皆用諸香塗身，取此義也。杜寶大業録云：『隋有壽禪師，妙醫術，作五香飲濟人。沈香飲、檀香飲、丁香飲、澤蘭飲、甘松飲，皆以香爲主，更加别藥，有味而止渴，兼補益人也。』」

〔四一〕證俗音：見卷一「蚺虵牙」條注。

〔四二〕毛席：太平御覽卷七〇八引聲類：「氍毹，毛席也。」按，氍毹、氍㲣一也。

[四三] 通俗：應即通俗文。太平御覽卷七〇八引通俗文：「織毛褥，謂之氍毹。」

[四四] 魏略：原作「魏志」，今據三國志裴松之注改。按，三國志魏書烏丸鮮卑東夷傳裴松之注引魏略西戎傳：「大秦國，一號犂靬，在安息、條支西大海之西，從安息界安谷城乘船，直截海西，遇風利二月到，風遲或一歲，無風或三歲。其國在海西，故俗謂之海西」，「有織成細布，言用水羊毳，名曰海西布。此國六畜皆出水，或云非獨用羊毛也，亦用木皮或野繭絲作，織成氍毹、毾㲪、罽帳之屬皆好，其色又鮮于海東諸國所作也。又常利得中國絲，解以爲胡綾，故數與安息諸國交市於海中」，「又今西域舊圖云，罽賓、條支諸國出琦石，即次玉石也。大秦多金、銀、（中略）五色玉、黄白黑緑紫紅絳紺金黄縹留黄十種氍毹、五色毾㲪、五色九色首下毾㲪」。又太平御覽卷七〇八引魏略：「大秦國以羊毳、木皮、野絲作毾㲪之屬，有五色、九色毾㲪，其毛鮮於海東諸國所作也。」

[四五] 通俗文：隋書經籍志一：「通俗文一卷。（服虔撰。）」按，顔氏家訓書證：「通俗文，世間題云『河南服虔字子慎造』。虔既是漢人，其叙乃引蘇林、張揖，蘇、張皆是魏人。且鄭玄以前，全不解反語，通俗反音，甚會近俗。阮孝緒又云『李虔所造』。河北此書，家藏一本，遂無作李虔者。晉中經簿及七志，並無其目，竟不得知誰制。然其文義允愜，實是高才。殷仲堪常用字訓亦引服虔俗説，今復無此書，未知即是通俗文，爲當有異？近代或更有服虔乎？不能明也。」

[四六] 氍毹：太平御覽卷七〇八引通俗文：「氍毲細者，謂之毾㲪。名毾㲪者，施大牀之前，小榻之

上，所以登而上牀也。」

〔四七〕異苑：見卷一「紅虵」條注。

〔四八〕沙門法存：「法存」，異苑作「支法存」。按，太平御覽卷七〇六引異苑：「沙門支法存有八尺沉香板床，刺史王淡息切求不與，遂殺而籍焉。（籍，没也。）後息疾，法存出爲祟也。」

〔四九〕迷迭香：證類本草卷九引一十種陳藏器餘：「迷迭香，味辛温，無毒，主惡氣，令人衣香，燒之去鬼。魏略云出大秦國，廣志云出西海。」

〔五〇〕大秦：見卷一「通犀」條注。

〔五一〕余挂迷迭於中庭：「挂」，太平御覽引作「種」。按，御覽卷九八二引魏文帝迷迭賦序：「余種迷迭於中庭，嘉其揚條吐香，馥有令芳，乃爲之賦。」

〔五二〕陳琳賦：藝文類聚卷八一引魏陳琳迷迭賦：「立碧莖之婀娜，鋪綵條之蜿蟺。下扶疏以布濩，上綺錯而交紛。匪荀方之可樂，實來儀之麗閑。動容飾而微發，穆斐斐以承顔。」按，陳琳（一五六—二一七）字孔璋，廣陵射陽（今江蘇寶應）人。漢末，爲曹操司空軍謀祭酒，軍國書檄均出其手。三國志卷二一有傳。

〔五三〕艾納出驃國：「驃國」，亦作「剽國」，今緬甸。按，太平御覽卷九八二引廣志：「艾納出剽國。」

〔五四〕似細艾：證類本草卷九「艾納香」條：「艾納香，味甘温，無毒，去惡氣，殺蟲，主腹冷洩痢。廣誌云：『出西國，似細艾。』又有松樹皮緑衣，亦名艾納。可以和合諸香，燒之能聚其煙，青白不散，而與次不同也。」

〔五五〕都梁香：即蘭草香。太平御覽卷九八二引盛弘之荆州記：「都梁縣有小山，山水清淺。其中生蘭草，俗謂蘭爲都梁，即以號縣。」

〔五六〕荆州記：隋書經籍志二：「荆州記三卷。（宋臨川王侍郎盛弘之撰。）」

〔五七〕都梁縣：今湖南武岡。元和郡縣圖志卷二九江南道五邵州：「武岡縣，本漢都梁縣地，屬零陵郡。吴寶鼎元年，改爲武岡縣，因武岡爲名。一云晉武帝分都梁縣置。梁天監元年，以太子諱『綱』，故爲武强。武德四年，復舊。都梁山，在縣東北一百三十里。」

枹木屧

枹木〔一〕，産水中，葉細如檜〔二〕，其身堅類於柏，唯根軟，不勝刀鋸。今潮州、新州多刳之爲屧〔三〕，或油畫，或金漆，其輕不讓草屧①。案翔法師書云〔四〕：「櫾〔五〕，一名水松〔六〕，生水中，無枝，形如笋，亦曰松枹，今爲屧是也。」又陳周弘正謝夾漆松枹屧云〔七〕：「蒙此慈錫，便得輕舉。」

【原注】

①齊民要術云：「青、白桐材〔八〕，並堪用。」風俗通〔九〕：「延熹中〔一〇〕，京師長者皆著木屐。婦女始

嫁，漆畫爲屐，五采爲系也。」又按梁武小説〔二〕：「介子推逃禄隱跡〔二〕，抱樹燒死。文公拊木哀嗟，裁而製屐，每懷割股之功，輒俯視其屐曰：『悲乎足下〔三〕！』『足下』之稱，將此起乎？」

【校箋】

〔一〕枹木：爾雅釋木：「樸，枹者。」郭璞注：「樸屬，叢生者爲枹。詩所謂『棫樸枹櫟』。」又太平御覽卷九六一引嶺表録異：「枹木，産江溪中，葉細如檜，身堅類柏，唯根軟不勝刀鋸。今潮、循人多用其根刳而爲履。當木濕時，刻削易如割瓜，木乾之後，柔刀不可理也。或油畫，或漆，其輕如通草。暑月著之，隔卑濕地氣，力如杉木。今廣州賓從諸郡牧守，初到任，皆有油畫枹木履也。」按，本草綱目卷三〇「槲實」條李時珍曰：「槲有二種：一種叢生小者名枹（音孚），見爾雅。一種高者名大葉櫟，樹葉俱似栗，長大粗厚，冬月凋落。」

〔二〕檜：爾雅釋木：「檜，柏葉松身。」

〔三〕潮州新州多刳之爲屧：二「州」字原作「洲」，今據嶺表録異改。見上注。「潮州」，今廣東潮安。「新州」，今廣東新興。「屧」，廣韻帖韻：「屧，屐也。」

〔四〕翔法師書：疑即兼名苑，見卷一「乳穴魚」條注。

〔五〕橀：説文木部：「橀，崐崘山河隅之長木也。」段玉裁注：「『崐崘』當作『昆侖』，『山』字依類編補。西山經曰：『槐江之山，西望其大澤，其陰多榣木。』郭曰：『榣木，大木。』引國語『榣木不生危』。按『榣』即『櫾』字。韋注晉語亦云：『榣木，大木也。』晉語一本作『拱木』，非。許謂『櫾』爲長木，『榣』爲樹動也。他書則『櫾』爲橘柚，『榣』爲長木，用字之不同也。」

〔六〕水松：資暇集卷下「枹木」條：「南土有木，以『枹』（許按：諸本皆誤作「抱」。下同。）爲名者，言其輕滿不能成斤，亦以造器，滿枹如無，因以懷枹名之也。南土多陂塘，多生水松，其枹木蹙水沫，依松而成，似松之疣贅，浮繞其株，悉去水面三寸。原其化徵，假松之氣爾，故其臭方，其質輕。『枹木突輕於赤脚』，誠哉斯言。然余爲南漳守，命工爲函匣筒韠，抑造清明毬卵，輕齎而歸，北人莫不稱便而異焉。」

〔七〕陳周弘正：周弘正（四九六—五七四）字思行，汝南安成（今河南平輿南）人。梁武帝時，累遷國子博士。梁元帝授黄門侍郎、左民尚書。又爲敬帝都官尚書。入陳，天嘉元年（五六〇），遷侍中、國子祭酒，往長安迎安成王陳頊（宣帝）。三年，自周還，授金紫光禄大夫。太建五年（五七三），授尚書右僕射。陳書卷二四、南史卷三四並有傳。

〔八〕青白桐材：齊民要術卷五種槐柳楸梓梧柞：「（梧桐）青、白二材，並堪車板、盤合、木屧等用。」

〔九〕風俗通：亦稱風俗通義。隋書經籍志三：「風俗通義三十一卷。（録一卷。應劭撰。梁三十卷。）」又舊唐書經籍志下：「風俗通義三十卷。（應劭撰。）」又郡齋讀書志（衢本）卷一二：「風俗通義十卷，右漢應劭撰。劭字仲遠，奉之子。篤學，博覽多聞。靈帝時，舉孝廉，仕至泰山太守。撰風俗通以辨物名號，釋時俗嫌疑。文雖不典，世服其洽聞。」又直齋書録解題卷一〇「風俗通義十卷，漢泰山太守汝南應劭仲遠撰。唐志二十卷，今惟存十卷，餘略見庾仲容子鈔。」

〔一〇〕延熹中：「延熹」，原作「延嘉」，歷代無此年號，今據續漢書五行志改。按，續漢書五行志一：「延熹中，京師長者皆著木屐。婦女始嫁，至作漆畫，五采爲系。此服妖也。到九年，黨事始發，傳黄門北寺，臨時惶惑，不能信天任命，多有逃走不就考者，九族拘繫，及所過歷，長少婦女皆被桎梏，應木屐之象也。」又太平御覽卷六四四引風俗通：「延熹（許按：原作「嘉」，今據續漢書改。）中，京師長者皆著木屐。婦人始嫁，至作漆畫，五采爲系。謹案：黨事始發，傳詣黄門北寺，臨時惶恐，不能信天任命，多有逃亡不就栲者，九族拘繫，及所過歷，長少婦女，皆被桎梏，應木屐之像矣。」按，「延熹」，漢桓帝劉志年號（一五八—一六七）。

〔一一〕梁武小説：即殷芸小説。隋書經籍志二：「小説十卷。（梁武帝勅安右長史殷芸撰。梁目，三十卷。）」參見卷一「緋猨」條注。

〔一二〕介子推：亦稱介之推、介推，春秋時晉臣。因晉國内争，從公子重耳（晉文公）出亡他國，多歷苦難。後重耳返國爲君，賞從亡者，未及介子推。介子推遂退隱於綿上（今山西介山）。文公爲逼其出來，放火燒山，介子推自焚而死。事見左傳僖公二十四年、史記晉世家。

〔一三〕悲乎足下：類説卷四九引殷芸小説：「介子推不出，晉文公焚林逼之，抱木而死。公撫之盡哀，乃伐木製履。每俯視，則流涕曰：『悲乎足下！』『足下』之呼起於此。」按，此所記「足下」之起事，殷芸小説諒非原始出處，今所見更早者，尚有西晉嵇含之南方草木狀與劉宋劉敬叔之異苑。南方草木狀卷中：「抱香履，抱木生於水松之旁，若寄生然，極柔弱，不勝刀鋸。乘濕時刳而爲履，易如削瓜，既乾則韌不可理也。履雖猥大，而輕者若通脱木，風至則隨飄而動。夏月納之，可禦蒸濕之氣。出扶南、大秦諸國。泰康六年，扶南貢百雙。帝深歎異，然哂其製作之陋，但置諸外府，以備方物而已。按東方朔瑣語曰：『木履起於晉文公時，介子推逃禄自隱，抱樹而死。公撫木哀歎，遂以爲履。每懷從亡之功，輒俯視其履，曰：「悲乎足下！」「足下」之稱，亦自此始也。』」又異苑卷一〇：「介子推逃禄隱跡，抱樹燒死。文公拊木哀嗟，伐而製屐。每懷割股之功，俯視其屐曰：『悲乎足下！』『足下』之稱，將起於此。」止就文字而言，此處引文與異苑尤近。

紅藤簟

瓊州出紅簟〔一〕，一呼爲笙〔二〕，或謂之籧篨〔三〕，亦謂之行唐①〔四〕。其色殷紅，瑩而不垢。或云染藤所製〔五〕，編織精華，又不如浮鵠紅席②、竿篛卧簟③〔六〕、椰子坐席④、蒲褥筍席⑤、花紈卧簟〔七〕、月支毛席⑥、流黃簟、象牙席⑦〔八〕，以爲優劣歟？

【原注】

①方言曰〔九〕：「簟〔一〇〕，宋、魏之間謂之笙，或云籧曲。自關而西謂之簟。其粗者謂之籧篨。」「行唐

似籧篨〔一一〕，直文而粗。自關而東，周、洛、楚、魏之間謂之倚佯。」佯音陽也。南越志云〔一二〕：「桃枝〔一三〕，南人以爲笙。」郭景純曰〔一四〕：「簟以寧寢〔一五〕，杖以扶危。」又簡文集有謝桃枝笙竹席牋，沈約彈歙令仲文秀横訂吏黄法，先輸六赤笙四十領〔一六〕。

②海中浮鵠山〔一七〕，去餘姚岸千餘里，上有女官道士四五百人學道。梁時，遣使獻紅席。此草者，紅鳥居其下，故以爲名耳。

③簡文謝云〔一八〕：「筠篁多品，篠簜雜名。」

④亦有卧席，具吴均集〔一九〕。又沈約謝賜大甲坐卧簟竹帖。

⑤王儉贈宗測〔二〇〕。見南史。

⑥陸倕集具〔二一〕。

⑦西京雜記：「會稽供御竹簟，世號爲流黄簟〔二二〕。」神仙傳：「淮南王爲八公設象牙席〔二三〕。」

【校箋】

〔一〕瓊州出紅簟：「瓊州」，今海南海口。參見卷二「米餅」條注。「簟」，竹席。釋名釋牀帳：「簟，覃也，布之覃覃然平正也。」王先謙疏證補：「葉德炯曰：『説文：「衍，長行也。」「覃，長味也。」簟之訓覃，與筵之訓衍，皆取長義。』」

〔二〕笙：廣雅釋器：「笙，席也。」王念孫疏證：「案：笙者，精細之名。方言云：『自關而西，秦、晉之間，凡細貌謂之笙。』簟爲籧篨之細者，故有斯稱矣。」

〔三〕籧篨：廣雅釋器：「䈉篨，謂之籧篨。」王念孫疏證：「説文：『籧篨，粗竹席也。』淮南子本經訓：『若簟籧篨。』高誘注云：『籧篨，葦席也。』鹽鐵論散不足篇云：『庶人即草蓐索經，單藺籧篨而已。』方言：『簟之粗者，自關而西，謂之籧篨。自關而東，或謂之䈉棪。』棪，與篨通。」

〔四〕行唐：亦作「筕篖」。廣雅釋器：「筕篖、倚陽，筕篖也。」王念孫疏證：「方言：『筕篖，自關而東，周、洛、楚、魏之間謂之倚佯。自關而西謂之筕篖，南楚之外謂之篖。』郭注云：『似籧篨，直文而粗，江東呼笪。』倚佯，與倚陽同。」

〔五〕或云染藤所製：「染」，原作「梁」，今據四庫本改。

〔六〕竿篘卧簟：「篘」，原作『散』，據贊寧筍譜引竹譜改。」按，筍譜「篁筍」條：「竹譜云：『篁竹，江漢間謂之竿篘，一赤（許按：通尺。）數葉，葉大如履，可以作篷。』今詳葉如履，即王彪之閩中賦云湘箬也。其筍亦不大，止是箬葉異諸竹耳。又此竹與鄖竹同也。」

〔七〕花紈卧簟：藝文類聚卷六九引梁劉孝儀謝始興王賜花紈簟啓：「麗兼桃象，周洽昏明。便覺夏室已寒，冬裘可襲。雖九日煎沙，香粉猶棄；三旬沸海，團扇可捐。」

〔八〕象牙席：太平御覽卷七〇九引神仙傳：「淮南王爲八公設象牙席。」

〔九〕方言：見卷二「食目」條注。

〔一〇〕簟：方言卷五：「簟，宋、魏之間謂之笙，（今江東通言笙。）或謂之籧苗。自關而西謂之簟，或謂之菥。（今云菥，篾篷也。）其粗者謂之籧篨，自關而東或謂之篕棪。（音剡。江東呼籧篨爲籐，音廢。）」

〔一一〕行唐似籧篨：方言卷五：「筕篖，（似籧篨，直文而粗。江東呼笪，音靼。）自關而東，周、洛、楚、魏之間謂之倚佯。（音羊。）自關而西謂之筕篖，南楚之外謂之篖。」

〔一二〕南越志：見卷一「鷓鴣」條注。

〔一三〕桃枝：此指桃枝竹。太平御覽卷九六三引竹譜：「桃枝竹，皮滑而黄，可以爲席。」

〔一四〕郭景純：即郭璞（二七六—三二四），字景純，河東聞喜（今屬山西）人。仕東晉爲尚書郎，後爲王敦記室參軍，敦欲謀反，璞占之曰「無成」，遂被殺，亂平，追贈弘農太守。博學有高才，精於訓詁，曾爲爾雅、方言、山海經等作注。晉書卷七二有傳。

〔一五〕簟以寧寢：北堂書鈔卷一三三「扶危」條引郭璞桃杖贊：「叢薄幽薈，從風蔚猗。簟以寧寢，杖以扶危。」

〔一六〕「沈約彈歙令」至「六赤笙四十領」：「赤」，通「尺」。按，類説卷一三引北户録作「沈約彈奏歙令仲文秀恣横，云令史輸六尺笙四十領」。又新安志（宋羅願撰）卷二貨賄：「簟出於休寧，所從來久，梁沈約彈歙令仲文秀：『横訂吏黄法，先輸六尺笙四十領。』笙即簟也。」又苕溪漁隱叢話後集卷一一「柳子厚」條：「余按唐萬年尉段公路北户録云：『瓊州出紅藤簟，方言謂之笙，或曰籧篨，亦曰行唐。』沈約奏彈歙令仲文秀恣横，云令史『輸六尺笙四十領』。」

〔一七〕海中浮鵠山：南史梁本紀中：「及太清元年，帝捨身光嚴、重雲殿，游仙化生皆震動，三日乃止。當時謂之祥瑞，識者以非動而動，在鴻範爲祆，以比石季龍之敗，殿壁畫人頸皆縮入頭之類。時海中浮鵠山，去餘姚岸可千餘里，上有女人年三百歲，有女官道士四五百人，年並出百，但在山學道。遣使獻紅席。帝方捨身時，其使適至，云此草常有紅鳥居下，故以爲名。觀其圖狀，則鸞鳥也。時有男子不知何許人，於大衆中自割身以飴飢鳥，血流徧體，而顔色不變。又沙門智泉鐵鈎挂體，以然千燈，一日一夜，端坐不動。開講日，有三足烏集殿之東户，自户適於西南縣楣，三飛三集。白雀一，見於重雲閣前連理樹。又有五色雲浮於華林園昆明池上。帝既流遁益甚，境内化之，遂至喪亡云。」

〔一八〕簡文謝云：藝文類聚卷六九引梁簡文帝答定襄侯餉卧簟書：「筠篁多品，篠簜雜名。校色比奇，獨此爲貴。自舍蒼紫，似久暴於柯亭；乍舒黝素，若屢濡於湖水。三伏餘炎，九折成用，便可旅食南館，高卧北牕。」

〔一九〕吴均集：「吴均」，原作「吴筠」，南朝梁有王筠而無吴筠，吴筠乃唐中嶽道士，今據卷一「紅蠻殼」條崔龜圖注改。按，隋書經籍志四：「梁奉朝請吴均集二十卷。」又郡齋讀書志（衢本）卷一七：「吴均集三卷，右梁吴均叔庠也。史稱均博學多才，俊拔有古氣，好事效之，謂『吴均體』。有集二十卷，唐世搜求，止得十卷，今又亡其七矣。」按，吴均（四六九—五二〇）字叔庠，吴興故鄣（今浙江安吉北）人。天監十二年（五一三），除奉朝請。梁書卷四九、南史卷七二並有傳。

〔二〇〕王儉贈宗測：南齊書高逸宗測傳：「尚書令王儉餉測蒲褥。」又南史宗少文傳附測傳：「王儉亦雅重之，贈以蒲褥筍席。」

〔二一〕陸倕集：隋書經籍志四：「梁太常卿陸倕集十四卷。」按，陸倕（四七〇——五二六）字佐公，吴郡吴（今江蘇蘇州）人。官至中庶子、揚州大中正。梁書卷二七、南史卷四八並有傳。

〔二二〕流黄簟：褐黄色竹席。西京雜記卷二：「會稽歲時獻竹簟供御，世號爲流黄簟。」按，會稽，今浙江紹興。漢高祖十二年（前一九五），封劉濞爲吴王，會稽屬焉。

〔二三〕象牙席：按，神仙傳卷六「淮南王」條：「淮南王安，好神仙之道，海内方士，從其遊者多矣。一旦，有八公詣之，容狀衰老，枯槁傴僂。閽者謂之曰：『王之所好，神仙度世，長生久視之道，必須有異於人，王乃禮接。今公衰老如此，非王所宜見也。』拒之數四。公求見不已，閽者對如初。八公曰：『王以我衰老，不欲相見，却致年少，有何難哉！』於是振衣整容，立成童幼之狀。閽者驚而引進，王倒屣而迎之，設禮稱弟子，曰：『高仙遠降，何以教寡人？』問其姓氏，答曰：『我等之名，所謂文五常、武七德、枝百英、壽千齡、葉萬椿、鳴九皋、修三田、岑一峰也。各能吹噓風雨，震動雷電，傾天駭地，迴日駐流，役使鬼神，鞭撻魔魅，出入水火，移易山川，變化之事，無所不能也。』」不載象牙席事，御覽卷七〇九引神仙傳言之。見本條前注。

方竹杖

澄州産方竹〔一〕，體如削成，勁健堪爲杖，亦不讓張騫筇竹杖也〔二〕。其融州亦出〔三〕，大者數丈。正聲集云〔四〕：「南方有方竹杖，白蟬噪其上，陳貞節嘗詠之〔五〕。」又海晏①出蘆〔六〕，堪爲拄杖；高、潘州出千歲蕨拄杖〔七〕，小類貝多〔八〕；更有疎節竹②，僧道多以爲杖，皆奇物。又按會最云〔九〕：「溱川通竹〔一〇〕，直上無節，空心也。」

【原注】

①地名。

②五六赤一節〔一一〕。

【校箋】

〔一〕澄州産方竹：「澄州」，今廣西上林南。元和郡縣圖志卷三八嶺南道五：「澄州，古越地也。今州即漢鬱林郡之領方縣地，漢領方縣，今賓州領方縣，自漢迄隋，其地不改。隋亂陷賊。武德四年平蕭銑，於此置南方州。貞觀八年，改爲澄州。」「方竹」，竹譜（元李衎撰）卷五：「方竹，兩浙、江、廣處處有之，枝葉與苦竹相同，但節莖方正如益母草狀。深秋出筍，經歲成竹，高者二丈許，無甚大者，爲拄杖最佳。番禺志云：『竹方而實心，編織不及他竹，止以方爲異耳。』」

〔二〕張騫筇竹杖：史記西南夷列傳：「及元狩元年，博望侯張騫使大夏來，言居大夏時見蜀布、邛竹杖，使問所從來，曰『從東南身毒國，可數千里，得蜀賈人市』。或聞邛西可二千里有身毒國。」集解：「韋昭曰：『邛縣之竹，屬蜀。』瓚曰：『邛，山名。此竹節高實中，可作杖。』」「筇竹杖」，竹譜卷六：「筇竹，又名扶竹，又名扶老竹，又名慈悲竹。凡二種，出西蜀。廣志云：『出廣南邛都縣。近地一兩節，多屈折如狗脚狀，節極大，而莖細瘦，高節實中，狀若人剖，俗謂之扶老杖。』山海經：『龜山多扶竹。』注云：『邛竹也。高節實中，名扶老竹。』南中僧人取作拄杖，甚佳。然不可擊，掊擊則隨節斷折，故此亦謂之慈竹。竹葉與常竹無異。昔張騫西至大夏所見者也。」

〔三〕融州：今廣西融水。元和郡縣圖志卷三八嶺南道五：「融州，本漢鬱林郡潭中縣地也，自漢迄宋不改。蕭齊於此置齊熙郡，梁大同中，又於郡理置東寧州。隋開皇十八年，改爲融州，廢齊熙郡爲義熙縣。大業二年，州廢。武德四年平蕭銑，於義熙縣復置融州，因州界内融山爲名。」

〔四〕正聲集：新唐書藝文志四：「孫季良正聲集三卷。」按，舊唐書尹知章傳附孫季良傳：「孫季良者，河南偃師人也，一名翌。開元中，爲左拾遺、集賢院直學士。撰正聲詩集三卷，行於代。」

〔五〕陳貞節：貞節，潁州（今安徽阜陽）人。開元中，爲右拾遺，遷太常博士。爲人方正，多所諫言。新唐書卷二〇〇有傳。

〔六〕海晏出蘆：「海晏」，原注「地名」，未詳具指何處，恐當在沿海地區。按，竹譜卷五：「蘆竹，生閩越山中，沿海諸郡皆有之，形如蘆，故名。」「東甌諸郡緣海所生，肌體匀浄，筠色潤貞。凡今之篪，匪兹不鳴。今作籥篪之類，聲最清亮。又堪爲矛戟之榦，又堪爲筆管。」此未言堪爲杖，不知與海晏之「蘆」爲一物否。

〔七〕高潘州出千歲蕨拄杖：「高潘州」，高州在今廣東高州東北，潘州在今廣東高州。「千歲蕨」，物理小識（明方以智撰）卷六「薇蕨」條引南越志：「高、潘州有千歲蕨拄杖。」

〔八〕貝多：亦稱「槃多」、「思惟樹」，即菩提樹。齊民要術卷一〇「槃多」條引裴淵廣州記：「槃多樹，不花而結實。實從皮中出，自根著子至杪，如橘大。食之，過熟，内許生蜜。一樹者，皆有數十。」又引嵩山記：「嵩寺中忽有思惟樹，即貝多也。有人坐貝多樹下思惟，因以名焉。漢道士從外國來，將子於山西脚下種，極高大。」按，酉陽雜俎卷一八廣動植之三：「貝多，出摩伽陁國。長六七丈，經冬不凋。此樹有三種：一者多羅娑（一曰婆）力叉貝多，二者多梨婆力叉貝多，三者部婆力叉多羅多梨。並書其葉，部闍一色，取其皮書之。『貝多』是梵語，漢翻爲『葉』。『貝多婆力叉』者，漢言『樹葉』也。西域經書用此三種皮葉，若能保護，亦得五六百年。」

〔九〕會最：見卷一「紅虵」條注。

〔一〇〕溱川通竹：「溱川」，説郛（四庫本）卷六三上、古今説海卷一三引北户録作「溱州」，疑是。溱州在今四川綦江東南。元和郡縣圖志卷三〇江南道六：「溱州（溱溪），本巴郡之南境，貞觀十六年，有渝州萬壽縣人牟智才上封事，請於西南夷竇渝之界招慰不庭，建立州縣。至十七年置，以南有溱溪水爲名。」

〔一二〕五六赤一節：「赤」，通「尺」。宋玉釣賦（古文苑卷二）：「以三尋之竿，八絲之線，餌若蛆螾，鈎如細鍼，以出三赤之魚於數仞之水中，豈可謂無術乎？」

山花燕支

山花叢生〔一〕，端州山崦間多有之〔二〕，其葉類藍〔三〕。其花似蓼，抽穗長一二三寸，作青白色，正月開。土人採含苞者賣之，用爲燕支粉。或持染絹帛，其紅不下藍花①。習鑿齒與謝侍中書云〔四〕：「此有紅藍，足下先知之否？北方人採取其花染緋黄，挼其上英，鮮者作燕支，婦人裝時用作頰色。作此法，大如小豆許，而按令遍，色殊鮮明可愛。吾小時再三過見燕支，今日始覩紅藍耳，後當爲足下致其種〔五〕。匈奴名妻閼氏〔六〕，言可愛如烟支也。『閼』字音烟，『氏』字音支，想足下先亦作此讀漢書也②。」又鄭公虔云〔七〕：「石榴花堪作烟支。代國長公主〔八〕，睿宗女也，少嘗作烟支，棄子於階，後乃叢生成樹，花實敷芬。既而歎曰：『人生能幾！我昔初笄，嘗爲烟支，棄其子，今成樹陰映瑣闥，人豈不老乎③？』」古今注云〔九〕：「燕支〔一〇〕，葉似薊，華似蒲，云出西方。土人以染，名爲燕支，中國人亦謂紅藍。以染粉爲婦人面色，謂之燕支粉④。」

【原注】

①作燕支法〔一一〕：採花於鉢中，細研，著少水，以生絹捩取汁，於通油瓷瓶中，文武水煎之。候花浮上，旋掠取入絹囊中瀝乾，用如常燕支法云云。博物志有作黄藍烟支法〔一二〕。通典云〔一三〕：「今漢中歲貢紅花百斤〔一四〕、燕支一升。」

②西河舊事〔一五〕：「歌曰：『失我祁連山，使我六畜不蕃息。失我焉支山，使我婦女無顔色。』」

③鄭公虔云：「塗林〔一六〕，花有五色，黄碧青白紅，如杏花。漢東都尉于吉獻〔一七〕，一株花雜五色，云是仙人杏。」今嶺中安石榴，花實相間，四時不絕，亦有紺者。

④博物志云：「張騫使西域還〔一八〕，得大蒜、安石榴、胡桃、蒲桃、沙葱、苜蓿、胡荽、黄藍，可作燕支也。」紅花亦出波斯、疏勒、河禄國〔一九〕。今梁、漢最上，每歲貢二萬斤於織染署〔二〇〕。

【校箋】

〔一〕山花：此謂山燕脂花，即蓼藍。按，本草綱目卷一五「燕脂」條李時珍曰：「燕脂有四種：一種以紅藍花汁染胡粉而成，乃蘇鶚演義所謂『燕脂葉似薊，花似蒲，出西方，中國謂之紅藍，以染粉爲婦人面色』者也。一種以山燕脂花汁染粉而成，乃段公路北户録所謂『端州山間有花叢生，葉類藍，正月開花似蓼，土人采含苞者爲燕脂粉。亦可染帛如紅藍』者也。一種以山榴花汁作成者，鄭虔胡本草中載之。一種以紫鉚染綿而成者，謂之胡燕脂，李珣南海藥譜載之，今南人多用紫鉚燕脂，俗呼紫梗是也。」

〔二〕端州山崦間：「端州」，今廣東高要。參見卷一「蛤蚧」條注。

〔三〕其葉類藍：「藍」，此指蓼藍。按，六書故（宋戴侗撰）卷二四：「藍，盧銜切，又盧含切，染青草也。槐藍叢生，葉如槐，宜爲澱。蓼藍子葉皆如蓼而差大，華紅白，宜染青緑。大葉如蟹匡者，謂之蟹殼澱。又有大藍，眂蓼藍爲大而色不逮，宜染碧。」又通志卷七五昆蟲草木略一：「藍有三種：蓼藍如蓼，染緑；大藍如芥，染碧；槐藍如槐，染青。三藍皆可作澱，色成勝母，故曰『青出於藍而青於藍』。」「崦」，山曲。宣室志（唐張讀撰）卷七：「大和中，有柳光者嘗南遊，因行山道，會日晚，誤入山崦中，松徑盤曲。」

〔四〕習鑿齒與謝侍中書：匡謬正俗（唐顔師古撰）卷五：「閼氏，習鑿齒與謝安石書云：『匈奴名妾作閼氏，言可愛如煙支也。閼字於言反，足下先作此讀書也？』按史記及漢書，謂單于正妻曰閼氏，猶中國言皇后耳。舊讀音焉氏，此蓋北翟之言，自有意義，未得而詳也。若謂色象煙支，便以立稱者，則單于之女謂之居次，復比何物？且閼氏妻號，非妾之名，未知習生何所憑據。」按，北堂書鈔卷一三五、太平御覽卷七一九並引作「習鑿齒與燕王書」。北堂書鈔卷一三五「採紅藍爲顔色」條引習鑿齒與燕王書：「此下有紅藍，足下先知之不？北方人採紅藍，取其花染緋，作胭脂，婦人用爲顏色，可愛。」又太平御覽卷七一九引習鑿齒與燕王書與此略同。

〔五〕後當爲足下致其種：演繁露（宋程大昌撰）卷七「煙脂」條：「古者婦人粧飾，欲紅則塗朱，欲白則傅粉。故曰『施朱太赤，施粉太白』。此時未有煙脂，故但施朱爲紅也。煙脂出自虜地，習鑿齒與燕王書云：『山下有紅藍，足下先知否？北方人採取其花染緋黄，挼取其上英鮮者作煙脂，婦人用爲顏色。今始知爲紅藍，後當致其種。匈奴名妻閼氏，今可音煙支，想足下先亦不作此讀漢書也。』案習氏此言，則是采藍花以爲煙支，法本出自虜地，其已審矣。」

〔六〕匈奴名妻閼氏：史記韓信盧綰列傳：「匈奴騎圍上，上乃使人厚遺閼氏。」正義：「閼，於連反，又音燕。氏音支。單于嫡妻號，若皇后。」

〔七〕鄭公虔：即鄭虔，前已見。此處所引「石榴花」及下「塗林花」條當出鄭撰胡本草。

〔八〕代國長公主：新唐書諸帝公主傳：「（睿宗）代國公主名華，字華婉，劉皇后所生。下嫁鄭萬鈞。」

〔九〕古今注：見卷一「鸊鵜」條注。

〔一〇〕燕支：古今注卷下：「燕支，葉似薊，花似捕公，出西方。土人以染，名爲燕支，中國亦謂爲紅藍。以染粉爲婦人色，謂爲燕支粉。今人以重絳爲胭肢，非燕支花所染也，燕支自爲紅藍耳。舊謂赤白之間爲紅，即今所謂紅藍也。」

〔一一〕作燕支法：齊民要術卷五種紅藍花梔子：「作燕脂法：預燒落藜、藜藋及蒿作灰，（無者，即草灰亦得。）以湯淋取清汁，（初汁純厚太釅，即殺花，不中用，唯可洗衣。取第三度淋者，以用揉花，和，使好色也。）揉花，（十許遍，勢盡乃止。）布袋絞取淳汁，著瓷椀中。取醋石榴兩三箇，擘取子，擣破，少著粟飯漿水極酸者和之，布絞取瀋，以和花汁。（若無石榴者，以好醋和飯漿亦得用。若復無醋者，清飯漿極酸者，亦得空用之。）下白米粉，大如酸棗，（粉多則白。）以浄竹箸不膩者，良久痛攪。蓋冒至夜，瀉去上清汁，至淳處止，傾著帛練角袋子中懸之。明日乾浥浥時，捻作小瓣，如半麻子，陰乾之，則成矣。」

〔一二〕博物志有作黄藍烟支法：太平御覽卷七一九引博物志：「作燕支法：取藍藹，（違委切。）擣以水，洮去黄汁，作十餅如手掌，著濕草卧一宿便陰乾。欲用燕支，以水浸之三四日，以水洮赤黄汁盡，得赤汁而止也。」

〔一三〕通典：見卷二「紅鹽」條注。

〔一四〕今漢中歲貢紅花百斤：通典卷六食貨六：「（天下州郡每年常貢）漢中郡，貢紅花百斤，燕脂一升。今梁州。」

〔一五〕西河舊事：新唐書藝文志二：「西河舊事一卷。」按，史記匈奴列傳：「其夏，驃騎將軍復與合騎侯數萬騎出隴西、北地二千里，擊匈奴。過居延，攻祁連山，得胡首虜三萬餘人。」索隱：「按：西河舊事云：『山在張掖、酒泉二界上，東西二百餘里，南北百里，有松柏五木，美水草，冬温夏涼，宜畜牧。匈奴失二山，乃歌云：「亡我祁連山，使我六畜不蕃息。失我燕支山，使我嫁婦無顔色。」』祁連一名天山，亦曰白山也。」

〔一六〕塗林：本西域安國地名，此處代指其地所産石榴（石榴傳自西域安國，故名安石榴）。按，藝文類聚卷八六「石榴」條引晉陸機與弟雲書：「張騫爲漢使外國十八年，得塗林安石（許按：原作「熟」，今據太平御覽卷九七〇引陸機與弟雲書改。）榴也。」又同上書同卷引梁元帝賦得詠石榴詩：「塗林未應發，春暮轉相催。然燈疑夜火，連珠勝早梅。西域移根至，南方釀酒來。葉翠如新剪，花紅似故栽。還憶河陽縣，映水珊瑚開。」

〔一七〕漢東都尉于吉獻：西京雜記卷一：「初修上林苑，群臣遠方，各獻名果異樹。」「杏二：文杏、（材有文采。）蓬萊杏。（東郭都尉于吉所獻。一株花雜五色，六出，云是仙人所食。）」又齊民要術卷四種梅杏引西京雜記：「文杏，材有文彩。蓬萊杏，東海都尉于台所獻。一株花雜五色，云是仙人所食杏也。」按，西京雜記之「東郭都尉」，齊民要術之「東海都尉」，本書之「東都尉」，並有誤，疑當作「東萊都尉」，漢東萊郡治所在掖縣，即今山東萊州。

〔一八〕張騫使西域還：齊民要術卷三種蒜引博物志：「張騫使西域，得大蒜、胡荽。」又同上書卷一〇果蓏引博物志：「張騫使西域還，得安石榴、胡桃、蒲桃。」又太平御覽卷九九六引博物志：「張騫使西域，所得蒲桃、胡葱、苜蓿。」又證類本草卷九「紅藍花」條引博物志：「黄藍，張騫所得。」

〔一九〕河禄國：漢、唐時期，西域無此國名，疑有誤字。

〔二〇〕織染署：通典卷二七職官九少府監：「織染署：令一人。周禮天官典絲掌受文織絲組焉，染人掌染絲帛。秦置平準令。漢因之，及主物價、練染。初，少府屬官有東織、西織，成帝省東織，更名西織爲織室。北齊中，尚方領涇州、雍州絲局、定州細綾局丞。後周有司織下大夫。隋有司織、司染二署，煬帝合爲織染一署，令掌織紝組綬、綾錦、冠幘，并染色等。大唐因之，有令、丞。」

鶴子草

鶴子草〔一〕，蔓花也〔二〕。其花麴塵色〔三〕，淺紫蔕，葉如柳而小短，當夏開。南人云是媚草，甚神，可比懷草①、夢芝②。採之曝乾，以代面靨〔四〕。形如飛鶴狀，翅羽觜距，無不畢備，亦草之奇者。草蔓上春生雙蟲〔五〕，常食其葉，土人收於奩粉間飼之，如養蠶法。蟲老不食，而蜕爲蝶。蝶赤黄色，女子佩之如細鳥皮，號爲媚蝶。郭子横記〔六〕：「勒畢國獻細鳥〔七〕，以方赤玉籠盛數頭，形大如蠅，狀如鸚鵡，聲聞數百里之間，如黄鵠鳴也。國人以此鳥候日晷，亦曰候日蟲。帝得之，旬日飛盡。明年，有細鳥集於帷帟，或入衣袖，因名蟬衣。宫内嬪御有鳥集其衣者，輒蒙愛幸。至武帝末，稍稍自死，人服其皮者，多爲丈夫所媚。」余訪花子事〔八〕，如面光眉翠、月黄星靨，其來尚矣③。然事之相類者，見拾遺引〔九〕：「孫和悦鄧夫人〔一〇〕，常置膝上。和月下舞水精如意，誤傷夫人頰，流血染袴，和自舐瘡。

太醫曰：『獺髓雜玉及琥珀屑，當滅痕。』下購百金，有富春漁人云：『獺，神物也，取則逃之。伺祭魚時，有鬬死穴者，枯骨可合舂，以滅瘢。』和乃作膏，琥珀太多，痕未滅而頰有赤點，細視之，更益其妍。諸嬖要寵者，以丹青點頰，而後進幸④。」一説上官昭容自製花子〔一一〕，以掩黥處⑤〔一二〕。又云天后每對宰臣，令昭容卧於牀裙下，記所奏事。一日，宰相李⑥對事〔一三〕，昭容竊窺，上覺。退朝怒甚，取甲刀劄於面上，不許拔，昭容遽爲乞拔刀子詩⑦。後爲花子，以掩痕也。

【原注】

①夢草似蒲〔一四〕，晝縮入地，夜乃出，亦名夜草。懷之則知夢之吉凶，立驗也。漢武思李夫人，東方朔乃獻一枝。帝懷之，夜夢夫人，因改此名爲懷草也。

②習鑿齒襄陽耆舊傳曰〔一五〕：「襄王夢一婦人曰〔一六〕：『我夏帝之季女也〔一七〕，名瑶姬。未行而死，封於巫山之臺。』精魂依草，實爲靈芝〔一八〕。媚而服焉，則與夢期。其家在宜城縣〔一九〕。」

③面光，具無名詩集。月黄星靨、蛾黄嫈靨，皆類。

④又宋武帝壽陽公主〔二〇〕，人日梅花落額上，成五出花，後効爲梅花粧也。又書云：「以丹注面曰的〔二一〕。蓋古天子諸侯有群妾者以次進御，有月事者止御〔二二〕，不口説，注此於面。」

⑤昭容〔二三〕，儀之孫，名婉兒。天后時，忤旨當誅，惜其才，不煞而黥之。

⑥忘名。

⑦有集三十卷〔二四〕，詩在集中。玄宗收取其詩彙集之，令張説爲序〔二五〕。集賢故事，舊宣索書〔二六〕，皆進副本，無副本者，則促功寫進。後亦不能守其事，如上官昭容舊無副本，因宣索，便進正本庫中，今闕此書矣。

【校箋】

〔一〕鶴子草：南方草木狀卷上：「鶴草，蔓生。其花麴塵色，淺紫蔕，葉如柳而短，當夏開花。形如飛鶴，嘴翅尾足，無所不備。出南海，云是媚草。上有蟲，老蜕爲蝶，赤黄色。女子藏之，謂之媚蝶，能致其夫憐愛。」又太平廣記卷四〇八「媚草」條引嶺表録異：「鶴子草，蔓生也。其花麴塵色，淺紫蔕，葉如柳而短，當夏開花。（又呼爲緑花緑葉。）南人云是媚草，採之曝乾，以代面靨。形如飛鶴，翅尾觜足，無所不具。此草蔓至春生，雙蟲只食其葉。越女收於粧奩中，養之如蠶，摘其草飼之。蟲老不食，而蜕爲蝶，赤黄色，婦女收而帶之，謂之媚蝶。」

〔二〕蔓花也：「花」，南方草木狀、嶺表録異並作「生」。見上注。

〔三〕麴塵色：「麴塵」，當作「鞠塵」，謂淺黄色。周禮天官内司服：「掌王后之六服：褘衣，揄狄，闕狄，鞠衣，展衣，緣衣，素沙。」鄭玄注：「鞠衣，黄桑服也，色如鞠塵，象桑葉始生。」按，西溪叢語（宋姚寬撰）卷上：「劉禹錫：『龍墀遥望麴塵絲。』使『麴塵』字者極多。禮記月令：『薦鞠衣於上帝，告桑事。』注云：『如鞠塵色。』周禮内司服『鞠衣』，鄭司農云：『鞠衣，黄桑服也。色如鞠塵，象桑葉始生。』乃知用『麴蘖』字非是。」

〔四〕面靨：面頰上妝飾。玉篇面部：「靨，淮南：靨輔在頰前則好。」又玉臺新詠卷七梁簡文帝豔歌篇十八韻：「分妝間淺靨，繞臉傅斜紅。」又酉陽雜俎前集卷八黥：「近代妝尚靨，如射月，曰黄星靨。靨鈿之名，蓋自吴孫和鄧夫人也。」

〔五〕雙蟲：當指金龜子。本書卷一「金龜子」條：「金龜子，甲蟲也。五六月生於草蔓上，大於榆莢，細視之，真金帖龜子。行則成雙，類壁龜耳。其蟲死，則金色隨滅，如螢光也。南人收以養粉，云與汞粉相宜。」按，本草綱目卷四一「蟲蠡」條附録「金龜子」李時珍曰：「此亦吉丁之類，媚藥也。大如刀豆，頭面似鬼，其甲黑硬如龜狀，四足二角，身首皆如泥金裝成，蓋亦蠹蟲所化者。」段公路北户録云：『金龜子，甲蟲也。出嶺南。五六月生草蔓上，大如榆莢，背如金貼，行則成雙。死則金色隨滅，故以養粉，令人有媚也。』」

〔六〕郭子横記：指洞冥記。參見卷一「通犀」條注。

〔七〕勒畢國獻細鳥：别國洞冥記卷二：「元封五年，勒畢國貢細鳥，以方尺之玉籠，盛數百頭，形如大蠅，狀似鸚鵡，聲聞數百里之間，如黄鵠之音也。國人常以此鳥候時，亦名曰候日蟲。帝置之於宫内，旬日而飛盡。帝惜，求之不復得。明年，見細鳥集帷幕，或入衣袖，因名蟬。宫内嬪妃皆悦之，有鳥集其衣者輒蒙愛幸。至武帝末，稍稍自死，人猶愛其皮，服其皮者，多爲丈夫所媚。」

〔八〕花子：女子面上帖畫之妝飾。中華古今注卷中：「秦始皇好神仙，常令宫人梳仙髻，帖五色花子，畫爲雲鳳虎飛昇。至東晉，有童謡云織女死，時人帖草油花子，爲織女作孝。至後周，又詔宫人帖五色雲母花子，作碎粧以侍宴。如供奉者，帖勝花子作桃花粧，插通草朵子，著短袖衫子。」

〔九〕拾遺：指王子年拾遺記。參見卷一「紅蝙蝠」條注。

〔一〇〕孫和悦鄧夫人：拾遺記卷八：「孫和悦鄧夫人，常置膝上。和於月下舞水精如意，誤傷夫人頰，血流汙袴，嬌姹彌苦。自舐其瘡，命太醫合藥。醫曰：『得白獺髓，雜玉與琥珀屑，當滅此痕。』即購致百金，能得白獺髓者，厚賞之。有富春漁人曰：『此物知人欲取，取逃入石穴。伺其祭魚之時，獺有鬭死者，穴中應有枯骨，雖無髓，其骨可合玉舂爲粉，噴於瘡上，其痕則滅。』和乃命合此膏，琥珀太多，及差而有赤點如朱，逼而視之，更益其妍。諸嬖人欲要寵，皆以丹脂點頰而後進幸。妖惑相動，遂成淫俗。」

〔一一〕上官昭容自製花子：酉陽雜俎前集卷八黥：「今婦人面飾用花子，起自昭容上官氏所製，以掩點跡。」按，「上官昭容」、「上官氏」皆謂上官婉兒（六六四—七一〇），上官儀（六〇八？—六六五）孫女。有文詞，明習吏事，武則天使參決百司表奏。中宗即位，又令專掌制誥，深被信任。景龍二年（七〇八），拜昭容，與武三思淫亂，每下制敕，尊武抑李，及李隆基（玄宗）政變，被殺。

舊唐書卷五一、新唐書卷七六並有傳。

〔一二〕黥：說文黑部：「黥，墨刑在面也。」段玉裁注：「此刑亦謂之墨。周禮司刑注曰：『墨，黥也。先刻其面，以墨窒之。』」

〔一三〕宰相李：原注：「忘名」，疑即武則天時宰相李嶠。嶠（六四五？—七一四？）字巨山，趙州贊皇（今屬河北）人。聖曆元年（六九八），遷麟臺少監、同鳳閣鸞臺平章事。長安三年（七〇三），又以本官復爲平章事。舊唐書卷九四、新唐書卷一二三並有傳。

〔一四〕夢草似蒲：別國洞冥記卷三：「有夢草，似蒲，色紅，晝縮入地，夜則出，亦名懷夢。懷其葉，則知夢之吉凶，立驗也。帝思李夫人之容，不可得，朔乃獻一枝。帝懷之，夜果夢夫人，因改曰懷夢草。」又酉陽雜俎前集卷一九廣動植之四：「夢草，漢武時異國所獻，似蒲，晝縮入地，夜若抽萌。懷其草，自知夢之好惡。帝思李夫人，懷之輒夢。」

〔一五〕習鑿齒襄陽耆舊傳：「襄陽耆舊傳」，當作「襄陽耆舊記」。按，隋書經籍志二：「襄陽耆舊記五卷。（習鑿齒撰。）」又新唐書藝文志二：「習鑿齒襄陽耆舊傳五卷。」又郡齋讀書志（衢本）卷九：「襄陽耆舊記五卷。右晉習鑿齒撰。前載襄陽人物，中載其山川城邑，後載其牧守。隋經籍志曰耆舊記，唐藝文志曰耆舊傳，觀其書紀録叢脞，非傳體也，名當從經籍志云。」

〔一六〕襄王夢一婦人：太平御覽卷三九九引襄陽耆舊記：「楚襄王與宋玉，遊於雲夢之野，將使宋玉賦高唐之事。望朝雲之館上，有雲氣崪乎直上，忽而改容，須臾之間，變化無窮。王問宋玉曰：『此何氣也？』對曰：『昔者先王遊於高唐，怠而晝寐。夢一婦人，曖而若雲，焕乎若星，將行未至，如浮如停，詳而視之，西施之形。王悦而問焉。曰：「我帝之季女也，名曰瑶姬。未行而亡，封巫山之臺，精魂依草，寔爲莖（之）〔芝〕。（許按：御覽卷三八一引襄陽耆舊記作「精魂爲草，實爲靈芝。」）媚而服焉，則與夢期，所謂巫山之女，高唐之姬。聞君遊於高唐，願薦枕席。」王因而幸之。』」

〔一七〕夏帝之季女：「夏帝」，指夏后啓。按，水經注江水二：「山海經曰：『夏后啓之臣孟涂，是司神于巴。巴人訟于孟涂之所，其衣有血者執之，是請生。居山上，在丹山西。』郭景純云：『丹山在丹陽，屬巴。』丹山西即巫山者也。又帝女居焉，宋玉所謂『天帝之季女，名曰瑶姬，未行而亡，封於巫山之臺。精魂爲草，實爲靈芝，所謂巫山之女，高唐之姬。旦爲行雲，暮爲行雨，朝朝暮暮，陽臺之下。』旦早視之，果如其言。故爲立廟，號朝雲焉』。」

〔一八〕實爲靈芝：「靈芝」，原作「莖芝」，今據太平御覽卷三八一引襄陽耆舊記改。見前注。

〔一九〕宜城縣：今湖北宜城南。元和郡縣圖志卷二一山南道二襄州宜城縣：「故宜城，在縣南九里。本楚鄢縣，秦昭王使白起伐楚，引蠻水灌鄢城，拔之，遂取鄢，即此城也。至漢惠帝三年，改名宜城。」

〔二〇〕宋武帝壽陽公主：太平御覽卷三〇引雜五行書：「宋武帝女壽陽公主，人日，卧於含章殿簷下。梅花落公主額上，成五出花，拂之不去。皇后留之，看得幾時，經三日，洗之乃落。宫女奇其異，競效之。今梅花粧是也。」

〔二一〕以丹注面曰旳：「旳」，原作「的」，今據釋名改。按，釋名釋首飾：「以丹注面曰旳，旳，灼也。此本天子諸侯群妾當以次進御，其有月事者止而不御，重以口説，故注此丹於面，灼然爲識。女史見之，則不書其名於第録也。」王先謙疏證補：「旳本婦人飾容之具。」

〔二二〕止御：「止」，原作「上」，今據釋名改。見上注。

〔二三〕昭容：女官名。新唐書職官志二内官：「唐因隋制，有貴妃、淑妃、德妃、賢妃，各一人，爲夫人，正一品；昭儀、昭容、昭媛、脩儀、脩容、脩媛、充儀、充容、充媛，各一人，爲九嬪，正二品。」

〔二四〕有集三十卷：「三十卷」，疑爲「二十卷」之誤。新唐書藝文志四：「上官昭容集二十卷。」

〔二五〕令張説爲序：張説上官昭容集序今見文苑英華卷七〇〇。

〔二六〕宣索書：資治通鑑卷二三三唐紀四九德宗貞元三年：「今請歲供宫中錢百萬緡，願陛下不受諸道貢獻及罷宣索。」胡三省注：「遣中使以聖旨就有司宣取財物，謂之宣索。」

越王竹

嚴州産越王竹〔一〕，根於石上，狀若荻〔二〕，枝高赤餘〔三〕。土人加其色，用代酒籌〔四〕。次有沙筯〔五〕，産於海島間，狀如蓴菜。春吐黄花，其心若骨，可爲籌筯。凡欲採者，須輕步拔之，不爾，聞人行聲，則縮入沙中，了不可取。陳藏器云〔六〕：「越王餘算，味鹹，生南海。算子長赤許。異苑云：『晉安有越王餘算菜〔七〕，白者似骨，黑者似角。古云越王行海中作籌，有餘，棄之於水，遂生焉①。』」沈懷遠云〔八〕：「東海中筯洲，洲上故筯無極，連船取之不盡。世中好失筯，言天下筯悉歸於此。」乃驚耳之説也。

【原注】

①臨海水土志曰〔九〕：「越王算〔一〇〕，如笄大，正白，長赤餘，生海邊沙中。見便取之，即可得。心中存來取，則入土中。」

【校箋】

〔一〕嚴州産越王竹：「嚴州」，今廣西來賓東南。元和郡縣圖志卷三七嶺南道四：「本漢鬱林郡中溜縣之地，乾封二年，於廢昆州樂沙縣置嚴州，仍改樂沙縣爲懷義縣。州城南枕大江，當桂州往邕州之路。在嚴岡之上，因爲名。」「越王竹」，一種矮竹。按，南方草木狀卷下：「越王竹，根生石上，若細荻，高尺餘。南海有之。南人愛其青色，用爲酒籌。云越王棄餘笄而生竹。」又竹譜（元李衎撰）卷六：「越王竹，出海南。嶺表録異曰：『根生石上，如細藤，高尺餘。南中愛其青色，用爲酒籌菜筯。云是越王棄餘籌生此竹。』番禺志：『越王筯竹，細如箭榦，每一節可爲一筯，故呼越王筯竹。』藝苑云：『越王行海作籌有餘，棄於水中而生。』」

〔二〕荻：字亦作「薍」，似蘆葦，而葉稍闊而韌。廣雅釋草：「薍，萑也。」王念孫疏證：「周官司几筵注云：『萑，如葦而細者。』薍，或作荻，萑之未秀者也。」

〔三〕枝高赤餘：「赤」，通「尺」。見本卷「紅藤簟」條注。

〔四〕酒籌：飲酒計數之具。玉篇竹部：「籌，筭也。」漢書五行志下之上：「籌，所以紀數。」

〔五〕沙筯：此當指一種海洋腔腸動物。亦作「沙箸」。嶺表録異卷中：「沙箸，生于海岸沙中，春吐苗，其心若骨，白而且勁，可爲酒籌。凡欲採者，輕步向前，及手，急掇之，不然，聞行者聲，遽縮入沙中，掘尋之，終不可得也。」

〔六〕陳藏器云：證類本草卷七引一十種陳藏器餘：「越王餘筭，味鹹平，無毒，主下水，破結氣。生南海水中，如竹筭子，長尺許。異苑曰：『晉安有越王餘筭，葉白者似骨，黑者似角，云是越王行海作籌，有餘，棄於水中而生。』」又同上書同卷引海藥本草：「謹按：異苑記云：『昔晉安越王因渡南海，將黑角、白骨筭籌所餘棄水中，故生此，遂名筭。』味鹹温，主水腫，浮氣結聚，宿滯不消，腹中虚鳴，並宜煮服之。」

〔七〕晉安有越王餘算菜：太平御覽卷七五〇引異苑：「晉安有越王餘筭策，長尺許，白者似骨，黑者似角。云越王行海作筭，有餘，棄之於水生焉。」按，「晉安有」，今本異苑卷二、太平廣記卷四一一「越蒜」條引異苑並作「晉安平有」，似誤。據地志，西晉太康三年（二八二）置晉安郡，治所在侯官，即今福建福州，而晉之安平縣則今屬河南，恐非是。

〔八〕沈懷遠云：當指南越志。參見卷一「鷓鴣」條注。

〔九〕臨海水土志：參見卷一「蚺虵牙」條注。

〔一〇〕越王算：太平御覽卷九四三引臨海水土〔異〕物志：「越王筭，如笄大，正白，長尺餘，生海邊沙中。見仍取之即可，心中存來取，即入土中。」按，此在鱗介部，與鱟、蝦爲伍，可知其爲海洋生物。

無名花

廣州之南數百里〔一〕，有蔓草生焉。其草吐一葉，白華，片大如掌①，蘂緑色，初夏開。翫之，初誤殘花，恬然特異。遍問土人，莫有知者。惟昔草堂樓法師山居時②〔二〕，有一野嫗，手持一樹，植之於庭，云是蜻蜓樹也③〔三〕。聘北道里記云〔四〕：「木龍寺〔五〕，寺有三層塼塔，側生一大樹，縈繞至塔頂，枝榦交横，上平，容十餘人坐。枝杪四向下垂，團團如百子帳〔六〕，經過莫有辨者。梁武帝曾遣人圖寫樹形還都，大抵屈盤似龍，因呼爲木龍寺。」又謝惠連目奇草曰仙人草，序云〔七〕：「余之中園，有仙人草焉。春穎其苗，夏秀其英。秋有貞實，冬無凋色，可謂四時而不改者也。既嘉其名，而美其質，染筆作詠，庶以攄述④。」又梁伍安貧武陵記云〔八〕：「巴陵郡西有寺。寺房廊林下，忽有樹生，衆僧移屋避之。晚更滋茂，莫有認者。外國沙門云是波羅蜜擲〔九〕，常著花細白。永嘉四年，忽生一花，狀似芙蓉。推其靈景，未能量也⑤。」然小説云〔一〇〕：「簡文初不別稻〔一一〕。」余今不分此，亦何愧哉！

【原注】

①亦有小片者。

②法師慧約，字德素，梁國師也〔一二〕。

③所植樹，歲久芬芳鬱茂。有一鳥，身赤尾長，栖息其上。

④大業記又説〔一三〕：「仙人莧，如長樂，高三赤，丹葉碧花，花似雞幘而大者，闊五六寸。」

⑤又金樓子云〔一四〕：「孔子冢中樹〔一五〕，在魯城百數，皆異種也。」

【校箋】

〔一〕廣州之南數百里：此與本書卷一「鸜鵒瘴」條所説「廣之南新、勤、春十州，呼爲南道」約略相同。見彼條注。

〔二〕草堂樓法師：「樓」，一作「婁」，樓法師即婁約，亦稱釋慧約。慧約（四五二—五三五）字德素，姓婁，東陽烏傷（今浙江義烏）人。年十二，遊於剡，遍禮塔廟，多究經典，時謡曰：「少達妙理婁居士。」宋泰始四年（四六八）於上虞東山寺出家，年十七，事南山寺沙門慧静。又隨静住剡之梵居寺。入齊，齊中書郎周顒於鍾山（今江蘇南京）造草堂寺，以慧約知寺任。隆昌元年（四九四），少傅沈約外任，攜與同往，在郡惟以静漠自娱，禪誦爲樂。沈約罷郡，還住草堂寺。天監十一年（五一二），始敕引見，自後來去禁省，禮供優給。至十八年，爲梁武帝授菩薩戒，自是入見别施漆榻，皇儲以下士庶道俗，咸希度脱，弟子著籍者凡四萬八千人。普通四年（五二三），賜號智者。大同元年（五三五）入滅，春秋八十有四，六十三夏。續高僧傳卷六有傳。

〔三〕云是蜻蜓樹也：「蜻蜓樹」，當作「青庭樹」。續高僧傳（唐釋道宣撰）卷六梁國師草堂寺智者釋慧約傳：「後静居閑室，忽有野媪，賚書數卷置經案上，無言而出，并持異樹自植於庭，云青庭樹也。約曰：『此書美也，不俟看之。如其惡也，亦不勞視。』經七日，又見一叟請書而退。此樹葉緑花紅，扶疏尚在。又感異鳥身赤尾長，形如翡翠，相隨棲息，出入樹間。」按，酉陽雜俎亦録此事，改「青庭樹」爲「蜻蜓樹」，見酉陽雜俎前集卷一八「異樹」條：「婁約居常山，（許按：疑當作「鍾山」，草堂寺在鍾山。）據禪座，有一野嫗，手持一樹，植之於庭，言此是蜻蜓樹。歲久芬芳鬱茂，有一鳥，身赤尾長，常止息其上。」由此可知，本書此條顯然剿襲酉陽雜俎，而非直接取自續高僧傳。

〔四〕聘北道里記：隋書經籍志二：「聘北道里記三卷。（江德藻撰。）」又册府元龜卷五六〇：「江德藻爲散騎常侍，與中書郎劉師知使北齊，德藻撰聘北道里記三卷，師知撰聘遊記三卷。」按，江德藻（五〇九—五六五）字德藻，陳文帝天嘉四年（五六三）兼散騎常侍，出使北齊。陳書卷三

四、南史卷六〇並有傳。

〔五〕木龍寺：西陽雜俎續集卷九支植上：「木龍樹，徐之高冢城南，有木龍寺。寺有三層磚塔，高丈餘。塔側生一大樹，縈繞至塔頂，枝幹交横，上平，容十餘人坐。枝杪四向下垂，如百子帳。莫有識此木者，僧呼爲龍木。梁武曾遣人圖寫焉。」

〔六〕百子帳：原作「柏子帳」，今據西陽雜俎改。見上注。按，南齊書魏虜傳：「以繩相交絡，紐木枝棖，覆以青繒，形制平圓，下容百人坐，謂之爲繖，一云百子帳也。」

〔七〕序云：即仙人草贊序。藝文類聚卷八一引謝惠連仙人草贊：「余之中園，有仙人草焉。春穎其苗，夏秀其英，秋有貞實，冬無雕色，可謂貫四時而不改者也。既嘉其名，而美其質，染筆作詠，庶以攄述云：園有嘉草，名曰仙人。曄曄煒煒，莫莫臻臻。穎發炎暑，苗秀和春。奇爾靈質，迺植中鄰。」按，謝惠連（四〇七—四三三），靈運族弟，以文才著稱。曾任彭城王劉義康法曹參軍，兼記室。宋書卷五三、南史卷一九並有傳。

〔八〕梁伍安貧武陵記：方輿勝覽（宋祝穆撰）卷三〇常德府事要：「伍安貧，梁朝漢壽（今湖南常德東北）人。撰武陵記。」按，伍書久佚，他書少有引用。

〔九〕外國沙門云是波羅蜜擲：「波羅蜜擲」，盛弘之荆州記、續高僧傳、西陽雜俎並作「娑羅」。按，齊民要術卷一〇引盛弘之荆州記：「巴陵縣南有寺，僧房牀下，忽生一木，隨生旬日，勢凌軒棟。道人移房避之，木長便遲，但極晚秀。有外國沙門見之，名爲娑羅也。」又太平御覽卷九六一引盛弘之荆州記：「巴陵縣僧寺，牀下忽生一木，不旬日，勢淩軒棟。道人移居避之，木即長遲，但極晚香。有西域僧見之，曰：『娑羅樹也。彼僧所憩之蔭，常著花。』至元嘉十一年，忽生一花，狀如芙蓉。」又續高僧傳卷二七唐巴陵顯安寺釋法施傳：「釋法施，姓江，武當人。少而弘直，神智難測，形無定方，出處不滯。遊巴陵顯安寺，娑羅樹下宴嘿，而人亦莫之顧也。依荆南記云：『晉永康元年，僧房床下忽生一樹，隨伐隨生，如是非一，樹生逾疾。咸共異之，置而不剪，旬日之間，植柯極棟，遂移房避之。自爾已後，樹長便遲。但極晚秀，夏中方有花葉，秋落與衆木不殊。多歷年稔，人莫識也。後外國僧見，攀而流涕曰：「此娑羅樹也，佛處其下涅槃。今見吾思本事，所以泣耳。」而花開細白，不足觀採。元嘉十一年，忽生一花，形色如芙蓉樹。今見在此，亦一方之奇迹也。』」又酉陽雜俎前集卷一八廣動植之三：「娑羅，巴陵有寺，僧房牀下，忽生一木，隨伐隨長。外國僧見曰：『此娑羅也。』元嘉初，出一花如蓮。天寶初，安西道進娑羅枝，狀言：『臣所管四鎮，有拔汗那，最爲密近。木有娑羅樹，特爲奇絶。不庇凡草，不止惡禽。聳幹無慚於松栝，成陰不愧於桃李。近差官拔汗那，使令採得前件樹枝二百莖。如得託根長樂，擢穎建章。布葉垂陰，鄰月中之丹桂；連枝接影，對天上之白榆。』」按，巴陵，今湖南岳陽。舊唐書地理志三：「巴陵，漢下雋縣，屬長沙郡。吴置巴陵縣。晉置建昌郡，隋改爲巴州，煬帝改爲巴陵郡。武德置岳州，皆置巴陵縣。」

〔一〇〕小説：見卷一「緋猨」條注。

〔二〕簡文初不別稻：世説新語尤悔：「簡文見田稻，不識，問是何草，左右答是稻。簡文還，三日不出，云：『寧有賴其末而不識其本！』」按，「簡文」謂晉簡文帝司馬昱（三二〇—三七二），元帝少子。晉書卷九、魏書卷九六並有傳。

〔三〕梁國師也：「國師」，原作「國號」，今據續高僧傳卷六梁國師草堂寺智者釋慧約傳改。見前注。

〔三〕大業記：即大業雜記，亦稱大業拾遺録。見本卷「五色藤筌蹄」條注。

〔四〕金樓子：見卷一「蚺虵牙」條注。

〔五〕孔子冢中樹：「冢」，原作「家」，金樓子作「塋」，今據皇覽改。金樓子卷五志怪篇：「孔子冢在魯城北，塋中樹以百數，皆異種，魯人世世無能名者。傳言孔子弟子既皆異國之人，各持其國樹來種之。孔子塋中，至今不生荆棘及刺人草。」按，史記孔子世家：「孔子葬魯城北泗上。」集解：「皇覽曰：『孔子冢去城一里。冢塋百畝，冢南北廣十步，東西四十三步，高一丈二尺。冢前以瓴甓爲祠壇，方六尺，與地平。本無祠堂。冢塋中樹以百數，皆異種，魯人世世無能名其樹者。民傳言孔子弟子異國人，各持其方樹來種之。』其樹柞、枌、雒離、安貴、五味、毚檀之樹。孔子塋中不生荆棘及刺人草。」

指甲花

指甲花〔一〕，細白色，絶芳香，今蕃人重之，但未詳其名也。又耶悉弭花〔二〕、白末利花①〔三〕，皆波斯移植中夏〔四〕，如毗尸沙、金錢花也〔五〕。本出外國，大同二年始來中土〔六〕，今番禺士女多以彩縷貫花賣之。愚詳末利乃五印度華名〔七〕，佛書多載之，貫華亦佛事也。又扶南傳曰〔八〕：「頓遜國〔九〕，有區撥花、葉逆花、致祭花、名遂花、摩夷花，燥而合香末以爲粉，以粉身體。」唐初，罽賓國獻俱物頭花〔一〇〕，丹白相間，香氣遠聞。伽趺畢國獻泥樓鉢羅花〔一一〕，如荷葉，缺圓，其花色碧蘂黄，香聞數十步，皆中國無者。

【原注】

①紅者不香。

【校箋】

〔一〕指甲花：三輔黄圖卷三甘泉宫：「扶荔宫，在上林苑中。漢武帝元鼎六年，破南越，起扶荔宫，（宫以荔枝得名。）以植所得奇草異木：菖蒲百本，山薑十本，甘蕉十二本，留求子十本，桂百本，密香、指甲花百本，龍眼、荔枝、檳榔、橄欖、千歲子、甘橘皆百餘本。」又南方草木狀卷中：「指甲花，其樹高五六尺，枝條柔弱，葉如嫩榆。與耶悉茗、末利，花皆雪白，而香不相上下。亦胡人自大秦國移植於南海。而此花極繁細，才如半米粒許，彼人多折置襟袖間，蓋資其芬馥爾。一名散沫花。」按，四庫全書總目卷七〇：「南方草木狀三卷，晉嵇含撰。含事蹟附載晉書嵇紹傳。考隋志、舊唐志俱有含集十卷，（隋志云：『其集已亡，但附載郭象集下。』）。舊唐志仍著録。）而不載此書，至宋志始著録。觀此書載指甲花自大秦國移植南海，是晉時已有是花，而唐段公路北户録乃云：『指甲花本出外國，梁大同二年始來中國。』知公路未見此書。蓋唐時尚不甚顯，故史志不載也。」

〔二〕耶悉弭花：亦稱「耶悉茗」、「野悉蜜」，即素馨花。南方草木狀卷上：「耶悉茗花、末利花，皆胡人自西國移植於南海。南人憐其芳香，競植之。陸賈南越行紀曰：『南越之境，五穀無味，百花不香。此二花特芳香者，緣自胡國移至，不隨水土而變，與夫橘北爲枳異矣。彼之女子，以彩絲穿花心，以爲首飾。』」又酉陽雜俎前集卷一八廣動植之三：「野悉蜜，出拂林國，亦出波斯國。苗長七八尺，葉似梅葉，四時敷榮。其花五出，白色，不結子。花若開時，遍野皆香，與嶺南詹糖相類。西域人常採其花，壓以爲油，甚香滑。」

〔三〕白末利花：南方草木狀卷上：「末利花，似荼蘼之白者，香愈於耶悉茗。」

〔四〕波斯：今伊朗。見本卷「偏核桃」條注。

〔五〕毗尸沙金錢花：酉陽雜俎前集卷一九廣動植之四：「毗尸沙花，一名日中金錢。花本出外國，梁大同二年進來中土。」又同上書同卷：「金錢花，一云本出外國，梁大同二年進來中土。梁時，荊州掾屬雙陸，賭金錢，錢盡，以金錢花相足。魚弘謂得花勝得錢。」

〔六〕大同二年：即南朝梁武帝蕭衍大同二年（五三六）。

〔七〕五印度：亦稱五天竺，今印度（古印度分東、南、西、北、中五部）。大唐西域記卷二印度總述：「若其封疆之域，可得而言。五印度之境，周九萬餘里，三垂大海，北背雪山，北廣南狹，形如半月。」

〔八〕扶南傳：隋志、兩唐志均未著録，惟水經注屢引作「康泰扶南傳」。按，水經注河水一：「山在天竺國西，水甘，故曰甘水。有石鹽，白如水精，大段則破而用之。康泰曰：『安息、月支、天竺，至伽那調洲，皆仰此鹽。』」楊守敬注疏：「此注下文稱康泰扶南傳，隋志不著録，而御覽亦屢引之。又御覽三百五十九引康泰吴時外國傳，據梁書海南諸國傳，吴孫權遣宣化從事朱應、中郎康泰通諸國，其所經及傳聞，則有百數十國，因立記傳。然則吴時外國傳其總名，扶南傳又其書之一種。此言安息等國，當吴時外國傳文也。」按，梁書諸夷扶南國傳：「吴時，遣中郎康泰、宣化從事朱應使於尋國，（許按：范尋自立爲扶南王。）國人猶裸，唯婦人著貫頭。泰、應謂曰：『國中實佳，但人褻露可怪耳。』尋始令國内男子著横幅。横幅，今干漫也。大家乃截錦爲之，貧者乃用布。」

〔九〕頓遜國：在今馬來半島。太平御覽卷九八一引扶南傳：「頓遜國人，恒以香花事天神。香有多種：區撥、葉逆花，途致、各遂花，摩夷花，冬夏不衰。日載數十車，於市賣之。燥乃益香，亦可爲粉，以傳身體。」按，梁書諸夷扶南國傳：「扶南國，在日南郡之南，海西大灣中，去日南可七千里，在林邑西南三千餘里。城去海五百里。有大江廣十里，西北流，東入於海。其國輪廣三千餘里，土地洿下而平博，氣候風俗大較與林邑同」，「其南界三千餘里有頓遜國，在海崎上，地方千里，城去海十里。有五王，並羈屬扶南。頓遜之東界通交州，其西界接天竺、安息徼外諸國，往還交市。所以然者，頓遜迴入海中千餘里，漲海無崖岸，船舶未曾得逕過也。其市東西交會，日有萬餘人。珍物寶貨，無所不有」。

〔一〇〕罽賓國獻俱物頭花：「俱物」，原作「供物」，今據説郛（涵芬樓本）卷二引北户録改。按，唐會要卷一〇〇雜録：「（貞觀）二十一年三月十一日，以遠夷各貢方物，其草木雜物有異於常者，詔所司詳録焉」，「罽賓國獻俱物頭花，其花丹白相間，而香遠聞。伽失畢國獻泥樓鉢羅花，葉類荷葉，圓缺，其花色碧而蕊黄，香芳數十步」。「罽賓國」，唐代所言罽賓國，指迦畢試國，大唐西域記稱迦濕彌羅國，即今克什米爾。按，大唐西域記卷三迦濕彌羅國季羨林等注：「我國舊譯，漢、魏、南北朝均作罽賓。但以後的罽賓則指别的國家，如隋書中的罽賓即指漕國（Ghazni；漕矩吒），唐代的罽賓指迦畢試國。新唐書卷二二一下西域傳下迦濕彌羅國譯作箇失密，義净作羯濕彌羅，慧超往五天竺國傳作伽葉彌羅，唐禮言梵語雜名作迦閃弭，慧琳音義作羯濕弭羅，即現代的克什米爾。」

〔一一〕伽跌畢國獻泥樓鉢羅花：「伽跌畢國」，説郛（四庫本）卷六三上引北户録作「迦失不國」，疑即迦畢試國之訛。參見上注。

相思子蔓

相思子〔一〕，有蔓生者①〔二〕，其子爇紅〔三〕，葉如合歡，依籬障而生②。與龍腦相宜〔四〕，能令香不耗。南人云：「有刀瘡者，血不止，痛甚者，取其葉熟擣厚傅之，即愈。」干寶搜神記云〔五〕：「大夫韓憑妻美〔六〕，宋康王奪之。憑怨，王囚之，憑自殺。妻乃陰腐其衣，王與之登臺，自投臺下，左右攬衣不中手。遺書於帶，願以屍骨賜韓氏而合葬。王怒，弗聽，埋之，令家相望。宿昔，有文梓木生二家之端，根交於下，枝錯其上。又有鴛鴦，雌雄各一，恒在樹上。宋王哀之，因爲號其木曰『相思樹』③。」

【原注】

①本草拾遺云〔七〕：「相思子樹〔八〕，高丈，有文，子赤黑間者佳。」又羅浮山記〔九〕：「增城縣南迴溪之側，多相思樹，號相思亭，送行之所贈也。」

②合歡，博物志云蠲忿〔一〇〕。古今注云：「嵇康種之舍前〔一一〕。」一名合昏〔一二〕，亦名戍樹。

③注見本文。

【校箋】

〔一〕相思子：本草綱目卷三五「相思子」條李時珍曰：「相思子，生嶺南。樹高丈餘，白色。其葉似槐，其花似皂莢，其莢似扁豆。其子大如小豆，半截紅色，半截黑色，彼人以嵌首飾。段公路北户録言有蔓生，用子收龍腦香相宜，令香不耗也。」

〔二〕有蔓生者：蔓生者仍稱「相思子」似誤，有疑當是「甘草子」者。按，資暇集卷下：「豆有圓而紅，其首烏者，舉世呼爲『相思子』，即紅豆之異名也。其木斜斫之則有文，可爲彈博局及琵琶槽。其樹也，大株而白枝，葉似槐，其花與皂莢花無殊。其子若穭豆，處於甲中，通身皆紅，李善云『其實赤如珊瑚』是也」，「所言甘草，非國老之藥者，乃南方藤名也。其叢似薔薇而無刺，其葉似夜合而黃細，其花淺紫而蘂黃，其實亦居甲中，以枝葉俱甜，故謂之甘草藤，土人異呼爲甘草而已。出在潮陽，而南漳亦有，故備載之」。又唐語林卷八引此説，並謂「豆有紅而圓長，其首烏者，舉世呼爲『相思子』，非也，乃『甘草子』也」。又物理小識（明方以智撰）卷九「紅豆樹」條：「滇南紅豆，鮮紅堅實，或嵌骰子，或留銀囊，俗以爲吉祥。嶺南樹似槐，材有細花雲。秋開花，二三月莢枯子老。千金方治猫鬼病吐之。乘雅以紅豆與高良薑、紅豆蔻爲一物，則非矣。半截紅半截黑爲相思子，段公路云蔓生，其别見一種乎？嶺南北娑羅樹，高大皮青，葉似大青，對生而厚，八月結角如刀豆，裂開有紅豆，永久不壞，非高座寺門之娑羅也。」

〔三〕竊紅：即淺紅。爾雅釋獸：「虎竊毛，謂之虦猫。」郭璞注：「竊，淺也。」

〔四〕龍腦：即龍腦香，今稱樟腦、冰片。太平御覽卷九八一引本草：「龍腦香，味苦，微寒，主心腹邪氣，風濕積聚。出婆律國。形似白松脂，作杉木氣，明浄者善。云合粳米灰、相思子貯之，則不耗。」又酉陽雜俎前集卷一八廣動植之三：「龍腦香樹，出婆利國，呼爲固不婆律，亦出波斯國。樹高八九丈，大可六七圍，葉圓而背白，無花實。其樹有肥有瘦，瘦者有婆律膏香。一曰瘦者出龍腦香，肥者出婆律膏也。在木心，中斷其樹，劈取之，膏於樹端流出，斫樹作坎而承之。入藥用，别有法。」按，婆利（律）國，即今印度尼西亞蘇門答臘島西岸之巴魯斯（Barus）。隋書南蠻傳：「婆利國，自交阯浮海，南過赤土、丹丹數國乃至其國。」

〔五〕干寶搜神記：見卷一「蛤蚧」條注。

〔六〕大夫韓憑：藝文類聚卷四〇引搜神記：「宋大夫韓馮，取妻而美，康王奪之。俄而馮自殺。妻乃陰腐其衣。王與登臺，遂自投臺下，左右攬之，衣不中手。遺書於帶曰：『王利其生，不利其死。願以屍骨賜馮而合葬乎！』王怒，弗聽，使里人埋之，冢相望也。宿昔，有交梓木生於二冢之端，旬日而大合抱，屈體相就，根交於下。又有鴛鴦鳥，雌雄各一，恒棲樹上，交頸悲鳴。宋人哀之，遂號其木曰『相思樹』。」按，太平御覽卷九二五引搜神記「韓馮」作「韓憑」。

〔七〕本草拾遺云：本書亦稱「陳藏器云」，皆指唐陳藏器本草拾遺。參見卷一「孔雀媒」條注。

〔八〕相思子樹：證類本草卷一三「龍腦香」條引陳藏器云：「相思子，平，有小毒，通九竅，治心腹氣，令人香，止熱悶、頭痛、風痰，殺腹藏及皮膚内一切蟲。又主蠱毒，取二七枚末服，當吐出。生嶺南。樹高丈餘，子赤黑間者佳。」按，本草綱目卷三五「相思子」條李時珍曰：「按古今詩話云：『相思子，圓而紅。故老言，昔有人殁於邊，其妻思之，哭於樹下而卒，因以名之。』此與韓憑冢上相思樹不同，彼乃連理梓木也。或云即海紅豆之類，未審的否？」

〔九〕羅浮山記：此指東晉袁彦伯羅浮山記。水經注、元和郡縣圖志引作記，而藝文類聚、太平御覽每引作疏。按，元和郡縣圖志卷三四嶺南道一循州博羅縣：「羅浮山，在縣西北二十八里。羅山之西有浮山，蓋蓬萊之一阜，浮海而至，與羅山並體，故曰羅浮。高三百六十丈，周迴三百二十七里，峻天之峰，四百三十有二焉。事具袁彦伯記。」又按，世説新語言語：「袁彦伯爲謝安南司馬。」劉孝標注引續晉陽秋：「袁宏字彦伯，陳郡人，魏郎中令焕六世孫也。祖猷，侍中。父勗，臨汝令。宏起家建威參軍、安南司馬、記室。太傅謝安賞宏機捷辯速，自吏部郎出爲東陽郡，乃祖之於冶亭，時賢皆集。安欲卒迫試之，執手將別，顧左右取一扇而贈之。宏應聲答曰：『輒當奉揚仁風，慰彼黎庶。』合坐歎其要捷。性直亮，故位不顯也。在郡卒。」又法苑珠林卷二七至誠篇引冥祥記：「趙沙門單，或作善，字道開，不知何許人也。別傳云燉煌人，本姓孟，少出家，欲窮棲巖谷，故先斷穀食。」「石虎之末，逆知其亂，乃與弟子南之許昌。昇平三年，來至建業，復適番禺，住羅浮山，蔭卧林薄，邈然自怡。以其年七月卒，遺言露屍林裏，弟子從之。陳郡袁彦伯興寧元年爲南海太守，與弟穎叔登遊此岳，致敬其骸，燒香作禮。」

〔一〇〕博物志云斸忿：博物志卷四藥論：「神農經曰：『上藥養命，謂五石之練形，六芝之延年也。中藥養性，合歡蠲忿，萱草忘憂。下藥治病，謂大黄除實，當歸止痛。夫命之所以延，性之所以利，痛之所以止，當其藥應以痛也。違其藥，失其應，即怨天尤人，設鬼神矣。』」按，古今注卷下：「欲蠲人之忿，則贈之青堂，青堂一名合懽，合懽則忘忿。」

〔二〕嵇康種之舍前：古今注卷下：「合歡，樹似梧桐，枝弱葉繁，互相交結。每一風來，輒自相解，了不相絆綴。樹之階庭，使人不忿，嵇康種之舍前。」

〔三〕一名合昏：證類本草卷一三「合歡」條引圖經本草：「合歡，夜合也。生益州山谷，今近京雍洛間皆有之，人家多植於庭除間。木似梧桐，枝甚柔弱，葉似皂莢、槐等，極細而繁密，互相交結，每一風來，輒似相解，了不相牽綴。其葉至暮而合，故又名合昏。」

睡　蓮①

睡蓮〔一〕，葉如荇而大〔二〕，沉於水面上，有異浮根菱耳。其花布葉數重，不房而蘂，凡五種色，當夏晝開，夜縮入水底〔三〕，晝而復出於水面也。與夢草晝縮入地，遇夜即復出，一何背哉②〔四〕！

【原注】

①一本云「瑞」字。

②夢草似蒲〔五〕，色紅，即方朔獻武帝者。孫客穆思密嘗遺水仙花數本〔六〕，如擲之於水器中〔七〕，經年不萎也。

【校箋】

〔一〕睡蓮：即瑞蓮菜。按，廣東通志（清郝玉麟等撰）卷五二物産志：「瑞蓮菜，一名睡蓮。花瓣外紫内白，榦如釵骨，心似雞頭。必雞鳴時採之，始可得。清香爽脆，消暑解酲。出高州。」按，廣東通志注本條出處作「同上」，而上條「木耳産於石上」則注出處爲「雜記」，遍檢嶺南諸記，未得其詳。

〔二〕葉如荇而大：「荇」，亦作「莕」，一名接余。詩周南關雎：「參差荇菜，左右流之。」毛傳：「荇，接余也。」孔穎達疏：「釋草云：『莕，接余，其葉苻。』陸璣疏云『接余，白莖，葉紫赤色，正員，徑寸餘，浮在水上。根在水底，與水深淺等，大如釵股，上青下白。鬻其白莖，以苦酒浸之，肥美可案酒』是也。」

〔三〕夜縮入水底：酉陽雜俎前集卷一九廣動植之四：「睡蓮，南海有睡蓮，夜則花低入水。屯田韋郎中從事南海，親見。」

〔四〕背：背後，事物之反面，猶言相反。詩大雅蕩：「不明爾德，時無背無側。」毛傳：「背無臣，側無人也。」鄭箋：「無臣無人，謂賢者不用。」孔穎達疏：「故不光明汝王之德也，正由背後無良臣，旁側無賢人也。」

〔五〕夢草似蒲：見本卷「鶴子草」條注。

〔六〕孫客穆思密嘗遺水仙花數本：「客」，原作「容」，今據南部新書改。南部新書癸集：「孫光憲從事江陵日，寄住蕃客穆思密嘗遺水仙花數本，擲之水器中，經年不萎。」按，南部新書乃鈔撮前人或時人著述而成編，但不注出處，不知本條源自何書。又孫光憲（？—九六八）字孟文，陵州貴平（今四川仁壽東北）人。仕五代荆南爲檢校秘書監兼御史大夫，入宋，爲黄州刺史。著有北夢瑣言。宋史卷四八三有傳。

〔七〕如擲之於水器中：「擲」，原作「摘」，今據南部新書改。見上注。

附録

一、書目著録與版本序跋

新唐書（宋歐陽修、宋祁撰）

段公路北户雜録三卷

文昌孫。（卷五八藝文志二史部地理類）

海録碎事（宋葉廷珪撰）

北户

唐段文昌之孫段公路有北户雜録三卷。音訓云：「南夷在日之南，故户北向爲暖。」（卷四下）

文獻通考（元馬端臨撰）

北户雜記三卷

陳氏曰：「唐萬年縣尉段公路撰。鄒平公之孫。鄒平，文昌也。」（卷二〇五經籍考三二史部地理類）

宋　史（元脱脱等撰）

陸希聲北户雜録三卷

段公路北户雜録一卷

（卷二〇三藝文志二史部傳記類）

汲古閣珍藏秘本書目（明毛扆撰）

北户録三卷一本

段公路，宋板鈔出。（子部小説家類）

天禄琳琅書目（清彭元瑞等撰）

北户録 一函二册

唐段公路纂，龜圖註，三卷，前唐陸希聲序。

公路，唐書無傳，陸希聲序稱爲「鄒平公之孫」。考唐書，段文昌於唐文宗時，以御史大夫進封鄒平郡公，則公路乃文昌之孫矣。

其書皆採嶺南民風土俗、飲食衣製、歌謡哀樂有異於中夏者，録而誌之。至於草木果蔬、蟲魚羽毛之類，有瑰形詭狀者，亦莫不畢載。謂之北户録者，蓋取淮南子云：「南方之極，自北户之界，至炎風之野，赤帝、祝融之所司也。」

希聲，吳人，善屬文，由右拾遺歷官至同中書門下平章事，唐書有傳。龜圖無考。

書中目録後別行刊「臨安府太廟前尹家書籍鋪刊行」，則知是書先有宋槧，此本規仿爲之，意欲僞充宋刊，故猶存尹家之名耳。元王元伯藏本。

本朝泰興季氏、虞山錢氏亦經收藏。錢曾，見前考。江南志：「元伯，金壇人。四世不異爨，家人百餘口無間言。日使諸女婦聚一室爲女工，畢，斂貯一庫，室無私藏。兄宣伯卒，以家事付兄子軌。軌辭，元伯曰：『若宗子也，宗子宜主之。』相讓既久，卒以付軌，

搢紳之家咸自謂不如。至元間，旌表其門。」（卷六元版子部）

皕宋樓藏書志（清陸心源撰）

北户録三卷影宋鈔本，汲古閣舊藏。

唐萬年縣尉段公路纂，登仕郎前京兆府參軍崔龜圖注。

陸希聲序。（卷三四史部地理類）

藏園訂補郘亭知見傳本書目（清莫友芝撰，傅增湘訂補）

北户録三卷

唐段公路撰。○學海類編、古今説海、格致叢書本皆不全。○内府有元刻本。○述古堂自抄本三卷。○路本題崔龜圖注。

〔補〕明文始堂寫本，墨格，下方有「文始堂」三字。舊人校。涵芬樓藏。○舊寫本。十行二十字，注雙行。鈐有「先世培校正手録本」朱印，即先氏寫本。有秦恩復藏印。以上三卷本，題崔龜圖注。○舊寫本，鈔甚舊，見於滬市，惜未收得。

〔補〕新刻北户録一卷

唐段公路撰。○明萬曆三十一年胡文焕刊格致叢書本，十行二十字，白口，左右雙闌。一册。

〔補〕北户録一卷

唐段公路撰。○明嘉靖二十三年陸楫儼山書院刊古今説海本，八行十六字，白口，左右雙闌。余據明鈔説郛本校過。（卷五下史部一一地理類）

北京圖書館古籍善本書目（北京圖書館編）

北户録三卷

唐段公路撰，崔龜圖注。明文始堂抄本，一册，十一行十六字至十九字不等，細黑口，左右雙邊。

北户録三卷

唐段公路撰，崔龜圖注。明抄本，一册，十行二十一字，小字雙行二十八字，細黑口，左右雙邊。

北户録注三卷

唐崔龜圖注。明抄本，一册，九行十八字，小字雙行同，無格。（史部地理類）

四庫全書總目（清永瑢等撰）

北户録三卷

唐段公路撰。學海類編作「公璐」，蓋字之訛。新唐書藝文志稱爲宰相文昌之孫，則當爲臨淄人。學海類編作東牟人，亦未詳所本。歷仕始末不可考，惟據書首結銜，知官京兆萬年縣尉。據書中稱咸通十年，知爲懿宗時人而已。

是書當在廣州時作，載嶺南風土，頗爲賅備，而於物産爲尤詳。其徵引亦極博洽，如淮南萬畢術、廣志、南越志、南裔異物、會要、靈枝圖記、陳藏器本草、唐韻、郭緣生述征記、臨海異物志、陶朱公養魚經、名苑、毛詩義、船神記、字林、廣州記、扶南傳諸書，今皆散佚，藉此得以略見一二。即所引張華博物志，多今本所無，亦藉此以考證真僞。

條下註文，頗爲典贍，題「登仕郎前參軍龜圖撰」，不題其姓，似爲公路之族。然唐書宰相世系表不載其名，莫知其審矣。唐書藝文志作北户雜録，疑傳寫誤衍一「雜」字。其作三卷，與此本合。學海類編所載惟存一卷，凡物産五十一條，不爲完本。曹溶所録古書，往往如是，不足深詰也。（卷七〇史部地理類三）

四庫全書簡明目録（清永瑢等撰）

北户録三卷

唐段公路撰。案：學海類編作「公璐」，蓋傳寫之訛。是書載嶺南風土，頗爲賅備，於物産爲尤詳。援據極爲博洽，所引之書，今未見者十之七八也。其注亦頗典贍，題「登仕郎前參軍龜圖撰」，不著其姓，或公路之族歟？（卷七史部地理類）

藏園群書經眼録（傅增湘撰）

北户録注三卷唐段公路撰，唐崔龜圖注。

明文始堂寫本，墨格，下方有「文始堂」三字。舊人以朱筆校過。（涵芬樓藏書，丁巳見。）

北户録注三卷唐崔龜圖注。

舊寫本。題「萬年縣尉段公路纂」，「登仕郎前京兆府參軍崔龜圖注」。十行二十字，注雙行。

卷一通犀、孔雀媒、鷓鴣、鸚䳇瘴、赤白吉了、俳猿、蚺蛇牙、紅蛇、蛤蚧、紅蟹殼、蛺蝶枝、紅蝙蝠、金龜子、乳穴魚、魚種、水母。卷二蚊母扇、鵝毛被、紅蝦盃、雞毛筆、雞卵卜、雞首卜骨、象鼻炙、鵝毛脡、桄榔炙、紅鹽、米麫、食目、睡菜、水韭、蕹菜、斑皮竹笋。卷三無核荔枝、變樹、山橘子、橄欖子、山胡桃、白楊梅、偏核桃、紅梅、五色藤筌蹄、香皮紙、枹木屧、紅藤簟、方竹杖、山花燕支、鶴子草、越王竹、無名花、指甲花、相思子蔓、睡蓮。

鈐印有「先世培校正手録本」朱、「世培之印」白、「一字舜俞」白、「臣恩復」白、「秦伯敦父」白。（癸丑見。）（卷五史部三地理類）

四庫提要補正（崔富章著）

北户録三卷

【提要】唐段公路撰。新唐書藝文志稱爲宰相文昌之孫，則當爲臨淄人。學海類編作東牟人，亦未詳所本。歷仕始末不可考。是書當在廣州時作，載嶺南風土，頗爲賅備。條下註文，頗爲典贍，題「登仕郎前參軍龜圖撰」，不題其姓，似爲公路之族。然唐書宰相世系表不載其名，莫知其審矣。

【按】漢書地理志「日南郡」顔師古注：「言其在日之南，所謂開北户以向日者。」考唐右拾遺内供奉陸希聲序北户録稱「東牟段君公路，鄒平公之孫也。以事南遊五嶺，采其民風土俗、飲食衣製、歌謡哀樂有異於中夏者，録而志之；草木果蔬、蟲魚羽毛之類，有瓌形詭狀者，亦莫不畢載」云云，則以「北户」名者，蓋取南方之義，北户録即嶺南録也。是録有南宋臨安府太廟前尹家書籍鋪刊本，題：萬年縣尉段公路著，登仕郎前京兆府參軍崔龜圖注。「明時胡文焕并刻爲兩卷，且不題注人姓名。黄蕘圃借得宋板，校歸原卷次第，始著注者爲崔龜圖，非若别本脱去『崔』字，疑爲公路之族也」（丁丙善本書室藏書志卷十二）。丁氏所謂「别本」者，指四庫著録之「兩淮鹽政采進本」也；「疑爲公路之族」者，則四庫提要也。丁氏蓋不指名地提出批評。黄丕烈借宋板所校之明刊本，後亦歸丁丙，遂據以補抄文瀾閣庫本，是今存丁氏補抄本視庫本原本爲優矣。

陸心源皕宋樓藏書志著録影宋抄本，題「萬年縣尉段公路纂，登仕郎前京兆府參軍崔龜圖注」，實有匡正提要之意。光緒六年，陸氏復將北户録三卷輯入十萬卷樓叢書二編刊行，並附己作校勘記一卷，堪稱善本。張宗祥亦曾傳抄此書，稱「自舊抄本過録，原有朱筆校正，余又據十萬卷樓本校讎一過」（鐵如意館手抄書目録），今藏浙江圖書館。（第二九一至二九二頁）

四庫提要訂誤（李裕民著）

北户録

提要卷七〇頁六二二三：唐段公路撰。……歷仕始末不可考，惟據書首結銜，知官京兆萬年縣尉。據書中稱咸通十年，知爲懿宗時人而已。

按：本書卷一緋猿條云：「公路咸通十年（八六九）往高凉……後一歲自潘州回。」卷二雞骨卜條云：「公路咸通辛卯（十二年），從茂名歸南海。」斑皮竹笋條云：「公路乾符初（八七四）經過夏口時，有人獻合歡笋於韋公尚書者……公命公路爲七字句歌之，詞繁不載。」可見本書記載最晚爲僖宗乾符時。其足迹遍及廣東各地，其人當於唐懿宗、僖宗間在廣州爲幕客，書即作於僖宗時。書前有右拾遺内供奉陸希聲序，係應公路之請而作。考希聲乾符初爲右拾遺（全唐文卷八一三周易傳序），文德元年（八八八）爲歙州刺史（羅願新安志卷九），昭宗召爲給事中，大順元年（八九〇）爲李觀文集作序，署銜爲給事中。陸爲北户録所作序，時間應在乾符二年（八七五）至光啓三年（八八七）間。北户録成書應在陸序之前，很可能在乾符二年至六年間。

提要又曰：其徵引亦極博洽，如淮南萬畢術、廣志、南越志、南裔異物、會要、靈枝圖記、陳藏器本草、唐韻、郭緣生述征記、臨海異物志、陶朱公養魚經、名苑、毛詩義、搜神記、字林、廣州記、扶南傳諸書，今皆散佚，藉此得以略見一二。

按：靈枝圖記當作靈芝園説（卷一紅蝙蝠條），名苑當作兼名苑（卷一至卷三引五條），毛詩義當作毛詩義疏（卷一孔雀媒條、卷二紅蝦杯條）。會要當即蘇冕唐會要，書雖佚，而内容多被采入王溥唐會要，本書所引五條，均見於唐會要卷九八、卷九九、卷一〇〇中。北户録引書今已佚者，除提要所舉之例以外，尚有：劉欣期交州記、交州異物志、玄中記、證俗音、洞冥記、三輔故事、王隱晉書、晉中興書、元和御覽、修文殿御覽、晉安帝記、竺法真登羅山疏、熊氏瑞應圖、孫氏瑞應圖、武陵記、稽聖賦、白澤圖、魏武四時食制、魏略、吴録、永嘉記、宋紀、顧啓期婁地記、梁武帝小説、梁科律、梁簡文帝集、南雍州記、孝經援神契、萬歲曆、樓炭經、聲集、異苑、陳仲弓異聞記、無名詩集、會最、尚書中候等，均可供輯佚之用。

提要又曰：條下注文，頗爲典贍，題「登仕郎前參軍龜圖撰」，不題其姓，似爲公路之族。

按：此書之注凡三：一爲公路自注，有出其名者，如卷一蛺蝶枝條注：「公路嘗見盧員外肇説……」有加「愚按」二字者，如卷二鵝毛脡條，與公路在正文中好用「愚按」二字相同。也有無明顯標誌，需要仔細鑒别者，如斑皮竹笋條正文云：「公路襄州宜城縣木香村有莊，咸通初忽生異竹。」注云：「第一年生九竿，第二年生七竿，爾來歲歲有也。」此注説的是公路莊中之事，惟公路本人能觀察若微到這一程度，當出公路之手。二爲龜圖注，此人姓崔，並非公路族人（朱學勤結一廬書目卷二據影宋本云，見劉聲木萇楚齋續筆卷五）。

注文與正文融爲一體，引書大多相同，疑爲書初成時所作。三是五代、宋初人孫光憲所作續注，卷三睡蓮條注引「孫光憲續注曰：『從事江陵日，寄住蕃客穆思密嘗遺水仙花數本如橘，置於水器中，經年不萎。』」觀其語氣，當爲光憲入宋後追憶在荆南爲從事時之見聞。（增訂本第一二八至一三〇頁）

善本書室藏書志（清丁丙撰）

北户録三卷

明刊校本，黄蕘圃藏書。

萬年縣尉段公路著，登仕郎前京兆府參軍崔龜圖注。前有右拾遺内供奉陸希聲序，稱「東牟段君公路，鄒平公之孫也。自未能把筆，愛以指畫地，如文字。及六七歲受學，果能强力不罷。以事南遊五嶺，采其民風土俗、飲食衣製、歌謡哀樂有異於中夏者，録而志之。至於草木果蔬、蟲魚羽毛之類，有瑰形詭狀者，亦莫不畢載」云云。是録南宋臨安府太廟前尹家書籍鋪刊行。明時胡文焕併刻爲兩卷，且不題注人姓名。黄蕘圃借得宋板，校歸原卷次第，始著注者爲崔龜圖，非若别本脱去「崔」字，疑爲公路之族也。「北户」者，顏師古注漢書地理志，交阯郡有北户，「在日之南，所謂開北户以向日」，書名其以此乎？（卷一二）

江浙訪書記（謝國楨著）

北户録二卷

元和顧氏舊藏，鈔本。

唐段公路撰。公路臨淄人，文昌孫，官京兆萬年縣尉，所著有北户録，記嶺南風土頗爲賅備，而於物産尤爲詳盡。是書爲舊鈔本，有潘氏桐西書屋之印，及吴翌鳳跋。吴翌鳳跋云：「其地開北户以嚮日，故名，見左太沖吴都賦。丁酉夏日，匄金友松傳鈔江氏本，足爲劉氏嶺表録異同資考據云。延陵生吴翌鳳識。」余藏有繆荃孫鈔校宋朱彧著别本萍洲可談，與原著顯係兩書，記嶺南風土頗詳，間涉及海外交通，論爲朱彧之著，則爲僞作，而實另爲一書，可供研究宋代嶺南風物之參考。故友王重民、向達先生均撰有跋語，辨其真僞，余則以爲可兩存的。（蘇州元和顧鶴逸藏書）

古籍稿鈔本經眼録（黄裳著）

北户録

此江鄉歸氏舊鈔本北户録三卷，余獲之葉銘三許，爲吴静安氏遺書。吴氏爲眉孫弟，能畫，喜收藏，其書以金石類爲多，絶無舊本，然皆裝治甚精。余獲取十許種，而以此爲白眉，蓋曾經鮑氏知不足齋收藏者也。吴氏曾有跋語夾於書中，云此爲明鈔，疑未定，蓋所用紙係桃花紙也。江鄉歸氏不知何許人，鈔甚舊，當在明清之際。諸家著録，有影宋鈔本，目後有棚本牌子一行，此鈔無之，不知源出何書也。吴氏又云，舊朱筆，似不通文義之人以繆本校改，可笑可恨，是否鮑校不可知。然所據係二卷本也，卷首以文三圖記，則真迹也。余更見其遺書中，有師友箋存二大册，中有袁寒雲、徐森玉、邵瑞彭、傅沅叔、樊樊山諸君子，首葉爲其室人南蘋江采書端。今晨示辛笛，乃告此南蘋夫人已與它人同居，棄吴君遺書如敝屣，甚致嗟歎。去住無端，山河泡影，正可不必多情若此也。吴君地下有知，當亦不以此言爲唐突乎。庚寅二月十七日，黄裳。

適取十萬卷樓叢書本比勘，據陸心源序，所藏爲汲古閣毛氏影宋鈔本，往往與此本合，知此亦從宋本出也。宋本爲臨安府太廟前尹家書籍鋪本，有牌記存目録後，此本無之。宋本係坊刻，魯魚亥豕往往而有，朱筆已多正之，然使佞宋者見之，必怪其不應多事乃爾也。朱筆不知果出鮑以文否？以俗本更三卷之舊，大似俗手所爲，以是不敢遽定。庚寅春暮三月廿七夜記，黄裳。

重刻北户録叙（清陸心源撰）

北户録三卷，唐萬年縣尉段公路纂，崔龜圖註。新唐書蓺文志作北户雜録，唐以前書，與今本題名往往參差，無足異也。史記秦紀：「南盡北户。」顔師古注漢書「日南郡」：「在日之南，所謂開北户以向日者。」所記皆粤南事，故以「北户」名書。

公路仕歷，不見史傳，蓺文志以爲「文昌孫」。文昌，臨淄人，相唐穆宗，子成式，著酉陽雜俎，孫安節，善樂律，見唐書本傳。公路爲成式之子，安節之弟，宜乎文采之可觀耳。宰相世系表有成式而無安節，故公路亦無名，當據傳志補其缺。書中稱「咸通十年，往高涼」，又稱「咸通辛卯年，從茂名歸南海」，其人蓋先仕于粤，而後官萬年縣尉者。龜圖結銜稱「登仕郎前京兆府參軍」，餘無可攷。

唐人著述，傳世不多，可藉以見古書崖略者，書鈔、類聚、初學記而外，此其一也。惟徐、歐兩書，元、明以來屢有精刊。此書自南宋尹氏而後，刊本罕傳。其刊入古今説海者，或篇删其章，或章删其句，凡今本譌奪多者，所删亦多，譌奪少者，所删亦少，注則一字不録，又誤以公路爲東牟人。學海類編沿其陋而益甚。

原本之傳，希如星鳳，藏書家轉輾傳鈔，愈久愈譌，幾與北堂書鈔原本無異。余所藏爲汲古毛氏影宋寫本，目録後有「臨安府太廟前尹家書鋪刊行」一行。首尾雖完，文字亦爛，思以曾慥類説所録正之，而今本待校之文，正類説節去之句，豈魯魚亥豕，宋刊已然乎？因以群書旁參互校，改正數千字而付之梓。吾鄉嚴鐵橋廣文謂世間難校之書，以北堂書鈔爲第一。是書雖比書鈔才卌之一，而檢閱之煩，思誤之難則一。然仍有不可通者，拾遺糾繆，是所望于後之君子。光緒六年歲在上章執徐孟冬之月，歸安陸心源叙。（十萬卷樓叢書本北户録卷首）

二、本書主要徵引書目

尚書正義　漢孔安國傳　唐陸德明音義　唐孔穎達疏　中華書局一九八〇年影印清阮元校刻十三經注疏本

毛詩正義　漢毛亨傳　漢鄭玄箋　唐陸德明音義　唐孔穎達疏　同上

周禮注疏　漢鄭玄注　唐陸德明音義　唐賈公彦疏　同上

儀禮注疏　漢鄭玄注　唐賈公彦疏　唐陸德明音義　同上

禮記正義　漢鄭玄注　唐陸德明音義　唐孔穎達疏　同上

春秋左傳正義　晉杜預注　唐陸德明音義　唐孔穎達疏　同上

論語注疏　魏何晏集解　宋邢昺疏　同上

孟子注疏　漢趙岐注　宋孫奭疏　同上

爾雅注疏　晉郭璞注　宋邢昺疏　同上

方言箋疏　清錢繹撰集　李發舜、黄建中點校　中華書局一九九一年版

説文解字注　漢許慎撰　清段玉裁注　上海古籍出版社一九八一年版

釋名疏證補　漢劉熙撰　清王先謙撰集　上海古籍出版社一九八四年版

急就篇　漢史游撰　唐顔師古注　曾仲珊校點　嶽麓書社一九八九年版

廣雅疏證　清王念孫撰　江蘇古籍出版社一九八四年版

古今注　晉崔豹撰　上海書店一九八五年影印四部叢刊本

埤雅　宋陸佃撰　王敏紅校點　浙江大學出版社二〇〇八年版

爾雅翼　宋羅願撰　石雲孫校點　黄山書社二〇一三年版

通雅　明方以智撰　上海古籍出版社一九八七年影印文淵閣四庫全書本

史記　漢司馬遷撰　南朝宋裴駰集解　唐司馬貞索隱　唐張守節正義　中華書局點

校本

漢書　漢班固撰　唐顔師古注　同上

後漢書　南朝宋范曄撰　唐李賢注　同上
三國志　晉陳壽撰　南朝宋裴松之注　同上
晉書　唐房玄齡等撰　同上
宋書　南朝梁沈約撰　同上
南齊書　南朝梁蕭子顯撰　同上
梁書　唐姚思廉撰　同上
魏書　北齊魏收撰　同上
北齊書　唐李百藥撰　同上
隋書　唐魏徵、令狐德棻撰　同上
南史　唐李延壽撰　同上
舊唐書　後晉劉昫等撰　同上
新唐書　宋歐陽修、宋祁撰　同上
唐會要　宋王溥撰　上海古籍出版社二〇〇六年版
山海經箋疏　清郝懿行箋疏　中國書店一九九一年影印本
山海經校注　袁珂校注　上海古籍出版社一九八五年版

三輔黄圖校釋　何清谷校釋　中華書局二〇〇五年版
華陽國志校注　晉常璩撰　劉琳校注　巴蜀書社一九八四年版
水經注疏　北魏酈道元撰　楊守敬、熊會貞疏　段熙仲點校　陳橋驛復校　江蘇古籍出版社一九八九年版
元和郡縣圖志　唐李吉甫撰　賀次君點校　中華書局一九八三年版
太平寰宇記　宋樂史撰　王文楚點校　中華書局二〇〇七年版
金樓子校箋　南朝梁蕭繹撰　許逸民校箋　中華書局二〇一一年版
唐國史補　唐李肇撰　上海古籍出版社一九七九年版
因話録　唐趙璘撰　同上
朝野僉載　唐張鷟撰　趙守儼點校　中華書局一九七九年版
資暇集　唐李匡乂撰　吴企明點校　中華書局二〇一二年版
酉陽雜俎校箋　唐段成式撰　許逸民校箋　中華書局二〇一四年版
唐語林校證　宋王讜撰　周勳初校證　中華書局一九八七年版
南部新書溯源箋證　宋錢易著　梁太濟箋證　中西書局二〇一三年版
文房四譜　宋蘇易簡撰　中華書局一九八五年版叢書集成本

論衡　漢王充撰　中華書局一九八六年諸子集成本
顔氏家訓集解（增補本）　王利器撰　中華書局一九九三年版
北堂書鈔　隋虞世南撰　清華大學出版社二〇〇三年影印唐四大類書本
藝文類聚　唐歐陽詢撰　汪紹楹校　上海古籍出版社一九八二年版
初學記　唐徐堅等撰　中華書局一九八一年版
太平御覽　宋李昉等撰　中華書局一九六〇年版
太平廣記　宋李昉等撰　中華書局一九六一年版
白孔六帖　唐白居易、宋孔傳撰　上海古籍出版社一九八七年影印文淵閣四庫全書本
類説校注　宋曾慥撰　王汝濤等校注　福建人民出版社一九九六年版
説郛　明陶宗儀纂　中國書店一九八六年影印涵芬樓一九二七年版
説郛　明陶宗儀編　上海古籍出版社一九八七年影印文淵閣四庫全書本
玉海藝文校證　宋王應麟撰　武秀成、趙庶洋校證　鳳凰出版社二〇一三年版
郡齋讀書志校證　宋晁公武撰　孫猛校證　上海古籍出版社一九九〇年版
直齋書録解題　宋陳振孫撰　徐小蠻、顧美華點校　上海古籍出版社一九八七年版
四庫全書總目　清永瑢等撰　中華書局一九六五年版

異物志　漢楊孚撰　中華書局一九八五年版叢書集成本
南方草木狀　晉嵇含撰　廣東人民出版社二〇一一年版歷代嶺南筆記八種本
嶺表録異　唐劉恂撰　魯迅校輯　人民文學出版社一九九〇年版魯迅輯録古籍叢編本
桂海虞衡志校補　宋范成大撰　齊治平校補　廣西民族出版社一九八四年版
嶺外代答校注　宋周去非撰　楊武泉校注　中華書局一九九九年版
竹譜　元李衎撰　上海古籍出版社一九八七年影印文淵閣四庫全書本
齊民要術校釋　後魏賈思勰原著　繆啓愉校釋　中國農業出版社一九九八年版
重修政和經史證類備用本草（簡稱證類本草）　宋唐慎微撰　宋寇宗奭衍義　金張存惠重修　人民衛生出版社一九五七年影印張氏晦明軒本
本草綱目　明李時珍撰　明萬曆二十一年胡承龍刻本
南華真經注疏　晉郭象注　唐成玄英疏　曹礎基、黄蘭發整理　中華書局二〇一一年版
莊子集釋　清郭慶藩撰　王孝魚點校　中華書局一九六一年版
抱朴子外篇校箋　楊明照撰　中華書局一九八五年版
真誥　南朝梁陶弘景撰　趙益點校　中華書局二〇一一年版
洛陽伽藍記校釋　北魏楊衒之撰　周祖謨校釋　中華書局一九六三年版

續高僧傳　唐釋道宣撰　郭紹林點校　中華書局二〇一四年版
法苑珠林校注　唐釋道世著　周叔迦、蘇晉仁校注　中華書局二〇〇三年版
雲笈七籤　宋張君房編　李永晟點校　中華書局二〇〇三年版
楚辭補注　宋洪興祖撰　白化文等點校　中華書局一九八三年版
文選　南朝梁蕭統撰　唐李善注　中華書局一九七四年影印宋淳熙八年尤袤刻本
歷代詩話　清吴景旭撰　中華書局上海編輯所一九五八年版
西京雜記　舊題晉葛洪撰　周天游校注　三秦出版社二〇〇六年版
别國洞冥記　漢郭憲撰　吉林大學出版社一九九二年影印漢魏叢書本
博物志校證　晉張華撰　范寧校證　中華書局一九八〇年版
世説新語　南朝宋劉義慶撰　南朝梁劉孝標注　中華書局一九六二年影印宋本
拾遺記　晉王嘉撰　南朝梁蕭綺録　齊治平校注　中華書局一九八一年版
異苑　南朝宋劉敬叔撰　范寧校點　中華書局一九九六年版
述異記　南朝梁任昉撰　吉林大學出版社一九九二年影印漢魏叢書本
殷芸小説　南朝梁殷芸撰　周楞伽輯注　上海古籍出版社一九八四年版

唐宋史料筆記叢刊　書目

桯史
〔宋〕岳珂
游宦紀聞　舊聞證誤
〔宋〕張世南　〔宋〕李心傳
鐵圍山叢談
〔宋〕蔡絛
四朝聞見録
〔宋〕葉紹翁
春渚紀聞
〔宋〕何薳
蘆浦筆記
〔宋〕劉昌詩
鶴林玉露
〔宋〕羅大經
湘山野録　續録　玉壺清話
〔宋〕文瑩

泊宅編
〔宋〕方勺
老學庵筆記
〔宋〕陸游
西溪叢語　家世舊聞
〔宋〕姚寬　〔宋〕陸游
石林燕語
〔宋〕葉夢得　〔宋〕宇文紹奕考异
雲麓漫鈔
〔宋〕趙彦衛
鷄肋編
〔宋〕莊綽
清波雜志校注
〔宋〕周煇
建炎以來朝野雜記
〔宋〕李心傳

麟臺故事校證
〔宋〕程俱
師友談記　曲洧舊聞　西塘集耆舊續聞
〔宋〕李廌　〔宋〕朱弁　〔宋〕陳鵠
墨莊漫録　過庭録　可書
〔宋〕張邦基　〔宋〕范公偁　〔宋〕張知甫
侯鯖録　墨客揮犀　續墨客揮犀
〔宋〕趙令畤　〔宋〕彭□輯
北夢瑣言
〔五代〕孫光憲
南部新書
〔宋〕錢易
范成大筆記六種
〔宋〕范成大
容齋隨筆
〔宋〕洪邁

封氏聞見記校注
〔唐〕封演
開元天寶遺事　安禄山事迹
〔五代〕王仁裕　〔唐〕姚汝能
朝野類要
〔宋〕趙升
後山談叢　萍洲可談
〔宋〕陳師道　〔宋〕朱彧
愛日齋叢抄　浩然齋雅談　隨隱漫録
〔宋〕葉寘　〔宋〕周密　〔宋〕陳世崇
蘇氏演義（外三種）
〔唐〕蘇鶚　〔五代〕馬縞　〔唐〕李匡文
〔唐〕李涪
教坊記（外三種）
〔唐〕崔令欽　〔唐〕李德裕　〔唐〕鄭綮
〔唐〕段安節

丁晉公談録（外三種）

〔宋〕潘汝士　〔宋〕夷門君玉

〔宋〕孫升口述　〔宋〕劉延世筆録

〔宋〕孔平仲

奉天録（外三種）

〔唐〕趙元一　〔唐〕佚名　〔南唐〕尉遲偓

〔南唐〕劉崇遠

靖康緗素雜記

〔宋〕黄朝英

夢溪筆談

〔宋〕沈括

愧郯録

〔宋〕岳珂

錢塘遺事校箋考原

〔宋〕劉一清

曾公遺録

〔宋〕曾布

儒林公議

〔宋〕田況

雲溪友議校箋

〔唐〕范攄

嬾真子録校釋

〔宋〕馬永卿

王文正公筆録

〔宋〕王曾

王文正公遺事　清虚雜著三編

〔宋〕王素　〔宋〕王鞏

酉陽雜俎

〔唐〕段成式

新輯實賓録

〔宋〕馬永易

志雅堂雜鈔　雲煙過眼録　澄懷録
〔宋〕周密

大唐傳載（外三種）
不著撰人　〔唐〕張固　〔唐〕李濬　〔唐〕李綽

劉賓客嘉話録
〔唐〕韋絢

唐國史補校注
〔唐〕李肇

唐摭言校證
〔五代〕王定保

賓退録
〔宋〕趙與旹

北户録校箋
〔唐〕段公路　〔唐〕崔龜圖